리더는
무엇으로
사는가

IVP(InterVarsity Press)는
캠퍼스와 세상 속의 하나님 나라 운동을 지향하는
IVF(InterVarsity Christian Fellowship)의 출판부로서
생각하는 그리스도인을 위한 문서 운동을 실천합니다.

Copyright ⓒ 2011 by Gordon MacDonald
Originally published in English under the title *Building Below the Waterline*
by Hendrickson Publishers

This Korean Edition is translated and used by permission of Christianity Today International through arrangement of rMaeng2, Seoul, Republic of Korea.

Korean Edition ⓒ 2013 by Korea InterVarsity Press

이 책의 한국어판 저작권은 알맹2 에이전시를 통하여
Christianity Today International과 독점 계약한 IVP에 있습니다.

리더는 무엇으로 사는가

Building Below the Waterline
영적 리더를 위한 내면 세계 건축법

고든 맥도날드 | 김명희 옮김

차례

서론 • 7

1부 리더의 내적인 삶

1. 중심 찾기 • 11
2. 따라 살아야 할 좌우명 • 19
3. 영혼을 기경하기 • 23
4. 커서 뭐가 되고 싶은가 • 35
5. 내면 세계의 지도 그리기 • 53
6. 동기 찾기 • 57
7. 극한의 믿음 • 75
8. 리더십의 뿌리 • 89
9. 월요일 아침의 회복 • 99
10. 공적 리더의 사적인 시간 • 109
11. 무릎이 이끄는 사역 • 125

2부 리더의 외적인 삶

12. 공적 기도의 힘 · 139

13. 새벽 3시에 걸려온 전화 · 155

14. 상황이 악화될 때 · 169

15. 쓴소리를 해야 할 때 · 185

16. 중도 포기 · 199

17. 영혼 깊숙이 닿다 · 213

18. 위대한 교회는 다 어디로 갔을까 · 227

19. 교회의 갈등을 다루는 올바른 방법 · 241

20. 잠시 사라지는 시간이 필요한 순간 · 255

21. 교회 성장의 10가지 조건 · 265

22. 가장 집중해야 할 것 · 277

23. 목회역정 · 293

24. 떠나야 할 때 · 307

후기 · 319

서론

데이비드 맥컬로우(David McCullough)의 책 「위대한 다리」(*Great Bridge*)에는 브루클린 다리 건설에 얽힌 아주 흥미로운 이야기가 담겨 있다. 이 다리는 이스트 강 위로 아치형을 그리며 맨해튼과 브루클린을 연결시켜 주는 건축물이다(공사 기간만 15년이 걸리고 수십 명의 목숨을 앗아간 역사적 건축물로 현재 뉴욕의 아이콘이 되었다—편집자 주).

1872년 6월, 이 다리 공사의 설계 책임자는 이렇게 보고했다. "수면 위로 아무것도 보이지 않는다고 해서, 뉴욕 타워를 위해 아무런 작업도 하지 않았을 것이라고 생각하는 일반 대중에게 간단하게라도 해명하고 싶습니다. 지난겨울 토대를 쌓기 위해 **수면 아래** 쏟아 부은 석조와 콘크리트의 양이, 지금 눈에 보이는 브루클린 타워에 사용된 양과 동일하다는 것을 이야기하고 싶습니다."(저자 강조)

브루클린 다리는 오늘날 여전히 뉴욕의 중요한 운송 동맥으로 남아 있다. 135년 전 그 다리의 설계 책임자와 건설 팀이 아무도 볼 수 없는 곳, 즉 수면 아래에서 그 건물의 기초를 닦기 위해 인내하며 위험한 작업을 감수한 덕분이다. 이 이야기는 리더십에 관한 변함없는 원리를 보여 준다. 리더가 오랜 세월과 도전을 견뎌낼 수 있느냐는, 수면 아래에서(리더의 영혼 안에서) 하는 작업에 달려 있다. 우리는 그 작업을 예배, 경건의 시간, 영성 훈련이라 부른다. 그 작업은 조용한 가운데, 그 누구도 아닌 하나님만이 보시는 곳에서 이루어진다.

오늘날 리더십에서는 비전이나 조직의 전략, 메시지의 시장 반응도 같은 주제들이 많이 강조된다. 이런 요소들은 매우 중요한 주제들로, 풋내기 목사 시절 내가 무척이나 알고 싶었던 것들이다. 그러나 이렇게 수면 위에 보이는 것들이 전부라고 여긴다면, 수년 내에 리더십이 무너지는 것을 경험하게 될 것이다. 아무리 좋은 기량과 카리스마를 타고난 축복받은 리더들이라도 수면 **아래** 튼튼한 토대가 없다면 수면 **위에** 건물을 지을 수 없다는 사실을 깨닫지 못한다면, 그들의 성품이나 중요한 관계들 그리고 신앙의 중심이 자칫 붕괴될 수 있다.

고든 맥도날드

1부
리더의
내적인 삶

Building Below the Waterline

1
중심 찾기

영혼의 중심에 하나님이 계신다.
온 힘과 능력과 뜻을 다해 하나님께 나아간다면,
그 영혼은 하나님 안의 궁극적이고
가장 깊은 중심에 다다를 것이다.
십자가의 성 요한

리더십을 선망했던 때가 있었지만, 지금은 아니다. 리더십을 열망하던 시기는 이미 지났다. 리더가 되는 것은 특권이지만 그 대가는 엄청나다는 것을 알기 때문이다.

리더는 자신이 하는 말을 모두 세심하게 살펴야 한다. 리더의 삶에는 비평가들이 따라다니기 마련이며, 또 어떤 경우에는 이런 비평들이 도움이 된다는 것을 재빨리 터득하게 된다. 때때로 리더들은 누가 자신의 진정한 친구인지를 알게 되는 힘든 시간을 보내기도 하고, 건강한 관계를 맺기에는 시간적 제약이 만만치 않다. 가족과 친구들에게 부담을 주기도 한다. 때로 많은 리더들이 "이게 정말 다 필요한 걸까?"라고 질문할 것 같다.

그런데 내게 주어진 모든 특권은 하나님이 나를 리더로 부르신 그 부르심에 응답한 결과였다. 그래서 그에 따른 압박감에 대해 투덜대지 않는다.

다시 하나님이 기름부으셨다는 사실로 돌아갈 뿐이다. 아내 게일과 나는 하나님이 우리를 부르셔서 무언가를 하도록 하신다는 사실을 항상 의식한다. 우리 부부는 매일 아침 하나님께 "우리 삶 가운데 허락하신 이 일의 목적은 무엇입니까?" 하고 질문하는 시간을 갖는다. 내가 해야 하는 일이 무엇이든 대단한 일이어야 한다는 생각은 더 이상 품지 않는다. 다만 소명 의식과 의무감을 강하게 느낄 뿐이다. 그렇다면, 주님의 기름부으심 외에 그리스도인 리더들이 갖추어야 할 다른 자질들은 무엇일까?

그리스도인 리더의 네 가지 자질

첫 번째 자질은 비전을 전하는 능력이다. 리더는 비전을 맡은 사람이다. 우리 중 일부 리더는 뛰어난 말솜씨로 비전을 전하지만, 전혀 다른 방식으로 리더십을 발휘하는 사람들도 있다. 예를 들어, 허드슨 테일러(Hudson Taylor)의 뒤를 이어 중국 내륙 선교회를 맡은 호스트(D. E. Hoste)는 탁월한 행정가였는데, 그의 리더십은 주로 사무실과 회의 테이블에서 나타났다. 사람들은 그의 현명함과 설득력을 보고, 그를 성령 충만한 사람이며 따를 만한 사람이라고 확신했다.

두 번째 자질은 사람들에 대한 민감성이다. 무엇보다 리더는 사람들이 하는 말을 잘 들어야 한다. 피터 드러커(Peter Drucker)는 "소통은 말하는 사람이 아니라 듣는 사람에게서 일어난다"고 말했다. 내가 당신에게 강연을 하는 강사라면, 나는 당신의 사고방식을 잘 알고 있어야 한다. 즉 당신이 어떤 방식으로 정보를 인식하는지 알아야 한다. 처칠은 영국 사람들을 잘 알았기 때문에, 그들의 주의를 사로잡기 위해 단어 사용에 민감했다. 그는 어떻게 말해야 그들이 자극을 받고 적들에 대해 격분한 나머지 극심한 고난에도 불구하고 끝까지 버틸 수 있을지를 알고 있었다.

세 번째 자질은 상황을 판단하는 능력이다. 민감하다는 것은 사람들에 대해 잘 아는 것뿐 아니라, 상황을 살피는 능력과 일의 진행을 파악하는 능력을 함양하는 것을 의미하기도 한다. 나는 하나님이 이 영역에서 내게 은사를 주셨다고 생각한다. 나는 어떤 방 안으로 들어가면 책임자가 누구인지를 본능적으로 바로 알아차린다. 또 어떤 문제에 대해서는 책임자가 없다는 사실도 바로 감지한다. 이러한 자질은 교회라는 상황에서 중요한 역할을 한다.

네 번째 자질은 예리한 자기 이해다. 민감한 리더는 자신을 알아야 한다. 자신에 대해, 자신이 어떻게 현재의 모습을 갖추게 되었는지, 자신을 무력화시키는 것이 무엇인지, 자신의 한계가 무엇인지에 대해 알지 못한다면, 엄청난 재난을 자초하게 될 것이다. 리더 자리에 있는 많은 이들이 정서적으로 불안정하다. 어떤 이들은 과거의 크나큰 문제로 씨름하고 있다. 과거를 해결하지 못하고 있다면, 그것은 종종 리더십의 아킬레스건이 될 것이다.

나의 예를 들어 보겠다. 나는 정서가 불안정한 상태로, 특히 인정받고 싶은 마음이 강한 상태로 사역을 시작했다. 사람들이 나를 좋아해 주기를 갈망했고, 박수갈채를 받으면 인정받고 있다고 생각했다. 나는 끌려다니는 사람에서 부름받은 사람으로 바뀌어야 했다.

자신을 아는 일은 다른 무엇보다 매일 하나님의 의로우심에 비추어 스스로를 점검하고 죄악된 동기들을 찾는 것으로부터 시작된다. 그러고 나서 과거 속으로 돌아가 스스로 물어야 한다. '무엇이 나를 지금의 모습으로 만들었는가? 나는 인생에서 무엇을 기대하고 있는가? 내가 원했던 것 중에서 얻지 못한 것은 무엇인가?'

멘토의 귀중함

현명한 리더가 되는 일을 도와주는 귀중한 자원은 다름 아닌 '멘토'다. 우선, 멘토는 당신을 지지하고 응원하는 사람이다. 그러므로 인정받으려고 인위적으로 애쓸 필요가 없다. 두 번째, 멘토는 잘못된 것을 바로잡아 주는 사람이다. 신학교 재학 시절, 레이 부커(Ray Buker) 교수님의 수업을 들은 적이 있다. 그런데 기독교 교육 관련 토론을 위한 리포트 때문에 두 시간짜리 부커 교수님의 강의를 빼먹은 적이 있었다. 그날 밤, 내가 그 리포트를 발표하고 모두 자리를 떠난 이후였다. 부커 교수님이 다가와서 이렇게 말씀하셨다. "고든, 자네가 읽은 리포트, 참 잘 썼더군. 하지만 불행히도 썩 훌륭한 리포트는 아니네. '왜' 훌륭한 리포트가 아닌지 알겠는가?"

"잘 모르겠습니다만…" 하고 내가 말했다.

"그 리포트를 쓰기 위해 자네가 기본적으로 해야 할 일을 하지 않았기 때문이지."

눈이 새롭게 열리는 순간이었다. 나는 거기서 진정한 삶의 원리를 발견했다. 기본적으로 해야 할 일을 하지 않으면서 성공하는 것은 불가능하다. 부커 교수님은 우리 대부분이 정상에 오르기 위해서만 인생을 살아가려 한다는 점을 지적하려 하셨다. 오히려 인생은 골짜기와 산비탈에서 살게 된다는 사실을 깨닫지 못하고 말이다. 나는 평생 이 가르침을 결코 잊을 수 없었다.

나는 또 운동선수 시절, 코치의 말을 듣지 않아서 중요한 경기에서 패한 적이 있었다. 나중에 코치는 내게 이렇게 충고해 주었다. "자네는 안타깝게도 고생을 하면서 배우는 인생을 살 가능성이 아주 많아."

그날 경기장을 걸어 나오며 생각했다. '고생하며 배우는 것은 이번이 마지막이야. 이제 다른 사람의 고생을 보면서 배울 거야.' 그때 그 원리를 발견한 것이다. 나는 다른 사람들의 실패와 굴욕을 관찰하기 시작했고, 그러고 나서 스스로 묻곤 했다. '나라면 어디서 이런 똑같은 실수를 할까?'

많은 리더들이 누구에게도 책임 추궁을 당하지 않으면서 오랫동안 그 자리에 머무르기 위해 일을 하다 보니, 다른 사람들을 돕기에 급급해 그들의 통찰력은 온데간데없이 사라진다. 그때 어려운 질문들을 던지는 멘토를 힘겹게 대면하게 될 때에야, 그 리더는 문득 깨닫는다. '어떻게 전에는 이것을 보지 못했을까?'

영적 중심

우리는 긍정적인 것뿐만 아니라 폐기 처분해야 할 것도 그냥 내버려 두는 경향이 있다. 우리는 곧잘 환경 탓을 하며 "난 원래 이러니 어쩔 수 없어. 그러니 날 그냥 내버려둬"라고 변명한다. 그러나 리더로서 우리는 그런 자기 연민에 빠질 여유가 없다. 이것은 힘든 일이며, 평생 이어질 일이다. 영적 중심을 지키지 못하면 금세 끌려다니는 사람으로 돌아가 버린다.

나는 영성 신비가들의 책을 읽으면서, 우리의 현실 인식은 영적 중심을 축으로 이루어진다는 사실을 확신하게 되었다. 그 중심은 지속적인 영성 훈련을 통해 유지되지 않으면, 순식간에 대부분 작동을 멈추어 버린다. 거의 모든 그리스도인 리더들이 교리적으로는 그것을 믿는다. 하지만 그들의 영적 중심을 유지하기 위해 하루에 한두 시간을 낼 만큼 경험적으로 그것을 믿는 사람은 거의 없다.

그 결과 지혜 없이 지식만 축적될 뿐이다. 영적 능력 대신 카리스마로 일하는 리더들만 낳을 뿐이다. 영적 리더들이 세상의 가치관을 확실하게 무너뜨리기 위해서 영적 능력을 갖추어야 하는 것은 지극히 마땅하다. 경건해 보이려고 하는 말이 아니다. 나는 나이가 들수록 이 진리를 점점 더 명확하게 깨닫는다. 기도하지 않고, 성경을 연구하지 않고, 영성 고전을 힘껏 읽지 않는다면 페이스를 유지할 수 없다.

반면에 우리 내면에서 나오는 능력으로 사람들을 인도한다면, 변화가 일어나는 바로 그 강력한 영적 중심에서부터 우리의 자원이 흘러나가고 또 더욱 풍성해질 것이다.

❖ **더 깊은 묵상을 위하여**

1. 당신은 '다른 사람들'과 '상황'에 얼마나 민감한가? 그것은 당신이 리더로서 성장하는 데 어떤 영향을 미치는가? 이러한 민감성을 개발하기 위해 어떤 방법을 활용할 수 있겠는가?

2. 지금까지 당신은 어떤 멘토들을 만났는가? 당신의 사고와 습관이 형성되는 데 영향을 미친 코치, 영적 지도자, 다른 리더들을 생각해 보라. 그들이 전해 준 중요한 가르침은 무엇이었는가?

3. 당신은 묵상과 기도를 위해 어느 정도의 시간을 따로 떼어 놓는가? 경건의 시간을 늘리기 위해 당신의 스케줄을 어떻게 조정할 수 있겠는가?

2
따라 살아야 할 좌우명

하나님의 임재 앞에 거하고…사람들과 함께 거하는 삶.
샤를르 드 푸코

샤를르 드 푸코(Charles De Foucauld, 1858-1916)가 자신의 한평생을 표현하기 위해 고른 단순한 어구에 나는 매료되었다. "하나님의 임재 앞에 거하고(Present to God)…사람들과 함께 거하는 삶(present to people)." 조직이나 교회 혹은 개인들이 자신들의 열정을 표현하기 위해 만든 사명 선언문과 표어들이 난무하지만, 나는 단연코 이것이 최고라고 생각한다.

함께 거하는 삶을 생각하다 보니, 언젠가 아내와 내가 스위스 알프스 계곡을 거닐다가 경험한 일이 떠오른다. 거기서 우리는 우연히 한 농부와 그의 개를 만났다. 그 개는 꽤 규모가 큰 갈색 소 떼(목에 커다란 방울을 달고 있는)를 몰고 있었는데, 농부는 이따금씩 소 떼의 한쪽 끝에서 다른 쪽을 가리키곤 했다. 그러면 그 개는 전속력으로 그 방향으로 뛰어가서는 그 지점에 딱 멈춰 서서 주인을 돌아보며 다음 명령을 기다렸다. 주인이 오른쪽 혹은 왼쪽으로 팔을 가리키는 대로 그 개는 크게 짖으면서 농부가 원하는 쪽으로 소들을 몰아갔다.

그러고 나서 그 개는 단숨에 농부 곁으로 되돌아와서 씩씩거리며 앉자마자 초조하게 다음 명령을 기다리며 주인을 올려다보고 있었다. 어떤 이유에서인지, 내게는 행동할 준비를 갖추고 주인 곁에서 대기하고 있는 그 개의 모습이 푸코가 내린 인생에 대한 정의를 잘 드러내 주는 것처럼 여겨졌다.

하나님의 임재 앞에 거함

하나님의 임재 앞에 거함이란, 엘리야가 시내 산에서 들었던 세미한 음성 같은 것을 들을 수 있을 만큼 잠잠해지는 것이며 빌립이 에디오피아 내시의 수레로 나아갈 때에 들었던 그런 명령들에 민감해지는 것이다. 또 어느 날 밤 바울에게 환상으로 "내가 너와 함께 있으매…이 성중에 내 백성이 많"기 때문에(행 18:10) 두려워하지 말고 침묵하지 말고 말하라고 하셨던 그 음성과 동일한 음성을 분별할 만큼 깨어 있는 것이다. 즉 하나님의 사랑, 하나님의 꾸짖음, 하나님의 자기 계시 앞에 거하는 것이다.

오스왈드 챔버스(Oswald Chambers)는 이렇게 썼다. "기도하는 사람으로 인정받으려는 바람을 동기로 삼지 말라. 당신이 기도하는지 알 수 없도록 내밀한 방에 들어가 문을 닫고 은밀한 가운데 계신 하나님께 아뢰라. 하늘에 계신 아버지를 알고자 하는 것 외에 다른 동기는 갖지 말라."

사람들과 함께 거하는 삶

사람들과 함께 거하는 삶이 하나님의 임재 앞에 거하는 것보다 쉬운가 아니면 어려운가? 내게는 매력적인 사람들, 사회적으로 유력한 사람들, 선견지명이 있는 사람들, 똑똑한 사람들, 호감이 가는 사람들과 함께 거하는 것이 쉬운 일이다. 모두가 그렇지 않은가? 나는 나를 좋아해 주고 재치 있고 매력적이라 여기는 사람들과 함께 있는 것이 정말 좋다. 내게는 손자 손녀들이 그렇다.

그러나 약하고, 가난하고, 아프고, 짜증을 잘 내고, 신뢰할 수 없고, 감사할 줄 모르고, 무례한 사람들과 함께 있는 것은 어떤가? 그것은 전혀 다른 이야기다. 그들과 함께 있고 싶지 않은 것이 나의 타고난 본성이다. 그리고 바로 여기서 나의 성품과 소명은 매일 시험대 위에 오른다. 가끔은 성공한다. 그러나 함께 거하는 일에는 자주 실패한다. 사람들과 함께하는 것이란, 특별히 세심하게 귀를 기울여야 하고 반응해야 하는 일이기 때문이다, 그것은 불편하고 매우 부담스러운 일이지 않은가.

그래서 복잡한 문제들과 바쁜 스케줄을 단 몇 단어로 압축시킨 푸코의 어구가 좋다. 우리는 그것을 '몇 초 만에 삶 전체를 정의하는 말'이라는 의미로, 엘리베이터 스토리(elevator story)라 부른다.

❖ **더 깊은 묵상을 위하여**

1. 당신에게는 개인적인 사명 선언문이 있는가? 없다면 작성해 보라. 그것을 몇 단어로 짧게 압축시킬 수 있겠는가?
2. 앞서 나열된 방법들 외에 당신은 어떻게 하나님의 임재 앞에 거하는가?
3. 당신은 사람들과 함께 거하는 것이 쉬운 편인가, 아니면 어려운 편인가? 어떻게 하면 당신 주위에 있는 사람들과 더 적극적으로 함께 거할 수 있겠는가?

3
영혼을 기경하기

살아 계신 하나님의 영이시여, 내 영혼의 정원사가 되어 주소서…
죽은 과거는 치워 버리시고, 관습과 일상으로 굳어져 버린 틀은
부수어 주시고, 비전과 도전이라는 풍성한 퇴비를 섞어 주소서.
영혼 속에 말씀이 뿌리 내리도록 깊이 심으시고, 싹이 나고 잎이 생기고
꽃이 필 때까지 내 마음을 기경하고 돌보아 주소서.
리처드 포스터

30년 전 게일과 나는 오래된 농장을 구입해서 피스 렛지(Peace Ledge)라는 이름을 붙였다. 그곳은 1800년대에 그 땅에 있던 값비싼 목재들이 잘려 나가면서 엄청 많은 말들을 사육하는 목장으로 바뀌었다고 한다. 그러다가 1900년경 목장이 파산하면서 그 땅은 버려져 70년이 지난 후에 다시 숲이 되었다고 한다.

아내와 나는 가끔 이 숲을 찾아 작은 구역 하나를 골라서 깨끗하게 정리한다. 말라빠진 나무들을 제거하고, 화재를 유발할 수 있는 잡초들은 뜯어낸다. 또 듬성듬성 흩어져 있어 전동 제초기의 칼날을 파손할 수도 있는 바위들(옛 빙하의 선물)을 파낸다.

그리고 나서는 우리가 해 놓은 일들을 보며 즐거워한다. 그러나 그것도 잠시다. 미처 생각지 못했던 근처 땅에서 신경 써야 할 일거리들

을 발견하기 시작하면 기쁨도 잠시뿐이다. 이처럼 땅을 되살리는 일은 평생의 과업이다. 우리가 죽으면 아마도 우리 후손들이 그 일을 계속할 것이다.

내게는 이 야외 작업이 영적 성장을 위한 훈련을 그대로 보여 주는 것 같다. 땅을 기경하듯이, 정기적으로 또 체계적으로 삶의 내면의 가장 깊은 부분들을 기경해야 한다. 하나님이 세미한 음성으로(소리치지 않으시고) 영원히 변치 않는 약속들을 말씀하시는 그곳 말이다.

영성 형성(Spiritual formation)은 잘라내고, 잡초를 뽑고, 돌을 파내고, 땅을 갈고, 심는 일을 수반한다. 물론 그것은 벌목용 톱이나 삽으로 하는 것이 아니다. 예배, 묵상, 기도, 연구 그리고 리처드 포스터(Richard Foster), 달라스 윌라드(Dallas Willard), 헨리 나우웬(Henri Nouwen) 등의 책에 묘사된 영혼 중심적인 활동들로 하는 것이다.

아내와 나는 우리 땅의 한 부분을 정리하고 나서 밤사이에 그곳에 일어난 아름다움에 늘 놀란다. 그곳에 다시 야생화들이 피어나고, 숲의 동물들이 다녀가고, 튼튼한 나무들이 자라난다. 창조세계의 아름다움이 나타나는 듯하다. 이와 같이 영혼에도 주의를 기울이면 경건한 성품의 아름다운 덕목들이 나타난다.

솔직히 나는 리더십의 위치에 있는 사람들이 이 사실을 안다고 생각하지 않는다. **정말로 아는 것** 말이다. 그렇게 생각하는 이유는 다음과 같은 문제들 때문이다.

첫째, 대부분의 리더십 훈련과 동기 부여를 위한 컨퍼런스의 주제들은 비전, 철저한 연구 조사를 바탕으로 한 기발한 프로그램 그리고 성장하는 대규모의 성공적인 기관들이다. 인정하건대 좋은 주제들이다.

그러나 기관을 세우기 전에 영혼을 기경해야 한다는 인식은 놓치고 있다. 리더의 영혼이 성장하지 않는데, 어떻게 오랜 기간 지속해서 애를 써야 가능한 건강하고 크고 진정한 교회(활력 있는)로 자라갈 수 있겠는가?

둘째, 눈에 띄는 것은 10년까지 사역을 지속하지 못하는 끔찍한 사상자 명단이다. 탈진, 실패, 환멸이 수많은 희생자를 낳고 있다. 얼마나 많은 리더들이 낙심해서 벼랑 끝으로 가 버리는지 놀라울 정도다.

셋째, 청년들과의 지속적인 대화를 통해 알게 된 것이다. 그들은 자신들이 영적으로 메말라 있고, 동기 부여도 되어 있지 않고, 자포자기 하고 있으며 그것에 대해 어찌 해야 할지 모르겠다고 털어놓았다.

그리고 아마도 네 번째는 이것인 듯하다. 나 자신이 실패에 도달하기가 얼마나 쉬운지, 정말 얼마나 쉬운지 결코 잊지 못한다. 나의 경우 결정적인 위기의 순간이 여러 해 전에 지나갔음에도 불구하고, 그 기억이 늘 생생하다.

영혼의 중심을 형성하기

이렇게 굴곡지고 사상자가 많은 리더의 삶에서, 사도 바울이 디모데에게 한 말은 아주 쉽게 무시당한다. "경건에 이르도록 네 자신을 연단하라.…경건은 범사에 유익하니 금생과 내생에 약속이 있느니라"(딤전 4:7-8). 나는 이 말씀이 영성 형성과 관련이 있다는 느낌을 받는다.

하나님이 거하실 처소가 될 영혼을 훈련하는 작업은 그리스도인 리더가 가장 먼저 해야 할 일이다. 이는 추가로 할 일도 아니고, 선택

사항도 아니며, 3순위에 있는 일도 아니다. 이러한 핵심 작업을 하지 않는다면, 그는 평생 리더십의 자리에 있지 못하거나, 그가 이룬 업적도 하나님의 영광이나 그분의 뜻과는 점점 더 거리가 멀어질 것이 거의 확실하다.

구세군의 창립자 윌리엄 부스(William Booth)가 20대였을 때, 낙심과 무능함을 느끼는 것에 대해 아내에게 편지를 써 보낸 적이 있다. 그는 그만두기 직전이라고 말했다. 그때 비범한 여인이었던 캐서린(Catherine)은 이렇게 답장을 보냈다.

> 마음이 하나님과 올바른 관계에 있지 않아도, 설교하고 기도하고 찬양하고 크게 외칠 수 있다는 걸 알아요. 그 마음이 하나님 앞에서 낮아지지 않아도, 인기와 성공이 자아를 복돋우며 자아를 높이기도 한다는 걸 알아요. 사탄이 주께서 사탄의 왕국의 요새를 무너뜨리기 위해 사용하시는 이들을 (가능하다면) 파멸시키기 위해 그런 것들을 이용한다는 걸 알아요. 그리고 이런 생각들 때문에 저는 떨리고 눈물이 흐르고 사랑하는 당신을 위해 기도하게 됩니다. 당신이 사탄의 궤계를 모두 이길 수 있도록, 그리고 모든 일을 행한 후에 당신의 힘이 아닌 '모든 일'을 행하시는 그분을 겸손히 의지함으로 일어설 수 있도록 기도드립니다.

내가 알기로 캐서린은 이 편지를 쓸 때 스물세 살이었다. 그러나 '그것을 모를' 만큼 어리지는 않았다. 윌리엄 부스의 영적 중심이 모든 것의 열쇠임을 그녀는 알고 있었다.

영성 형성의 방법에 대해서는 다른 좀더 전문적인 영성 지도자들에게 맡기려 한다. 지금 내 머릿속에 있는 것은, 하늘과 연결된 영혼에서 야생화처럼 피어나는 눈에 보이는 덕목들이다.

앤서니 블룸(Anthony Bloom)의 글에 나오는 이야기다. 한 사막 교부가 어떤 미사에서 설교를 해 달라는 초청을 받았다. 그 미사에는 한 객원 주교가 참석할 예정이었다. 그 수사는 이렇게 말하며 그 요청을 거절했다. "나의 침묵이 그에게 아무 말도 하지 못한다면, 나의 말들도 쓸모없을 것입니다."

그 수사의 주장은 나를 일깨웠다. 나는 사람들과 소통하기 위해 주로 말과 사교 기술 그리고 빠른 판단력에 의지해 사는 사람이기 때문이다. 그러나 내가 침묵에만 머물러 있으면서 소통할 수 있는 방법이 있을까? 그것은 새로워진 땅에서 피어나는 꽃들처럼, 영혼에서 자라나는 덕목들이 있을 때에만 일어날 수 있는 일이다.

일구어야 할 다섯 가지 덕목

그렇다면 그것은 어떤 덕목들일까? 신중을 기하여 다섯 가지를 정했다. 이는 자주 품귀 현상이 일어나고, 오랫동안 무시하면 우리가 파멸할 것이라는 신호를 보내는 것들이다. 그 목록은 완전하지도 않고 최상이라는 보장도 없다. 단지 나의 목록일 뿐이다.

겸손
먼저, 사람들이 영혼에서 이루어진 작업의 결과로 내가 더 겸손해졌다고 봐 주기를 바란다. 겸손은 성취하는 것이 아니라 다른 것을 추구할 때 따라오는 결과다.

솔직히 말해서 어린 시절의 나를 아는 사람들은 절대로 나와 겸손을 연결시키지 못할 것이다. 그 사람들이 나를 자만심이 가득하고, 아마도 지나치게 자신만만하고, 한시도 가만히 있지 못하는 사람으로 기억할까 봐 두렵다. 재능이 있고 약간의 은사가 있을지 모르지만, 겸손하지는 않은 사람으로 말이다.

시리아의 아이작(Isaak of Syria)은 이렇게 말했다. "겸손한 사람은 절대 허둥대거나 서두르거나 당황하지 않고 언제나 차분하다. 어떤 것도 그를 놀라게 하거나, 불안하게 하거나, 당황하게 하지 않는다. 그는 시련이 다가와도 두려워하거나 변하지 않고, 기쁜 일이 있을 때에도 놀라거나 득의양양하지 않기 때문이다. 그의 기쁨과 즐거움은 오직 주님을 기쁘시게 하는 데 있다."

오늘날 내 영혼의 토양에서 겸손이라는 덕목이 한 줄기라도 자라난다면, 그것은 오로지 죄의 강력한 영향력, 개인적인 한계와 책임, 끊임없는 성취에 뒤따르는 부패를 인식할 만큼 나이가 들었기 때문이다. 또 그 외에 하나님의 위엄 그리고 그분 앞에서는 어린 아이 같은 내 위치를 서서히(!) 인정하게 되었기 때문이다.

헨리 나우웬은 이렇게 썼다. "그리스도인 리더의 길은, 세상이 전력을 기울이는 상향성의 길이 아니라, 십자가를 향해 가는 하향성의 길이다.…그것은 권력과 통제의 리더십이 아니라 하나님의 고난받는 종 예수 그리스도가 보이신 무력함과 겸손의 리더십이다."

나우웬의 말은 온통 수수께끼 같다. 계획과 홍보와 창의성과 카리스마가 전부인 것 같은 인생에 그의 말은 무의미해 보인다. 그러나 그것이 끝까지 남아 있는 리더, 결국 대규모 기관을 만들지 못할지는 모르지만 위대한 사람들을 배출할 리더들이 가야 할 방향이다.

생산적인 긍휼함

두 번째로, 사람들이 영혼에서 이루어진 작업의 산물로 긍휼의 증거를 보게 되기를 소망한다. 긍휼이란 다른 사람들의 연약함, 두려움, 슬픔을 마음으로 공감하는 능력이다. 그것은 감각을 마비시키는 방법이 아닌 충만한 사랑으로 공감하는 것이다.

누군가로부터 이메일을 받았다. 그는 자신의 어떤 비밀이 노출된다 해도 정말 우리 교회의 신도로 받아들여질 수 있는지 알고 싶어 했다. 그 사람은 "저는 누군가의 프로젝트가 되고 싶지는 않습니다"라고 썼다.

그 말이 내 영혼 깊숙이 들어왔다. 사람들을 어떤 프로젝트로 보고 프로그램에 집어넣은 채, 진정으로 공감하며 함께 싸우는 부담스러운 일은 건너뛰기가 얼마나 쉬운지 깨달았기 때문이다.

솔직하게 내 생각을 말하겠다. 세상은 내가 속한 기독교 분파에서 긍휼의 징후를 감지하고 있지 못하다. "뉴욕 타임스"(*New York Times*)의 니콜라스 크리스토프(Nicholas Kristof)는 종종 교회의 에이즈 [구호] 프로그램들, 주택 건설, 병원, 재해 복구 사업 등에 대해서는 박수갈채를 보내지만, 기독교인들은 이런 일들을 할 만큼 긍휼한 사람들로 여겨지지 않는다. 구원이 필요한 사람들에게 선택적으로 다가가서 자랑스러워하고, 분노하고, 앙심을 품고 있다는 인상이, 우리의 선한 수고들을 가리고 있기 때문이다.

나는 가끔씩 선행을 하면서 비난의 메시지를 전하는 매정한 사람으로 인식되고 싶지는 않다. 갚을 능력이 없는 사람들에게 자신의 붕대를 싸매 주는 상처입은 치유자로 인식되었으면 정말 좋겠다.

완고함이 아닌 견고함

내가 완전한 침묵 가운데 거했다면, 이제 세 번째로, 영성 형성으로 인해 나에게 견고함이 생겨나기를 소망한다. 견고함은 완고함도 아니고 변화하기 싫어하는 마음도 아니다. 오히려 그것은 어떤 목표와 헌신을 지속적으로 품고 거기서 결코 물러서지 않는 마음이다.

견고함이란, 신뢰할 만한 성품을 가지고, 약속을 잘 지키고, 중요한 관계들에 신실하며, (가장 중요한 것으로) 예수님께 순종하며 사는 삶을 의미한다. 나의 본성에는 이러한 견고함이 없다. 오늘날 내게 그런 모습이 있다면, 그것은 습득해야만 했기 때문이다. 그만두고, 피하고, 잘라내고, 도망가려는 충동이 오히려 자연스럽다. 그것에 직면하도록 도전을 준 멘토들과 확고한 아내가 없었다면, 오늘날 내가 어디에 있을지 모를 일이다.

나는 영성 형성의 과정을 통해 내 안에 살아 있는 '포기의 유전자'를 제압했다. 꾸지람도 듣고, 위대한 성경의 인물들(그들을 넘어서는 성인들)의 삶에서 자극도 받고, 또 공동체의 격려에 힘입어, 견고함을 쌓는 훈련을 해냈다. 지금은 나 자신을 상당히 '꾸준한 사람'(sticker)이라고 생각한다. 그러나 계속해서 영혼을 회복시키는 일을 하지 않으면 그런 일은 일어나지 않을 것이다.

바울은 고린도교회 성도들에게 "견실하며 흔들리지 말고 항상 주의 일에 더욱 힘쓰는 자들이 되라"고 썼다(고전 15:58). 그는 분명 아주 중요한 것을 말하려 하고 있었다. 아마 그는 으레 불성실하고, 헌신이 오래 가지 못하며, 압박에 쉽게 굴복하는 사람들에게 이 말을 하고 있었을 것이다. 아마도 천성적으로 나 같은 사람들에게 말이다.

보이지 않는 것을 믿는 믿음

나는 다른 사람들이 내 속에 있는 믿음을 보기를 소망한다. 믿음이란, 나의 이성과 본능적인 비관주의와 결코 최선이 아닌 것에 기꺼이 안주하려는 마음을 넘어 하나님의 능력을 신뢰하고 의지하는 능력이다.

나는 믿음으로 사는 사람들에 대해 읽고 관찰하는 것을 무척 좋아한다. 그것은 영성 형성 작업의 한 부분이다. 믿음의 사람들은 늘 나에게 자극을 준다. 예수 그리스도의 복음이 영국의 사회 구조를 바꿀 수 있다고 무모하게 믿었던 18세기 복음주의자들, 존 웨슬리(John Wesley), 윌리엄 윌버포스(William Wilberforce), 헌팅던 부인(Countess of Huntingdon), 찰스 시므온(Charles Simeon)에 대해서는 아무리 읽어도 질리지 않는다. 이들 중 누구에 대해서라도 읽고 나면, 오늘날 그런 변화를 위해 하나님을 믿고 당장 행동할 각오를 하게 된다.

성경에 나오는 가난한 과부의 이야기에도 종종 마음이 끌린다. 그 과부는 예수님이 "자기가 가지고 있는 생활비 전부"라 하신 두 '렙돈'을 성전의 헌금함에 넣었다(참고. 눅 21:2-4). 간단히 말해서 그것이 믿음이다. 하나님이 자신의 필요를 채우시리라 믿으며, 침착하고 조용히 눈에 띄지 않게 자신의 모든 재물을 바치는 것 말이다.

영성 형성이란, 불가능해 보이는 일을 하시는 하나님을 믿으며 편안하게 그것을 구하는 마음을 갖는 것을 의미한다. 병자의 치유와 악한 자의 변화와 압제자의 손을 폐하시기를 기도하는 것이다.

믿음과 비전은 밀접한 관계가 있다. 어떤 기관들을 설립할 때나 건물을 세울 때 그것을 많이 볼 수 있다. 나의 경우에 믿음과 비전은 어떤 기관들을 설립할 때보다는 하나님이 사람들에 대해 품고 계신 가능성들을 볼 때 더 잘 나타났으면 좋겠다.

절제

내가 앤서니 블룸의 이야기에 나오는 수사처럼 침묵 가운데서 산다면, 절제라는 성령의 열매가 나타났으면 좋겠다.

물론 이것은 '옳은 일은 인정하고 잘못된 일은 잘못되었다'고 말하는 능력을 함양하고자 하는 마음과 그 훈련에 많은 관련이 있다. 사실 그리 인기 있는 주제는 아니다.

절제는 리더가 반대를 받거나, 모략을 당하거나, 인정받지 못하거나, 무시당하거나, 기대 이상의 무언가를 더 해야 하는 상황에서 나타난다. 어떻게 대응할 것인가? 절제는 돈의 사용, 힘과 영향력을 다루는 일, 과장된 칭찬에 대한 반응과도 관련이 있다. 우리는 어떻게 우리 삶에 건강한 한계를 정할 것인가?

구약 성경에는 절제가 부족했던 몇 사람이 나온다. 삼손, 사울, 솔로몬이 떠오른다. 그렇다면 챔피언은 누구인가? 물론 요셉이다. 그리고 다니엘, 또한 에스더.

절제를 가장 온전하게 보여 주는 모습을 생각하다 보면 예수님이 떠오른다. 그분을 실망시킨 친구들, 그분을 잡아들인 잔인한 병사들,

악의를 품은 가룟 유다에게 둘러싸여 겟세마네 동산에 계셨던 예수님은 냉정을 잃기가 얼마나 쉬운 순간을 맞으셨던가! 그러나 그분은 그리하지 않으셨다. 여전히 위엄을 갖고 걷잡을 수 없이 혼란스러운 상황에 차분한 중심이 되셨다. 그것이 절제다.

한때 중국 내륙 선교회의 리더였던 프레드 미첼(Fred Mitchell)은 이렇게 썼다. "그것은 낮아지는 것을 참을 수 있는, 충격을 흡수할 수 있는, 완충기처럼 행동할 수 있는, 숱한 괴로움을 참을 수 있는 리더의 자질이다. 하나님의 종들에게 다가오는 시련, 계속되는 마찰과 마모는 경건한 성품을 위한 최고의 시험이다."

영성 형성은 계속 진행 중이다

이곳 피스 렛지에 있는 작은 서재의 창 밖에는 큰 바위가 하나 있다. 다른 데로 실어 나르려면 가로, 세로, 높이가 각각 1.2미터인 상자가 필요할 것이다. 오래 전 그 바위는 땅 속에 묻혀 있었다. 땅 밖으로는 겨우 3-5센티미터 정도 튀어나와 있었다. 아내는 대수롭지 않은 일일 거라 생각하고 그 돌을 파내기 시작했다.

파면 팔수록 아내는 자신이 시작한 일이 얼마나 큰일인지를 깨달았다. 그러나 되돌릴 수는 없었다. 이틀이 지나고 나서야 우리(아내는 나까지 이 일에 동참시켰다)는 수영장을 만들어도 될 만큼(내 요점을 위해 과장을 좀 했다) 큰 구멍에서 이 어마어마한 돌을 들어냈다. 이 글을 쓰는 지금 한때 땅 속에 숨어 있던 그 바위를 창 너머로 볼 수 있다.

그 돌은 영성 형성이 무엇인지를 줄곧 기억하게 해준다. 어떤 것은 파내야 한다. 어떤 것은 잘라내야 하고 어떤 것은 심어야 한다. 그러면 마침내 아름다운 무언가를 얻게 될 것이다. 정말로 아름다운 그것 말이다.

그리고 다른 사람들이 보고 있는 것에 대해 그들에게 설명할 필요가 없다. 아무 말도 하지 않을 때조차도, 그들은 당신의 삶 속에서 일하고 계신 하나님을 본다. 영성 형성은 말 한 마디 하지 않아도 일어날 수 있다.

❖ **더 깊은 묵상을 위하여**

1. 앞에 나온 다섯 가지 덕목 중에서 당신의 삶에 나타나는 것은 어떤 것인가? 그 덕목들은 어떻게 나타나게 되었는가? 다섯 가지 덕목 중에서 당신의 삶에 드러나지 않는 것이 있는가?
2. 정기적으로 어떤 저자들을 당신의 영적 양식으로 삼는가? 그들은 당신의 영성 형성에 어떤 영향을 주는가?
3. 당신은 성공에 대한 추구와 헨리 나우웬이 묘사한 리더(28면을 보라)로 성장하고자 하는 비전 사이에서 어떻게 균형을 유지할 수 있겠는가?

4
커서 뭐가 되고 싶은가

내가 너희를 권하노니
너희가 부르심을 받은 일에 합당하게 행하여.
에베소서 4:1

신학교 재학 시절 2년 동안 덴버에서 동쪽으로 280킬로미터 떨어진 아주 작은 시골 교회에서 목회한 적이 있다. 1년 동안 게일과 나는 교회의 작은 사택에 살면서 돈을 절약할 수 있었다. 그러다 보니 화요일 새벽 4시에 딱정벌레 모양의 폭스바겐 자동차로 사택을 떠나 덴버를 향해 3시간 동안 운전을 해야 했다.

캔자스 접경에서 덴버까지 36번 도로로 가는 길은 거의 직선 도로를 달리는 길이었다. 서쪽으로 지평선까지 바라보면, 차는 어느 방향으로든지 갈 수 있을 것 같았고 장애물을 만날 일은 전혀 없을 것 같았다. 순탄한 주행이었다.

인생엔 간혹 이와 같은 때가 있다. 장애물이 전혀 없을 때 말이다. 그때는 이런 느낌이 든다. '열심히 하기만 한다면 원하는 것은 무엇이든 얻을 수 있어. 열심히 기도하고 또 열심히 공부하면.' 나도 한때는 이렇게 믿었다.

그러나 36번 도로로 다시 돌아가 보자. 콜로라도 주의 라스트 챈스 시를 지나자마자 갑자기 지평선상에 산봉우리 세 개가 등장한다. 남쪽에는 파이크스 피크, 북쪽에는 롱즈 피크, 그리고 서쪽 정면에는 에번스 산이 있다. 단단하고 다소 큰 세 개의 장애물로 인해 선택권이 줄어들었다는 것을 알고 나면 장애물 없는 여행의 환상이 바로 깨진다.

때때로 우리는 리더십에서도 '라스트 챈스'(last chance)에 이른다. 개인적인 장벽과 한계를 발견할 때가 오는 것이다. '이것은 할 수 없어…사실 나는 이런 은사가 없어…이 과제는 내 힘만으로는 불가능한 일이야.'

의무감은 자꾸 쌓인다. 배우자일 수도 있고, 아이들일 수도 있고, 혹 부모님에 대한 책임감일 수도 있다. 이들을 장애물이라 부를 수는 없을 것이다. 그럼에도 불구하고 그들은 다른 대안에 대한 가능성을 축소시킨다.

젊은 리더들에게는 힘든 순간일 수 있다. 한때 현기증이 날 정도로 높았던 꿈들이 현실에 의해 서서히 수정된다. 그리고 실제로 그들은 왜 하나님을 섬기는 이 '일'(business)을 하는지를 조금씩 깨닫기 시작한다. 그들은 영웅이 되지 않을 것이고, 세상이 그들의 통찰력을 구걸하기 위해 문앞에 몰려들 일도 없으리란 것을 알게 된다. 그런데 그 정도만 되어도 괜찮다.

이제 앞의 비유를 마무리해 보자.

덴버를 향해 가다 그 도시 가까이에 이르면, 로키 산맥 자락이 병풍처럼 솟아오른 지점이 나타난다. 이전에는 일정한 간격으로 단 세 개의 장벽이 지평선을 가로막았지만, 지금은 수많은 장벽이 시야를 가득 채우고 있다. 어느 쪽으로도 갈 수 없을 것 같은 느낌이 든다. 궁지에 몰린 것이다! 장벽이 없을 것이라는 환상은 뒤집어졌다.

이것이 리더십의 자리에 있는 중년들이 인식하게 되는 것이다. 신선함은 사라졌다. 평범함이 두렵고, 무능함이 두렵고, 관심을 받지 못할까 하는 두려움이 고질적인 증세가 되었다.

중년 리더의 위기

많은 40-50대 리더들의 생각의 이면을 들여다보라. 아주 실제적으로 그 장벽을 인식하고 있음을 알게 될 것이다. '내가 어디로 갈 수 있을까? 어디로도 갈 수 없을까 봐 겁이 난다고 누구에게 말할 수 있을까? 이런 것들에 대해서 걱정한다는 것이 왜 부끄러울까? 예나 지금이나 나의 영웅들도 장벽들에 대해 걱정했을까? 뭐가 잘못된 거지?'

당신이 만약 앞의 비유에 나오는 '덴버'에 가려 한다면, 세 가지 대안이 있다.

1. 출발 지점, 즉 한계는 없다는 꿈을 가졌던 '청년 시절'로 돌아가는 것.

2. 장벽에다 대고 욕을 하면서 '돌아가는 것은 불가능하다'며 투덜거리며 같은 자리에서 맴도는 것.

3. (이것이 가장 중요하다) 장벽을 향해 가서, 지난 40년의 생애를 건

강하고, 영적으로 활기차고, 성공적인 삶으로 인도해 준 통로나 터널을 찾는 것.

나는 지금 벽을 통과하고 그 과정을 즐기는 인생의 시기에 와 있다! 이제 '장애물 없는' 시절의 인생은 아주 멋지지만, 심히 비현실적이라는 것을 안다.

그 시절 나이 드신 성도들이 내게 지혜와 조언을 구하지 않은 것은 당연한 일이었다. 그분들은 내게 친절하게 대해 주셨고 내 설교에 귀 기울여 주셨고 내게 좋은 생각과 열정이 있을 때마다 나를 따라 주셨다. 그러나 지금은 그때 그분들이 무슨 생각을 하셨을지 안다. '그 사람은 풋내기야. 우리 마음을 알려면 좀더 자라야지.'

안타깝게도 나는 제자리를 맴도는 길을 택했다. 개인적으로 일어난 엄청난 실패와 슬픔 가운데서, 게일과 나는 불투명한 미래에 대해 주님의 음성을 구하며 제자리를 맴돌아야 했다. 내 인생의 암흑기 중 하나였다. 그러나 결코 잊을 수 없는 따뜻한 시기이기도 했다. 하나님은 고통을 통해 우리가 다른 방법으로는 배울 수 없는 무언가를 가르쳐 주셨기 때문이다.

하나님은 온유하고 자비가 풍성하신 분이시며, 내 주위에는 회복의 은혜를 믿는 사람들이 있었기에, 나는 장벽을 통과하게 해주는 터널과 통로에서 미래를 발견할 수 있었다.

성장과 은혜

'당신은 어떤 노인이 되고 싶은가?' 이 질문을 만난 날은 내게 의미심장한 날이었다. 그리고 노년의 삶이 성장과 은혜로 가득한 삶이 되기를 소원하게 되었다. 나는 테니슨(Tennyson)의 "율리시즈"(Ulysses)라는 시에 나오는 표현을 정말 좋아한다. 테니슨은 그 시에서 여행으로 지친 노인 율리시즈가 세상 구경을 한 다음 어떻게 살지를 깊이 생각하고 있는 모습을 그리고 있다.

> 많은 것을 잃었지만 아직 많은 것이 남아 있도다.
> 이제는 이전에 땅과 하늘을 움직였던 그런 힘은 없지만,
> 지금 모습 그대로의 우리가 있도다.
> 영웅심 같은 것은 시간과 운명에 의해 쇠하였지만,
> 분투하고, 추구하고, 발견하고, 결코 굴하지 않으려는
> 의지는 여전히 강하도다.

나를 위한 말이었다. "분투하고, 추구하고, 발견하고, 결코 굴하지 않으려는 의지는 여전히 강하도다." 여기 다른 노인들은 휴양지와 오락거리를 찾아 떠나려 할 때, 노년의 생활방식으로 성장을 택한 한 노인이 있다.

혹은 바울의 말을 사용할 수도 있을 것 같다. "우리의 겉사람은 낡아지나 우리의 속사람은 날로 새로워지도다"(고후 4:16). 또 "나는 선한 싸움을 싸우고 나의 달려갈 길을 마치고"(딤후 4:7). 나는 테니슨의 율리시즈에 나오는 열정과 바울의 혈기왕성함이 정말 좋다.

당시 중년이었던 나는 심령과 마음이 새로워지기를 간구했다. 그리고 놀라운 해방감을 얻었다. 나는 항상 올바르게 행동해야 하고, 신

앙에 대한 모든 사람의 정의를 만족시켜야 한다는 부담감에서 해방되었다. 항상 지난해보다 올해 더 성공해야 한다는 압박에서 해방되었다. 나를 좋아하지 않는 사람이 있을지도 모른다는 두려움에서 해방되었다. 그것은 '그리스도에게 기쁨이 되는 것에, 아내의 연인이 되는 것에, 손자 손녀들의 할아버지가 되는 것에, 삶을 함께하고 싶어 하는 사람들에게 친구가 되는 것에, 그리고 당신의 세대를 섬기는 데 만족하라'고 말하는, 느리지만 분명한 해방이었다.

어떤 면에서 그 해방은 예수님의 은혜와 온유하심 때문에, 또 실패를 깨끗이 정리함으로 가능해진 것이었다. 지금 나를 아는 사람은 내가 겪은 최악의 순간 가장 곤혹스러웠던 실패를 알고 있다. 지금 나는 자유롭게 삶을 열어 보이고 내 모습 그대로의 나 자신을 드러낸다. 그리스도의 자비로만 살아남을 수 있는 죄인의 모습 그대로 말이다.

지금은 두려움, 의심, 실망, 약함에 대해 자유롭게 이야기한다. 나 같은 사람에게서 어떤 선한 것이 나온다면 사실 그것은 하나님께로부터 온 것이기 때문이다. 바울은 그것에 대해 잘 표현했다. "내가 약한 그때에 강함이라"(고후 12:10).

나의 사명을 정의하다

'당신은 어떤 노인이 되고 싶은가?' 나는 계속 이 질문과 씨름하고 있다. 내 주위를 둘러보고 나서, 테니슨의 율리시즈에 언급된 그런 모습들로 감명을 줄 노인들이 많지 않다는 사실을 깨달았다.

이유가 무엇일까? 아마도 대부분의 사람이 노년을 위한 성장 계획을 세우지 않고 있기 때문인 듯하다. 80세가 되었을 때(하나님이 뜻하신다면) 어떤 사람이 되고 싶은지 계획을 세우지 않고 40세나 50세 때 준비를 시작하지 않는다면, 그 일은 거의 일어나지 않을 것이다.

이를 계기로 나는 개인적인 사명을 정리했다. 사명이 없는 사람은 삶의 주도권을 가지기보다는 상황에 반응하며 살게 된다. 조직을 위한 사명 선언문은 몇 번 써 본 적이 있는데, 나 자신에 대한 사명 선언문을 쓰지 못할 이유가 있겠는가?

나는 사명 선언문을 일기장의 두 번째 페이지에 적어 두었다. 하루를 시작할 때마다 매일 아침 일기장을 펴서 그 선언문을 읽는다. 가야 할 방향을 정해 주고 그에 따라 열정을 쏟게 해주는 것이 바로 사명 선언문이다.

내가 가는 곳 어디에서든 그리스도의 나라가 더 굳건히 설 수 있도록, 내 세대를 향한 하나님의 뜻을 위해 일하는 데 삶의 초점을 맞춘다. 사람들을 대할 때는, 소망과 격려와 열정과 우정과 섬김을 베푸는 사람이 되기를 소망한다. 한 사람으로서 내 영혼이 거룩함과 지혜의 근원이신 그리스도께서 거하시는 처소가 될 수 있도록 날마다 자라가려 한다.

이것은 내가 일생 동안 무엇을 하고 싶은지를 개괄적이고 거시적으로 표현한 실용적인 선언문이다. 이 선언문은 내가 살고 있는 시대를 향한 하나님의 뜻이 무엇인지 계속해서 찾음으로써 성장하라고 요구한다. 그리고 정확히 하나님 나라 확장의 사명을 갖게 한다. 내가 살고 있는 세상에서 하나님 나라를 경험할 수 있는 곳으로 사람들을 부르는 것 말이다.

이것은 내가 어떤 사람이 되고 싶은지를 날마다 상기시키는 자질에 대한 선언문이다. 예수님이 내게 주신 소명이라고 믿는 바, 즉 종이 되라는 부르심을 날마다 기억하게 해주는 선언문이다. 그 표현이 제시하는 기준이 아주 높은 것을 안다. 그러나 그것은 의도적이다. 기준이 높지 않은 사명이라고 해서 추구할 가치가 없는 것은 아니지만, 내 마음과 심령이 날마다 바울이 말한 바, "그리스도 예수 안에서 하나님이 위에서 부르신 부름"(빌 3:14)으로 다시금 도전을 받기를 바란다.

이것은 또한 관계에 대한 선언문이다. 이 선언문은 사람들과 관계를 맺을 때 높은 기준을 가지라고 말하며 그런 기준의 일부를 제시한다. 이것은 내가 사람들과의 관계에서 무엇을 주고 싶어 하는지를 대략적으로 보여 준다. 아침이면 기분이 좋지 않은 상태에서 일어나 게일에게 툴툴거린 적이 한두 번이 아니다. 그렇게 실컷 툴툴거리고 나서야 소망과 격려와 열정과 우정과 섬김에 대한 나의 사명 선언문을 본다. 보통 회개가 이어진다.

사명 선언문에 대해 불평하는 사람들도 있다. 어떤 사람은 "너무 경영적"이라고 말한다. "나하고는 안 맞는다"고 말하는 사람도 있다. 또 "너무 개괄적이고, 너무 일반적이고, 너무 이상적"이라고 하는 사람도 있다. 그러나 나는 모세가 미래의 왕들을 위해 말하는 신명기 17장의 거의 알려지지 않은 가르침에 매료되었다. 그 가르침에 따르면, 왕은 어떤 일을 할 때는 조심해야 하고 또 어떤 일은 해서는 안 된다(여러 명의 아내를 두거나, 병마를 얻으려 하거나, 은금을 많이 쌓거나, 백성들을 애굽으로 돌려보내거나 하는 일).

모세는 그렇게 공표하고 경고한 다음, 이렇게 말했다. "그가 왕위에 오르거든 이 율법서의 등사본을…제사장 앞에서 책에 기록하여 평생에 자기 옆에 두고 읽어 그의 하나님 여호와 경외하기를 배우며 이 율법의 모든 말과 규례를 지켜 행할 것이라"(신 17:18-19).

사명 선언문인 것 같지 않은가? 모세가 왕에게 '자신의 사명 선언문을 써야' 한다고 말하지 않았다는 것이 흥미롭다. 왕은 매일 그를 위해 기록된 것을 읽으면 된다. 이유가 무엇일까? 왕의 삶은 안팎의 온갖 유혹과 속임수에 노출되어 있기 때문이다. 왕에게는 가야 할 길과 피해야 할 길을 상기시켜 주어야 한다. 왕도, 그리스도인 리더도, 둘 다 스스로를 위해 그러한 선언문과 성장의 언약을 만들어 놓아야 한다.

나의 세부 목표

그러나 사명 선언문으로는 충분하지 않을 수 있다. 처음 이 탐구를 할 때 '세부 목표', 즉 삶의 각 주요 영역에 대한 동일하게 높은 목표들에 대해 생각하기 시작했다. 각각의 세부 목표를 훈련이 필요한 일곱 가지 영역으로 정리했다.

신체: 좋은 습관, 규칙적인 운동, 신중한 영양 섭취, 체중 조절을 통하여 몸을 건강하게 지킨다.

관계: 그리스도의 사랑의 본을 따라 아내를 사랑하고, 아내와의 우정을 즐기며, 아내의 삶이 풍성해지도록 최선을 다한다. 또 가족의 일원으로서 자녀들과 손자 손녀들에게 최대한 성실할 것이다. 마지막으로 공동체에 속한

사람들에게 활기 넘치는 친구가 된다. 그 외에 항상 가지려 하기보다 사람들에게 더 많이 나누며 내 세대에 도움이 되는 사람이 되고 싶다.

지성: 가능할 때마다 독서를 통해 또 생각하는 사람들과 함께하는 것과 매일의 훈련을 통해 학습 곡선을 지속적인 상향 곡선으로 만든다.

재정: 소비 면에서 후히 베풀며 빚을 지지 않고 적정 수준을 유지하며, 돈을 벌기 어려울 시기를 대비하여 세심하게 계획을 세운다.

소명: 내 세대에 하나님의 뜻을 나타내고, '영혼의 성숙'과 관련된 모든 측면에 대해 가르치고, 글을 쓰고, 본이 된다. 나는 그리스도인 공동체 안팎에서 이 일이 일어나게 하고 싶다.

영성: 하나님과 그분의 세상 앞에서 초점이 있는, 거룩한, 순종하는, 경건한 사람이 된다. 또 내 속에 계신 성령께서 삶을 주관하시고, 사람들이 나로 인해 그리스도께 한걸음 더 가까이 가도록 삶을 훈련한다.

재창조: 창조세계를 누리고 돌보며, 또 창조세계와 창조주의 화해를 시도함으로써 이 세상에서 회복을 추구한다.

나는 거의 매일 아침 개인 묵상 시간에 이 선언문을 읽는다. 이와 관련하여 몇 가지를 더 언급하겠다.

우선, 이 세부 목표들에는 하나님이 내게 원하시는 바에 대한 개인적인 생각이 반영되어 있다. 더 이상 사도들이나 믿음의 영웅들과 나 자신을 비교하지 않는다. 그들이 이룬 업적은 이전에도 독특했고 지금도 그렇다. 그리고 나의 업적 역시 그렇다. 나의 세부 목표들은 나를 흥분시킨다. 거기서 나는 고귀함을 추구한다. 그것은 내게 더 고상한 삶을 살고자 하는 동기를 부여한다.

두 번째로, 이 세부 목표들은 나의 신체, 지성, 기량, 친구, 세상과 모두 맞닿아 있으며, 전인격적으로 내 삶을 총체적으로 담아내는 다양한 꿈들을 보여 준다.

세 번째로, 그 목표들은 융통성이 있다. 오랫동안 새로운 관심거리나 능력을 발견할 때마다 이 선언문들을 조금씩 수정했다.

마지막으로, 그 목표들은 경직된 꿈들이 아니다. 조정이 가능하다. 약간 후퇴할 때도 죄책감을 느끼게 하지 않는다. 그러나 그 목표들을 읽을 때 때로는 호된 책망과 꾸짖음을 받는다.

일기 쓰기

오랫동안 나는 영성 훈련에 몇 가지 다른 활동을 포함시켰다. 그중 무엇보다 중요한 것이 일기 쓰기다. 나의 일기 쓰기는 1968년쯤에 시작되었다. 그 뒤로 용케도 내 삶의 거의 매일에 대한 기록을 갖고 있다.

일기 쓰기를 시작한 것은, 많은 성인들이 일기 쓰기의 유익을 발견했다는 사실을 깨달았기 때문이다. 그것은 내 마음속 영웅들을 따라 한 일 중 하나였다. 성인들과 신비가들은 우리가 삶에 깊숙이 들여놓은 텔레비전이나 전화나 다른 번쩍거리는 방해물들 없이 살았다. 나의 경우 일기 쓰기에 집중하면서 여러 산만한 것들로부터 멀어졌다. 일기 쓰기는 나로 하여금 생각하고, 평가하고, 성찰하고, 기억하게 해주었다. 사건과 느낌들을 바라보는 방법, 그 안에 거하시는 하나님을 발견하는 법을 가르쳐 주었다.

요즘은 과학 기술의 혜택을 누리며 노트북에 일기를 쓴다. 노트북을 통해 좀더 많이, 좀더 빨리 쓸 수 있게 되었고, 내 손 글씨에 대한 거부감도 극복할 수 있게 되었다.

또 일기는 장, 단기간의 성장을 점검하는 도구가 되기도 한다. 단기간의 점검은 매일 이루어진다. 종종 일기에 그날 해야 할 일들의 목록을 쓰고 그 옆에는 "오늘의 결과는 _____로 점검할 것"이라 표시하고 일기를 마무리한다. 오늘 완수해야 할 일들의 목록을 작성하고, 무엇으로 그 일이 완수되었다고 평가할지에 대해 적어 두는 것이다. 다음 날 그 목록으로 돌아가 각 항목에 "완료"라고 적을 때 정말 만족감을 느낀다.

가끔 "게일과 멋진 오후를 보낼 것" 혹은 "여행 계획을 검토하고, 일정표가 업데이트되어 있는지 확인할 것" 같은 간단한 목표를 쓰기도 한다.

장기간의 성장을 점검하기 위해, 내 영혼의 상태를 조사하는 데 일기를 활용한다. '성경은 내게 무슨 말씀을 하고 계신가? 묵상 시간을 통해 하나님이 말씀하시는 바는 무엇인가? 요즘 어떤 감정, 주제, 태도가 두드러지는가? 두려워하는가, 무언가에 몰두해 있는가? 침울한가, 화가 나 있는가? 어떤 민감한 것으로 인해 자극을 받고 있는가? 어떤 새로운 생각, 새로운 관심사들이 내 삶의 방향을 제시해 주는 하나님의 길일 수 있을까?' 이런 것들은 다시 볼 수 있도록 기록해 놓아야 한다. 그렇지 않으면 삶에 아무런 영향도 미치지 못하고 부지불식간에 지나쳐 버릴 것이다.

또한 대략 4개월에 한 번씩 성장과 진보를 평가하는 데 일기를 사용한다. 설날, 생일(4월), 그리고 휴가를 마치고 나서(8월말)가 보통 지난 몇 개월을 돌아보고 안식의 시간을 위한 질문들을 던지는 시기다. '그동안 어디에 있었나? 그 여정은 열매를 맺었는가? 어디로 가야 하는가? 거기에 갈 만한 자원이 있는가?'

지금까지 성장을 추구하는 이야기를 주로 했다. 그러나 실패하지 않으리라는 법이 없음을 인정할 수밖에 없다. 성경에 나오는 아주 훌륭한 사람들도 실패했다. 그것도 아주 심각하게. 그들을 돋보이게 만든 것은 그들의 위대한 업적이 아니라 회개와 상한 심령이었다. 그리고 하나님이 가장 좋아한다고 말씀하신 것도 상한 심령 아니었는가?

나의 질문들

겉으로 보기에는 성공했지만 마음을 속이고 있을 때는 성장이 일어날 수 없다. 성경을 보면, 속임수는 늘 권위 있는 어려운 질문들에 의해 시험대에 올랐다. 가인에게는 "네가…안색이 변함은 어찌 됨이냐?"(창 4:6)라는 질문이 주어졌다. 히스기야에게는 "그들이[바벨론 사람들이] 왕궁에서 무엇을 보았나이까?"(왕하 20:15)라는 질문이 주어졌다. 유다에게는 "네가 무엇을 하려고 왔느냐?"(참고. 마 26:50)라는 질문이 주어졌다. 아나니아와 삽비라에게는 "왜 네가 성령을 속였느냐?"(참고. 행 5:3)라는 질문이 주어졌다.

게일과 나는 성장에 대해 생각할 때 우리에게 던질 어려운 질문들을 모아 놓았다. 다음과 같은 질문들이다.

- 시간 사용에 대해 그리고 영성 훈련을 지속하고 있는지에 대해

질문을 받을 때 나는 지나치게 방어적인가?
- 친구들, 가족들과 함께 노는 시간이나 안식의 시간을 가지지 못할 만큼 일정표에 갇혀 있는가?
- 나의 일일 계획표는 연구, 독서, 운동 시간을 어떻게 처리하고 있는가?
- 나의 말하는 수준은 어느 정도인가? 짜증내거나 불평하고 있는가? 사람들과 기관이나 나를 좋아하지 않는 사람들을 자주 비난하는가?
- 영적인 환경에 도움이 되지 못하는 오락물이나 텔레비전 프로그램에 끌리는가?
- 진실을 왜곡하거나, 호의적인 사람의 수를 늘리거나, 나를 좋게 보이게 하는 이야기를 하려는 유혹을 받는가?
- 내가 저지른 실수 혹은 선택의 결과에 대해 다른 사람을 비난하는가?
- 내 심령은 하나님의 말씀을 들을 수 있도록 잠잠한 상태에 있는가?

「무너진 세계를 재건하라」(Rebuilding Your Broken World, 하늘사다리 역간)는 책에서 마티아스 러스트(Matthias Rust)라는 독일 청년의 이야기를 한 적이 있다. 그 청년은 비행기를 빌려 구소련의 심장부로 몰고 가서 모스크바의 붉은 광장 한복판에 착륙시켰다. 나는 늘 이 이야기가 어느 그리스도인 리더에게나 일어날 수 있는 일임을 잘 보여 주는 예라 생각했다. 소련은 자신들이 세계 최고의 방공 시스템을 가지고 있다고 확신했지만, 한 십대 소년은 그들의 영공을 뚫고 크렘린 궁전 앞에까지 이르렀던 것이다. 그리스도를 따르는 이들이 계속해서 회개하는 삶을 살지 않는다면, 그들은 성장하고 있다는 확신을 가질 수 없다. 그리스도의 능력과 은혜에서 떠나 있으면, 그리스도께서 다시 오시는 날까지 우리 속에 머물러 있을 악의 세력에게 굴복할 수밖에 없음을 인정하는 거룩한 슬픔이 없다면, 그들은 성장하고 있다고 확신할 수 없다.

목회자로서 성장하는 일은 우리 자신을 성인이나 영웅들과 비교하는 것과 관련이 없다. 그들의 삶을 통해 배우는 것은 귀한 일이지만, 그들은 히브리서 저자의 말처럼 구름같이 허다한 증인들에 속한 이들이다(참고. 히 12:1). 그들은 우리가 경주할 때 계속 관중석에 앉아 있다. 우리는 그들이 이룬 일과 우리 자신을 겨룰 수 없다. 오히려 우리는 우리와 함께 달리시는 유일하신 그분에게 시선을 고정한다. 우리가 달릴 때 옆에 계시는, 우리가 넘어질 때 다시 일으켜 세우시는, 우리가 길을 잃었을 때 방향을 다시 잡아 주시는, 우리가 지쳐 갈 때 응원해 주시는, 우리가 경주를 마쳤을 때 아버지께 우리를 내보이시는 그분께 감사하라.

주의사항

이제 한걸음 더 나아가, 처음에는 절망적으로 보였던 개인적인 성장에 대해 몇 가지를 언급하려 한다. 나는 사명 선언문, 세부 목표들, 일기 쓰기와 평가 과정을 가진다 해서 성공이 보장되는 것이 아님을 어렵게 배웠다. 나는 실패를 안다. 그리고 실패를 막을 인간적인 방법은 찾지 못했다.

아주 오래 전에, 상당히 특이한 사람들을 예수님께로 인도한 경건한 어른과 친구가 된 적이 있다. 함께 아침을 먹고 있던 어느 날, 리(Lee)는 최근 보스턴에 다녀온 이야기를 하기 시작했다. "그 도시로 차를 몰고 갈 때였네. 주차를 하려면 환락가(보스턴의 악명 높은 홍등가)를 가로질러 가야 한다는 걸 알았다네. 그래서 휴게소에 멈춰 서서 기도했지. 포르노 가게와 안마 시술소들을 지나갈 때 유혹에 빠지지 않도록 보호해 주십사고 말이야."

"잠시만요, 리" 하고 내가 끼어들었다. "기분 상하게 하고 싶지는 않지만요. 78세시잖아요. 이렇게 오랫동안 주님을 따라 살았는데, 이 나이에 성적 유혹에 대해 염려하신다고 말씀하시는 겁니까?"

리는 강렬한 눈빛으로 나를 쳐다보았다. "젊은이, 나이가 들었다고 내 정맥으로 피가 흐르지 않는 것은 아니지. 우리 노인들과 젊은 자네들의 차이는, 우리는 우리가 죄인인 걸 안다는 거지. 우리는 많은 경험을 했네. 어린 자네들은 아직 그걸 이해하지 못하지."

이제 나는 그의 말을 조금 이해한다. 그리고 성장하고 있는 노인들이 가장 은혜롭고 너그러운 분들인 이유를 안다.

악이 내재하고 있으며 그 악이 스스로를 속이며 교활하게 일하고 있다는 현실을 분명하게 고려하지 않는다면, 성장은 일어날 수 없다. 그 악은 우리로 하여금 하나님과 우리 자신과 서로에게 거짓말을 하도록 이끈다. 영성 훈련들은 우리를 아버지의 임재 속으로 인도할 뿐 아니라, 쉽게 믿을 수 있는 거짓말에 민감하게 해주기도 한다.

리더는 줄곧 유혹의 표적이다. 우리는 느부갓네살 왕이 바벨론의 벽들에 붙여 놓은 성명서에서 결코 멀리 떨어져 있지 않다. 그는 이렇게 말했다. "이 큰 바벨론은 내가 능력과 권세로 건설하여 나의 도성으로 삼고 이것으로 내 위엄의 영광을 나타낸 것이 아니냐?"(단 4:30) 미디어 사역의 성공, 모금 활동의 성공, 급성장하는 기관의 돌풍, 혹은 많은 회비와 '사랑의 선물'로 축적할 수 있는 돈의 미혹을 받아 속임수에 넘어간 사람들을 보라.

나는 나이가 들어갈수록 아버지의 사랑을 받은 이방인이라는 내 상황을 더 잘 깨닫게 된다. 그리고 이것이 나이 들면서 생겨나는 가장 중요한 통찰인 것 같다. 성장하는 노인들은 대부분 공통된 특성을 갖고 있다. 그중 하나가, 그들은 아무런 주저함 없이 자신들이 죄인임을 안다는 것이다. 그리고 그들은 은혜의 중요성을 제대로 인식하고 있다.

❖ **더 깊은 묵상을 위하여**

1. 당신이 인생을 살면서 발견한 젊었을 때의 이상과 충돌하는 개인적인 장애물과 한계는 무엇인가?
2. 자신에게 "어떤 노인이 되고 싶은가?"라는 질문을 해 보고, 왜 그런 노인이 되고 싶은지 이야기해 보라.
3. 당신의 사명 선언문을 보고, 세부 목표들 즉 삶의 주요한 각 영역들에 대한 큰 목표들을 만들어 보라. 쉽게 유혹과 몰락으로 이끌 수 있는 어떤 자기기만에도 주의할 수 있도록 그 내용들을 적어 놓으라.

5
내면 세계의 지도 그리기

> 영적 여정을 기록으로 남기는 것을 통해 당신의 신앙은 더욱 깊어질 수 있다.
> 그것은 우리의 묵상과 기도를 돕는다. 또 우리에게 주님의 신실하심과
> 주님의 일하심을 상기시킨다. 우리 자신을 이해하고
> 평가하는 일에도 도움이 된다. 또 다른 영성 훈련들을 계속하게 하는 것을 물론,
> 우리의 목표와 우선순위를 점검하는 데도 도움이 된다.
> 도널드 휘트니

일기 쓰기는 매우 귀중한 도구이므로 여기서 이에 관한 나의 경험을 좀더 나누고 싶다. 일기 쓰기를 시작한 것은, '친구'가 필요했기 때문이고 사람들과 친구가 되는 일을 잘 하지 못했기 때문이다. 극심한 스트레스에 시달리며 몇 주를 보낸 적이 있다. 젊은 목사가 감당할 만한 수준이 아니었다. 나는 영적 회복에 대한 필요를 무시했다. 가족들도 등한시했다. 온통 다른 사람들의 문제들에만 휩싸여 있었다. 어느 토요일 아침이었다. 나는 아내의 팔에 안겨 주체할 수 없이 울고 있었.

끔찍한 순간이었다. 영혼이 텅 비는 듯한 느낌이었다. '이런 일이 다시는 있어서는 안 돼'라는 생각이 들었고, 매일 일기를 쓰면서 감정과 영적 상태(혹은 부족한 부분)와 인생의 의미에 대해 좀더 솔직하게 다룰 수 있으리라는 느낌이 들었다. 그리고 그것은 기대에 어긋나지 않았다.

영혼과의 대화

일기의 목적은 무엇이었을까? 적어도 내 판단으로는 일기는 영혼과의 대화다. 일기는 사건의 기록도 포함하지만, 그 사건들의 의미를 밝혀내려 한다. '하나님은 이 사건을 통하여 무슨 말씀을 하고 계신가? 나는 무엇을 배우고 있는가? 내 느낌은 어떠한가? 이 사건에 내포된 원리는 무엇인가?'

그 외에도 일기가 나와 가까운 이들의 여행 이야기(가능한 한 많이)가 되었으면 좋겠다. 내 결혼 생활에서 가장 좋았던 순간과 가장 나빴던 순간이 일기 속에 고스란히 담겨 있다. 우리 아이들과 손자 손녀들은 어느 날 과거로 돌아가, 아버지의 눈으로 그들 삶의 중요한 순간들을 다시 기억할 수 있을 것이다. 아이들은 내가 그들을 얼마나 사랑했는지, 그리고 그들이 삶 가운데 내린 선택들을 얼마나 자랑스러워했는지 알게 될 것이다. 기도하고 예배드리는 데 일기를 활용했던 적도 많다. 영적 돌파구 같은 것을 보여 주는 부분들도 여기저기에 있다. 그리고 일기에는 인생의 가장 주목할 만한 (좋고 나쁜) 순간들의 생생한 기억이 보존되어 있다.

일기의 유용성

규칙적으로 일기를 쓰면 가능해지는 몇 가지가 있다.

- 눈에 보이지 않는 것과 순간적인 것이 실체가 된다. 일단 어떤 감정

과 두려움과 꿈을 정리해 놓고 나면, 그것들을 잘 다룰 수 있고 기도할 수 있고 하나님께 내려놓을 수도 있다. 그것들은 이제 통제할 수 있고, 더 이상 영혼과 마음을 오염시키는 존재가 되지 않는다.

- **학습 경험들이 보존된다.** 매일의 경험들을 기록하고 성찰하면 지혜의 기반이 견고해진다. 보통 무심결에 잊어버렸거나 잃어버린 것들이었는데, 도서관 서고에 있는 책들처럼 미래에 비슷한 순간들이 생길 때 활용할 수 있다. 이제 이끌어낼 선례들을 갖게 된다.
- **하나님의 위대하고 자비로우신 역사에 대한 기억들이 보존된다.** "이것을 책에 기록하여 기념하게 하고 여호수아의 귀에 외워 들리라." 하나님은 대승을 거두신 이후 모세에게 이렇게 말씀하셨다. 이스라엘 백성들이 광야에서 방황하며 하나님의 섭리 가운데 돌보심을 경험했을 때, 하나님은 그들이 그것을 기억할 수 있도록 기념물을 세우게 하셨다. 어느 날 나는 일기의 기록들이 하나님의 채우심에 대한 기념비였음을 깨달았다.
- **가장 성장하고 성숙해야 하는 영역에 대한 설계를 할 수 있다.** 30년 전부터 써 온 일기들을 보면서 여러 해 동안 같은 문제로 분투하고 있었음을 깨달았다. 좋은 소식은 내가 그 문제들에 대해 기록한 그 초창기에 밟아온 단계들이 훈련이 되었다는 것이다. 그리고 오늘도 문제들은 여전히 남아 있지만, '극복한' 비율이 상당히 높아졌다. 매일 그 문제들에 대해 쓰지 않았다면 그 문제들 상당 부분은 극복하지 못했을 것이다.
- **일기는 꿈들을 살아 있게 해준다.** 나는 오랫동안 머릿속에서 생각

들이 넘쳐날 때 그것들을 기록해 두었다. 그 생각들을 말로 바꾸어 놓으면, 어리석은 생각들을 분별하고 좋은 생각들을 발전시키는 데 도움이 된다. 최근 몇 년 동안 실행한 많은 일들은 이전 일기들에서 시작된 것이었다.

❖ **더 깊은 묵상을 위하여**

1. 일기에 대한 제안이 당신에게 호소력 있게 다가오는가? 그 이유는 무엇인가? 또 그렇지 않다면 이유는 무엇인가?
2. 일기를 쓰고 있지 않다면 이제 시작해 보라. 그것을 당신의 생각, 기도, 통찰들을 기록하는 용도로, 또 당신의 영적 성장을 추적하는 방법으로 활용하라.
3. 규칙적으로 일기를 쓰고 있지 못하다면, 이 습관을 새로운 영성 훈련으로 발전시키는 것에 대해 생각해 보라. 45일 후에 이 경험을 통해 배운 것이 무엇인지 묵상해 보라. 이 일을 계속하겠는가?

6
동기 찾기

마음이 깨끗한 사람은 누구인가? 자신을 다스릴 수 있는
유일한 분인 예수님께 전적으로 마음을 내어 드린 사람이다.
자신의 악으로도, 자신의 선행으로도
그 마음을 뺏기지 않는 사람이다.
디트리히 본회퍼

약 25년 전 어느 토요일 아침, 그날은 한 주 전에 노숙자 두 명의 장례식을 인도한 후였다. 장례식을 연거푸 치르면서 그들의 삶이 무의미하고 헛되다는 느낌이 들었다. 슬픔과 공허함에서 좀처럼 헤어나지 못했다.

며칠 밤을 제대로 못잤고 영적으로 회복되지도 못한 상태에서 사역은 쉼 없이 계속되는 상황이었는데, 결국 그들의 죽음이 나를 정서적 과부하 상태로 만들었다.

그날 아침 식탁에 앉을 때까지만 해도 내 감정이 일촉즉발의 상태임을 전혀 깨닫지 못했다. 누구나 살면서 한계점에 이른다는 사실을 맞닥뜨릴 준비가 되어 있지 못했다. 그런데 식탁에서 가볍게 던진 아내의 말 한마디가 도화선이 되어 나의 한계점을 넘어서고 말았다.

아내는 "당신, 최근에 아이들과 시간을 많이 보내지 못했어요"라고 말했다. 아내의 말이 맞았다. 나는 그렇게 하지 못했다. 아내는 친절하게도 자신과 시간을 갖지 않은 것에 대해서는 언급하지 않았다. 게다가 하늘 아버지와의 관계도 좋지 못했다. 설상가상으로 일은 쌓여 있었고, 다음 날 해야 할 설교도 준비하지 못했고, 병원 심방도 몇 군데나 가야 했다. 마치 공을 놓친 야구선수가 '에러! 에러! 에러!'라는 신호가 번쩍거리는 전광판 앞에 서 있는 듯한 느낌이 들었다.

갑자기 허무감에 휩싸여 흐느끼기 시작했다. 자제력을 잃고 네 시간이나 울었다. 전에는 결코 없던 일이었다. 평생에 몇 번 오지 않는 '한계점에 다다른' 순간이었다. 그러나 이 경험은 소위 어떤 성공보다 더, 내가 말하는 영혼의 성숙으로 가게 하는 중요한 요인이 되었다.

그날 일어난 일로 그동안 무시했거나 지혜롭지 못해서 깨닫지 못했던 사실을 인정하게 되었다. 그것은 표면적으로는 예수님의 이름으로 사역에 임하고 있었지만, 많은 경우 나의 타고난 재능, 즉 언어능력, 사교성, 오랜 시간 일할 수 있는 열정과 야망에 의지해서 일하고 있었다는 사실이었다.

영혼의 성숙

그 토요일 아침, 나는 성숙하지 못한 영혼에게 나타나는 피할 수 없는 현상들을 보았다. 우선순위가 비뚤어져 있었고, 중요한 관계들이 무시당한 채, 영성 생활은 하찮은 일이 되었으며, 일은 통제할 수 없었다. 그리고 농담이 아니라 사역에 흥미를 잃어버리고 있었다.

그날 눈물을 그치고 일어난 일에 대해 평가하는 시간을 가지며, 사역을 계속해 나가려면 더 깊은 동기와 힘의 원천에 다가가야 한다는 사실을 깨달았다.

영혼의 성숙이 나의 최우선순위가 되었다. 아마도 이후에 내면 세계의 질서를 바로잡는 일이라 부르게 될 것에 처음으로 흥미를 갖게 된 순간이었던 것 같다. 이후로도 분수령이 된 다른 경험들과 훨씬 더 어려운 문제들도 있었지만, 이때가 중요한 것은 동기('나를 이끌고 가는 것은 무엇인가?')와 지속성('나를 계속 가게 하는 것은 무엇인가?')에 대한 질문을 하지 않을 수 없었던 순간이기 때문이다.

그날 아침의 경험으로, 아주 오랫동안 선반 위에 올려 두었던 영혼의 문제들을 심각하게 다루지 않을 수 없었다. 몇 주 동안 나의 내면 세계를 자세히 살펴보는 시간을 보냈다. 그것은 교회 안에서 하나님을 섬기는 일을 하기 위해 기초를 마련하는, 즉 그 기초를 다시 세우는 일이 되었다.

그런데 재건을 하려면 먼저 건물 잔해부터 깨끗이 치워야 한다. 습관, 동기, 환상, 야망, 여러 형태의 교만을 밝히 드러내고 버려야 한다. 이런 행위를 회개라 부른다. 이것이야말로 하나님이 우리에게 주신 영혼의 가장 강력한 활동이 아닌가 생각된다. 이것은 사탄의 무기고에서 가장 강력한 무기인 속임수에 대한 하나님의 무기다.

나는 짧은 순간에 일어난 유일무이한 그 토요일 아침의 카타르시스에서 시작된 개인적인 정화에 대해 사람들에게 말하고 싶었다. 정말로 내가 하고자 했던 말은 하나님을 섬기고자 하는 마음을 가진 대부분의 사람들은 핵심적인 문제가 될 수 있는 것에 대해 만반의 준비가 필요하다는 것이었다.

지금까지 계속하고 있는 일기 쓰기의 훈련을 시작하게 된 것이 바로 이 경험 때문이었다. 하나님이 내 영혼에 부어 주신다고 느꼈던 생각과 통찰들을 기록하는 일의 유익을 발견했다.

동기의 기초 살피기

내면 세계를 위한 작업을 하던 시절 초기에 알게 된 것은 예수 그리스도를 따르고 섬기는 동기의 기반을 다루는 데 철저해야 한다는 것이었다. 삶의 근본 동기들에 필요한 정도의 주의를 기울이고 있는지 나 자신도 자신할 수 없었다. 대학과 신학교를 다니던 시절, 또 목회 사역을 시작하고 처음 몇 해 동안에, 나는 사역에 대한 이상주의적 의식과 사역의 화려함에 취해 있었다. 순진하고 무한한 열정으로 생각했다. 목사의 삶이란 큰 교회를 세우고, 모든 사람의 삶에 변화를 가져오고, 듣고자 열망하는 사람들에게 열정적인 설교를 하고, 모든 사람의 영적 지도자와 멘토로서 존경받는 지위를 즐기고, 역사에 변화를 줄 수 있는 것이라고 생각했다. 그것이 목사의 삶이라면, 나도 거기에 들어가고 싶었다.

그런데 왜 그 삶에 들어가고 싶었던가? 이 외에도 몇 가지 중요한 질문이 떠오른다. 흔히 신랄한 삶의 현실과 고통스러운 현실에 부딪칠 때에, 우리의 동기들을 깊이 들여다본다. 여기서 사도행전 8장에 나오는 마술사 시몬의 이야기가 우리에게 가르침을 준다. 시몬은 성령의 능력으로 행하는 베드로 일행을 보고, 그 능력을 얻기 위해 많은 돈을 지불하려 했다.

내 속에 시몬의 마음이 조금 있는 것이 보인다. 사역을 잘 하기 위한 재능을 얻기 위해 돈을 지불할 만큼 무모하지는 않지만, 가끔 건강을 위태롭게 하고 관계들을 희생시키고 탈진할 때까지 일함으로써, 더 많은 인기와 성공을 얻겠다는 유혹에 굴복한다. 우리 각자 안에 이런 가능성이 다 있지 않나 싶다.

베드로는 시몬이 품은 동기의 기초에 바로 도전을 가했다. "하나님 앞에서 네 마음이 바르지 못하니 이 도에는 네가 관계도 없고 분깃 될 것도 없느니라. 그러므로 너의 이 악함을 회개하고 주께 기도하라. 혹 마음에 품은 것을 사하여 주시리라. 내가 보니 너는 악독이 가득하며 불의에 매인 바 되었도다"(행 8:21-23).

나는 동기의 여러 측면을 살펴보며 하나님이 주시지 않은 것을 몇 가지 발견했다. 그리고 다른 동료들의 내면 세계를 살펴보면서, 나만 그런 것이 아님을 알게 되었다. 이어지는 내용은 바르지 못한 동기의 목록이다.

인정받고 싶은 욕구

바울은 우리의 인정받고 싶은 욕구에 대해 많은 이야기를 했다. 그는 "의로우신 재판장"의 인정을 받고자 하는 자신의 갈망을 부끄러움 없이 시인했다. 분명히 그는 하나님의 "잘했다"는 말씀을 들으려고 애를 썼다. 그러나 나는 고린도 교인들을 향한 그의 말에 깊은 감명을 받았다. 바울은 고린도 교인들에게 그들의 인정이나 스스로의 인정조차 자신에게는 중요하지 않다고 말했다. 하나님의 인정만이 가치가 있었다.

이런 기준에 비추어 나 자신을 바라보면 마음이 불안해진다. 열여덟 살이 될 때까지 사역 외에 다른 직업에 대해 생각해 본 기억조차 없다. 인정을 향한 잘못된 욕구가 그 원인이었던 것 같다.

어머니는 어린 나에게 "복음을 선포하는 것보다 더 고귀한 소명은 없단다" 하고 말씀하시곤 했다. 그리고 "물론 네가 그 일을 하도록 강요하는 것은 아니란다. 하나님이 너를 그 일로 부르시지 않았다면, 엄마는 네가 복음 선포자로 사는 걸 절대 바라지 않아" 하고 덧붙이시곤 했다. 어머니는 부인하시기는 했지만, 나는 그 메시지를 '엄마는 내가 복음 선포자가 되면 가장 자랑스러워하시고 나를 가장 사랑해 주실 거야'로 해석했다.

게다가 나는 꼬박꼬박 유아 시절에 대한 이야기를 들었다. 예를 들어, 할머니와 어머니가 갓 태어난 몸에 손을 얹고 내가 설교 사역을 하게 되기를 바라셨다는 이야기 같은 것이다.

또 두 살 때는 우리 집 위에서 비행기 두 대가 충돌해 잔해가 소나기처럼 뒷마당으로 떨어졌을 때, 내가 죽을 뻔했지만 죽지 않았다는 이야기도 있다. 세 번째 이야기는 세 살 때 거의 익사할 뻔했지만, 마지막 순간에 누군가 내 머리를 잡고 물 밖으로 끌어내었다는 것이다.

가끔 듣는 이런 이야기들이 나의 의식에 강력한 영향을 미쳤다. "하나님은 어떤 목적을 위해 나를 보호하셨다"는 메시지가 전달되었다. "그 의도가 무엇인지 찾으라. 그리고 거기에 저항하지 마라."

나는 하나님의 특별한 부르심이라는 개념을 소중히 여기고 싶다. 그러나 아마도 당신은 이런 경험들로 인해 어떻게 상황이 꼬일 수 있는지 알 것이다. 하나님께 순종하는 것과 부모님을 기쁘게 하려는 것은 전혀 별개의 문제다. 어린 시절에 이런 동기들이 영혼에 뒤섞일 수 있다. 그러면 그 동기들은 소명 의식 속으로 들어가서, 그 둘을 분리하기가 아주 어려워진다.

나는 분명한 사실을 알게 되었다. 부모님이나 중요한 누군가로부터 인정을 받는다고 해서, 절대로 사역의 폭풍우 속에서 길을 찾게 되는 것은 아니라는 것이다. 우리가 부모님으로부터라 하더라도 사람들로부터 "잘했다"는 말을 듣고자 하는 욕구에 의해 움직인다면, 중독 같은 것의 조종을 받게 될 것이다. 올해에 필요한 일정량의 인정은 마약처럼 내년에는 더 많아져야 할 것이다. 동일한 추진력을 갖기 위해서는 시간이 지날수록 점점 더 많은 인정을 필요로 하는 신세로 전락하고 말 것이다.

사람들의 인정은 불가피하게 오락가락하고 늘어났다 사라졌다 할 수밖에 없다. 그러므로 인정받고자 하는 동기는 사람들의 감정에 따라 오르락내리락하는 것이 되어 버린다. 사람들이 영적 리더십에서 물러나는 첫 번째 이유 중 하나가 이것이다. 더 이상 누구도 박수를 치지 않는다는 것이다.

시몬과 그의 악한 동기들과는 반대되는 것을 원하는가? 세례 요한이 그 답이다. 그는 이전에 자신을 칭송하던 무리가 자신을 버리고 예수님을 따르는 것을 보았다. 그는 어떻게 반응했을까? "나는 쇠하여야 하리라"(참고. 요 3:30). 인정받고자 하는 욕구로부터 자유로운 사람만이 그렇게 말할 수 있다.

성취한 것으로 확인받기

우리 대부분은 성취 윤리에 영향을 많이 받은 환경 속에서 성장했다. 그래서 성공한 사람들은 분명 하나님의 손길이 함께하신 덕분이라는 메시지를 의심의 여지가 없는 것으로 여긴다. 그래서 필연적으로 다음과 같이 추론한다. 다른 이들보다 훨씬 더 놀라운 성공을 거둔 사람들은 하나님의 특별한 손길이 함께하신 덕분이라는 것이다.

보통 성공은 훌륭한 기관이나 수많은 추종자들을 기반으로 하고 있거나 또는 그렇게 발전하고 있느냐로 측정된다. 그런데 복음 전도의 측면에서 보면, 그것은 많은 사람들을 끌어오는 것이다. 교회 리더십 측면에서의 성공은 그 지역에서 가장 큰 교회를 이끌고 있는 것을 의미한다. 다른 사역들에서는 가장 빨리 성장하는 조직을(수입이나, 직원들이나, 영향력 면에서) 이끄는 것을 의미한다. 출판계에서는 베스트셀러를 출간하는 것이다.

그리스도인들이 이런 '승자들'을 찬양하는 것을 들을 때, 우리 대부분은 자신들도 똑같은 성공을 이룰 때에야 '자신의 가치'가 입증될 것이라는 말을 들으려는 유혹을 받는다. 또 자신이 이런 찬양을 받지 못하고 있다면, 아마도 자신은 원래부터 하나님께 귀중한 존재가 아닐 것이라고 여기게 된다.

아마도 성취동기에 대한 가장 인상적인 선언은, 무디(D. L. Moody)에게 (그리고 수많은 다른 사람들에게) 한 말이라고 알려진 그 말이다. "세상은 아직, 하나님의 뜻에 전적으로 굴복한 한 사람으로 하나님이 무슨 일을 하실 수 있는지 보지 못했다."

나는 이 말의 정신을 이루고자 최선을 다해 노력하는 많은 이들이 당혹스러워하는 것을 안다. 그들은 자신들이 전적으로 '굴복했다'고 믿으며 하나님을 섬기기 시작했다. 그런데 아직까지 그들은 물론 세상조차도 어떤 위대한 업적을 보지 못했다. 그로 인해 그들은 왜 자신들의 믿음, 수고, 헌신은 다른 사람들이 얻은 만큼 좋은 결과를 얻지 못했는지 의아해하며 끊임없는 환멸 가운데서 살아간다.

신학교를 다니던 시절, 한 채플 강사가 했던 말이 떠오른다. 그는 "굳이 최고의 리더십을 열망하지 마십시오. 그것이 당신에게 맡겨져 있지 않다면 말입니다"라는 말로 우리를 혼란스럽게 했다. 당시에는 그 말이 이해가 되지 않았다. 특히 우리 학생들은 성공하는 리더는 분명 하나님이 기뻐하시는 사람이라는 얘기를 교묘한 방식으로 (그리고 그리 교묘하지 않은 방식으로도) 계속해서 듣고 있었기 때문이다.

그래서 다른 사람들처럼 나 역시 대형 교회에서 목회하는 것에 대해 환상을 가졌다. 그리고 30대 중반에 나는 그 꿈을 이루는 '축복을 받았다.' 그러나 이후 그 채플 강사가 한 말의 의미를 알게 되었다. 성취하는 것이 동기가 되면, 최고의 리더가 되어서도 기쁨이 거의 없고 만족도 오래 지속되지 않는다는 것이다.

그 당시 나는 리더의 역할은 내가 전혀 예상하지 못했던 육체적, 영적, 정서적인 것들을 요구한다는 사실을 깨달았다. 영혼의 훈련을 하지 않았다면, 나에게는 끝까지 갈 여력이 없었을 것이다. 신학교 교수님들이 우리에게 그렇게 말씀하실 수 있었겠지만, 그분들이 그렇게 말씀하셨다 해도 우리 대부분은 그 뜻을 알아차리지 못했을 것이다. 분명 모든 세대가 똑같은 방식, 즉 그처럼 힘든 방식으로 교훈을 얻어야 한다.

성경은 앞뒤가 맞지 않는 이야기를 많이 하는 것 같다. 예를 들어, 바울과 다니엘과 모세와 에스더가 마치 챔피언이 되기 위해 애쓰는 것처럼 묘사된 부분을 생각해 보라. 한 사람은 자기 세계를 복음화했고, 또 한 사람은 명예롭고 용기 있게 세 왕을 모셨고, 세 번째 사람은 한 민족을 세웠고, 네 번째 사람은 자기 세대를 대학살로부터 구했다.

그런데 우리는 성경에서 또 다른 인물인 에녹에 대해서도 읽는다. 그에 대해서는 그저 이렇게만 나와 있다. "에녹이 하나님과 동행하더니 하나님이 그를 데려가시므로 세상에 있지 아니하였더라"(창 5:24). 자세한 내용은 없다. 포상도 없다. 어떤 목표를 달성하지도 않았다. 그럼에도 불구하고 에녹은 위의 다른 사람들보다 더 뛰어나지는 않더라도 최소한 그들과 동등하다는 느낌을 갖게 된다.

친밀함에 대한 갈망

사람의 기질에 대해 연구하는 사람들은 일정 비율의 사람이 친밀함, 즉 사람들과 친밀한 관계를 갖고자 하는 갈망을 동기로 행동한다고 말한다.

무언가를 만들거나 그리거나 던지거나 생각하는 것을 좋아하는 사람들이 있다. 그런데 사역을 하는 사람들은 보통 사물에 흥미를 느끼지 않는다. 그들은 사람들에게 끌린다. 사람들을 이해하고 싶고, 그들에게 동기를 부여하고 싶고, 그들을 격려하고 싶고, 그들을 변화시키고 싶은 것이다.

사역자들을 사람들이 있는 방 안에 데려다 놓아 보라. 그러면 그들은 곧 그곳에 있는 고통, 가능성, 문제, 열정들을 감지할 것이다. 그들은 사람들에게 의미를 주거나 치유하거나 변화시키며 그들 모두와 관계를 맺고 싶어 한다. 이것이 전형적인 목회자의 기질이다.

다른 사람들과의 친밀함을 즐기는 사람의 경우에 목회자의 삶은 아주 좋은 기회가 된다. 제대로 관리하면 이것은 가장 강력한 은사 중 하나다. 그러나 제대로 관리하지 못하면 이것은 조작, 착취, 성적 범죄로 이어진다. 그저 사람들과 관계를 맺고자 하는 욕구를 충족시키기에 좋다는 이유만으로 목회자가 되려 한다면, 그 결과는 처참할 것이다.

직장을 그만두고 목사가 되는 것에 대해 이야기하는 중년 남성이 적지 않다. 20년 동안 해 오던 일을 접고 신학교에 가서 목사가 되려는 것이다. 이유가 무엇일까? 대부분의 시간 동안 어떤 장치를 만들고 파는 일을 하는 것에 환멸을 느꼈기 때문이다. 직업 현장의 비인격화 현상이 혐오스럽기 때문이기도 하고, 외로움과 결별하고 사람들과 가까워지기를 갈망하기 때문이기도 하다. 그들의 눈에는 하루 종일 사람들과 대화를 나누고, 문제를 해결하고, 인도하고, 동기를 부여하며 시간을 보내는 듯한 목사들의 모습이 좋아 보인다.

목회자가 되려는 이들의 동기의 기반을 살펴보라. 그러면 대개 일차적으로 그 사역을 하려는 동기는 그리스도의 부르심이 아니라, 출세 제일주의가 만들어 낸 고독감과 소외감을 누그러뜨리려는 욕구임을 알게 된다.

디모데야말로 이러한 친밀함에 대한 열망에 따라 움직일 수도 있었던 사람이다. 그는 사람들을 기분 좋게 해주는 것을 좋아했던 것 같다. 그런 기질 때문에 바울은 그가 설교를 하고, 정면으로 맞서고, 자극하고, 끝까지 버티도록 밀어붙여야 했다. "네 속에 있는 하나님의 은

사를 생각하라"(참고. 딤후 1:6). 바울의 도전이 없었다면 디모데는 아마 그저 좋은 사람으로 남아 있었을 것이다.

이상주의의 힘

나는 매우 이상주의적인 전통 안에서 성장했고 성공 신화에 깊이 빠져 있었다. 우리는 '민족들을 복음화하고' '그리스도를 위해 세상을 정복하려' 했다. 나의 어린 시절 영웅들은 허드슨 테일러(Hudson Taylor)와 조지 뮬러(George Muller) 같은 영적 거장들(적어도 그들의 전기 작가들은 그들을 거장으로 묘사했다)이었다. 우리 세대의 그리스도인 리더들의 부르심에는 대부분 신비로운 측면들이 있었다. "만일 복음을 전하지 아니하면 내게 화가 있을 것이로다"(고전 9:16)라는 바울의 말은 우리에게 무겁게 자리잡고 있었다. "하나님이 내게 소명을 주셨는데 네가 다른 것을 위해 그 소명을 저버리면 너는 평생 심판 가운데 살게 될 것이다"라는 말을 자라면서 나는 여러 번 들었다.

젊은 목사로 처음 사역을 시작했을 때, 내게는 이러한 이상주의가 꽉 들어차 있었다. 첫 설교를 한 날 저녁 늦게 아내가 나를 꼭 끌어안아 주었던 것이 기억난다. 아내는 나를 자랑스러워했다. 나도 내가 자랑스러웠다. 우리는 하나님의 사역을 하는 데 있어서 아주 멋진 미래만을 보았다.

그러고 나서 몇 달 후 하늘이 무너지기 시작했다. 선한 뜻으로 시작한 일이라 해도 하나님의 사역을 하는 것이 늘 즐거운 것만은 아니라는 사실을 깨달았다. 사역은 힘든 일이라는 것, 다시 말해 고상하지만 힘든 일이라는 것을 배워야 했다. 내 사역은 실패와 실망, 반대와 오해로 얼룩져 있었다. 어느 누구도 내가 다음 구절에 나오는 바울의 순간적인 추락을 제대로 숙지하게 해주지 못했다. "우리는 힘에 겹게 너무 짓눌려서, 마침내 살 희망마저 잃을 지경에 이르렀습니다"(고후 1:8, 새번역).

아마도 순수한 동기 같은 것은 없을 것 같다. 솔직히 말해서 우리 마음에는 너무도 많은 악이 깊이 박혀 있다. 또 순수함에서 비롯된 동기들이라 하더라도 시간이 지나면서 왜곡되기도 한다.

세간의 이목을 끄는 그리스도인들이 이런저런 너무나 충격적인 실패를 할 때 많은 이들이 그것을 쉽게 낙오로 본다. 다소 예외가 있을지 모르지만, 명성을 얻은 뒤 무너진 거의 모든 사람이 최상의 동기로 출발했을 것이라고 나는 확신한다. 그들은 진정 하나님을 섬기기를 원했다. 그런데 이러한 최상의 동기도 그렇지 못한 것으로 바뀐다. 매일 자신의 동기를 깨끗하게 하는 사람만이 앞으로 일이 잘못되지 않으리라는 희망을 가질 수 있을 것이다.

나는 구약 성경에 나오는 선지자들이 왜 그 일을 하고 싶어 했는지 잘 모르겠다. 사실 선지자의 일을 했던 많은 이들이 그 일을 하려 하지 않았다. 예레미야가 그런 경우다. 그는 부르심이 주어졌을 때 그것과 싸웠다. "나는 아이라 말할 줄을 알지 못하나이다"(렘 1:6). 나중에 그는 그 도시에서 도망가서 시골에서 은둔하고 싶었다고 고백했다(나도 공감할 수 있다). 나는 예레미야와 다른 사람들을 보면서, 가끔은 하나님의 부르심에 저항하는 것이 안전하다는 생각을 한다. 그렇게 저항하면서 동기를 재점검하는 것이다.

내가 정리해서 묘사하려 한 이러한 동기들은, 젊었을 때 우리를 움

6장 동기 찾기 **69**

직이게 해준 꽤 전형적인 예시들이다. 그러나 시간과 노력은 보통 불순물들을 위로 떠오르게 한다. 그런 일이 일어날 때마다 하나님과 다른 사람들 앞에서 우리의 동기를 정결하게 할지, 아니면 왜 이 길로 들어섰는지에 대해 점점 더 냉소적으로 반응할지를 다시금 결단해야 한다.

많은 사람들이 중년에 이르러서야 사역에 대한 동기가 충분하지 않았음을 깨닫는다. 그러나 바꾸기에는 너무 늦었다고 생각해서 어쩔 수 없이 사역을 계속한다. 그 일에 대한 기대에 부응하려고 최선을 다한다. 그러나 그것이 그들이 하는 전부다. 그것은 그저 일이다. 훌륭하고, 도움이 되고, 명예로운 일, 그러나 그저 일이다.

50대가 될 때까지 회복을 위한 수많은 노력을 했을지 모른다. 거기에는 대개 좌절이 뒤따라온다. 여기가 아마도 내가 안전하게 자랑할 수 있는 지점인 것 같다(바울이 자신의 약함 가운데서 그렇게 했듯이). 나는 전형적인 몇 가지 좌절을 겪었고, 그로 인해 회복의 은혜와 재건 과정에 대해 무언가를 배우게 되었다.

위대하고 고상한 동기들이 있을까? 물론 있다. 모세는 백성들의 고통에 깊이 공감했고, 고난과 종살이에 대한 하나님의 민감함을 자기 것으로 삼았다. 사무엘은 이스라엘 백성이 그들의 종교 제도로는 하나님의 음성을 들을 수 없음을 알게 되었다. 그는 하나님이 자기 목소리를 사용하시도록 내어드렸다. 예수님의 어머니 마리아는 분명 순종의 원리에 따라 움직였기 때문에, 하나님의 어린양의 어머니가 되기로 결단했다. 이것들이 우리 삶에서 키워 낼 수 있는 동기들이다.

동기들은 절대 고정되어 있지 않다

우리의 동기들에 대해 신경 쓰는 것이 건강한 일일까? 베드로는 마술사 시몬의 문제를 다루었다. 선지자들도 그 문제와 씨름했다. 그리고 예수님도 하나님 아버지로부터 받은 소명을 거듭 언급하실 때마다 동기에 대해 돌아보셨다.

아마도 무엇인가에 점점 더 조심하게 하는 것이 지나간 시절의 유익이 아닌가 싶다. 이제 우리가 분명하게 이해하고 있다고 생각한다 해도, 나는 최상의 동기와 태도가 왜곡될 수 있음을 깨닫는다.

1981년 복음주의 지도자 회의에 참석하기 위해 태국에 간 적이 있다. 나는 거기서 총회의 강연 중 하나를 맡는 영광을 얻었다. 그때 속으로 이렇게 생각했던 기억이 난다. '와우! 여기 수십 개국에서 온 수백 명의 그리스도인 리더들이 있는데, 내가 회중 전체를 대상으로 한 강연을 해달라고 부탁받은 소수 중 하나라니.'

그 일은 나를 의기양양하게 만들었다. 그러나 어김없이 동기들을 다시 살펴보아야 했던 기억이 난다. 잘 해내고자 하는 욕망('내 능력을 보여 주지 않았던가?'), 인정받고자 하는 욕망('어머니가 자랑스러워하시지 않았을까?'), 사람들과 연결되고자 하는 욕망('이 사람들은 나를 좋아해야만 해!'), 리더십의 목표를 실현시키고자 하는 욕망(세계적인 리더십의 일부가 되는 것이 목표 중 하나였다)이 모두 작동하고 있었다. 영혼을 살펴야 했고 회개할 것이 많았다.

회의 사흘째 되는 날, 아주 유명한 지도자 중 한 분이 보트를 빌려서 회의 참석자 중 40명 정도를 초대했다. 오후 시간 시암 만(Gulf of Siam)

으로 나가 조용한 논의를 하기 위해서였다. 그들은 전 세계 복음주의 기독교의 미래에 대한 이야기를 할 예정이었다. 나는 그 40명 중에 들어가지 못했다.

갑자기 컨퍼런스의 강연자 중 하나가 된 것이 별 의미가 없게 느껴졌다. 나는 망연자실했다. 보트에서 열리는 모임에 초대받지 못했다는 사실이 나를 허탈하게 만들었다. 그때 하나님은 내 생애에 가장 중요한 교훈 중 하나를 주셨다. '네가 아무리 멀리 가더라도, 네가 아무리 높이 올라갔다 생각하더라도, 네 위에는 항상 너를 넘어서는 40명이 (아마도 훨씬 더 많이) 있을 것이다.'

성취하고, 가치 있는 존재가 되고, 사람들과 연결되고, 중요한 인물이 되는 것과 하나님 나라를 연결하려는 순간, 당신은 이내 그것은 예수님이 "나를 따라오너라"라고 말씀하셨을 때 염두에 두신 것이 아님을 깨달을 것이다.

나는 「무너진 세계를 재건하라」에서 스코틀랜드의 위대한 설교가 알렉산더 화이트(Alexander Whyte)에 대한 이야기를 했다. 한번은 화이트의 친한 친구가 회심하지 않은 것에 대해 미국의 한 설교자가 비난하는 것을 들었다. 화이트는 바로 격분했다. 그는 자기 친구를 비난한 사람에게 분노를 터뜨리고 있었고, 그의 강연은 거의 자제력을 잃었다.

그 후 화이트가 평정을 되찾았을 때, 그 설교자가 화이트의 회심에 대해서도 의문을 표했다는 것을 전해 들었다. 그 순간 화이트는 잠잠해졌다. 이제 반박은 없었다. 지독한 침묵만이 남았고, 그는 자기 손에 얼굴을 묻었다. 그러고 나서 그는 그 소식을 전해 준 사람을 바라보며 말했다. "나를 혼자 있게 해주십시오. 친구여, 나를 혼자 있게 해주십시오. 나는 내 마음을 점검해야겠습니다."

태국에서의 내 강연을 기억하는 사람은 이제 거의 없을 것이다. 어쨌든 그리 좋은 강연은 아니었다. 그러나 나는 늘 그 여행을 귀하게 여긴다. 화이트처럼 나도 거기서 '너의 마음을 점검하라'는 중요한 교훈을 얻었다. 어떤 동기들이 당신을 붙들고 있는지 확실히 하라. 그리고 답을 얻을 때까지는 대중에게로 가지 말라.

❖ **더 깊은 묵상을 위하여**

1. 당신의 주요한 동기는 무엇이라 할 수 있는가? 그것은 당신이 매일 결정을 내리는 데 어떻게 반영되는가?
2. 리더로서 당신은 진정 다른 사람들을 돕고자 하는 소망이 동기가 되었는가, 아니면 당신을 이끌고 온 숨겨진 다른 동기들이 있는가?
3. 오랜 시간 당신의 동기들은 어떻게 변화되어 왔는가? 변화를 촉발시킨 것은 무엇이었는가?

7
극한의 믿음

사람이 자기의 친구와 이야기함같이
여호와께서는 모세와 대면하여 말씀하시며.
출애굽기 33:11

1700여 년 전, 지금은 성 바실리우스라 불리는 위대한 교회 지도자가 있었다. 신약의 사도들 이후 가장 위대한 그리스도인 중 한 명일 것이다. 그는 어디를 가든 그와 관계 맺는 사람들에게 강력한 영향을 끼쳤다. 누군가는 그에 대해 이렇게 말한 적이 있다. "그의 말은 천둥 같았습니다. 그의 삶이 번개 같았으니까요."

사람들이 당신에 대해 어떻게 말하면 좋겠는가? 아니면 질문을 바꾸어서, 당신은 사람들의 믿음을 보고 그 믿음에 대해 비슷한 말을 해 본 적이 몇 번이나 있는가?

당신은 기독교 신앙을 고백하는 사람들, 쉽게 '예수님에 대한 이야기'를 하는 사람들, 이 믿음의 여정을 따라 오랫동안 걸어왔다고 주장하는 사람들을 꽤 많이 알 것이다. 그러나 그들 중에서 더 깊고, 넓고,

높은 믿음의 경지를 가진 사람이 거의 없다는 점에 동의할 것이다. 이 말이 판단하는 것처럼 들리지 않기를 바란다. 나는 그러한 사람들을 '극한의 믿음'을 보이는 사람이라고 표현하고 싶다. 극한의 믿음을 가진 사람에게는 우리가 상상하는 것보다 더 깊은 무언가가 있다는 것을 알고 있다.

우리는 무엇에 호기심을 가지고 있느냐로 사람들을 평가할 수 있다. 나는 사람들에게 이렇게 묻는다. "인생에서 가장 궁금한 두세 가지는 무엇입니까? 알고 싶은 것 혹은 통달하고 싶은 것은 무엇입니까?" 우리의 경우 대부분의 호기심들은 실제적이고 잘못된 것이 없고 선하지만, 덜 중요한 호기심이지 최상의 호기심은 아니다.

목사가 되는 법을 배우려 애쓰고 있었던 청년 시절에, 나의 관심은 경영, 관리, 조직 역학과 같은 주제에 있었다. 그러나 나이가 들면서, 이렇게 덜 중요한 호기심들에서는 건강한 교회나 훌륭한 그리스도인의 삶이 세워지는 것이 아님을 배웠다. 극한의 믿음은 더 중요한 호기심, 평생 탐구해야 하는 깊은 주제들을 토대로 형성된다.

모세: 극한의 믿음을 가진 사람

구약의 출애굽기는 역사상 가장 위대한 리더들 중 한 명에 대한 이야기다. 바로 모세에 대한 이야기다. 그는 이스라엘 백성을 애굽의 400년 종살이에서 인도해 냈다. 모세에 대한 이야기는 평생을 더 중요한 호기심들을 탐구하면서 보낸 극한의 믿음을 가진 사람에 대한 이야기다.

출애굽기 33:7-11은 이렇게 말한다.

모세가 항상 장막을 취하여 진 밖에 쳐서 진과 멀리 떠나게 하고 회막이라 이름하니 여호와를 앙모하는 자는 다 진 바깥 회막으로 나아가며 모세가 회막으로 나아갈 때에는 백성이 다 일어나 자기 장막 문에 서서 모세가 회막에 들어가기까지 바라보며 모세가 회막에 들어갈 때에 구름 기둥이 내려 회막 문에 서며 여호와께서 모세와 말씀하시니 모든 백성이 회막 문에 구름 기둥이 서 있는 것을 보고 다 일어나 각기 장막 문에 서서 예배하며 사람이 자기의 친구와 이야기함같이 여호와께서는 모세와 대면하여 말씀하시며.

성경 어디에도 이 마지막 구절보다 하나님과의 친밀함을 더 의미심장하게 표현하는 데는 없는 것 같다. 그 부분은 하나님을 알게 된 한 사람을 묘사한다. 이때 모세는 아마 81세 혹은 82세였을 것이다. 당신이 젊다고 해서 실망하지 말라. 이런 유의 관계를 발전시키는 데는 오랜 시간이 필요하다. 모세는 80년의 성공과 실패를 통하여 마침내 이 지점에 이르게 되었다.

그러나 사람이 친구와 이야기하는 것처럼 대면해서 이야기할 때 무엇에 대해 이야기할까? 오늘날 대부분의 기도는 이런 식이다. "오, 주님, 제게 건강을 주세요. 제 문제 좀 해결해 주세요. 월급이 더 많아지게 해주세요. 행복하게 해주세요. 배우자 혹은 여자 친구 혹은 남자 친구와 잘 지내게 도와주세요. 키가 25센티미터 더 크게 해주세요. 살이 20킬로그램 빠지게 도와주세요. 더 좋은 직장을 주세요." 모세가 기도했던 것이 이런 것들이었을까?

이 질문에 대한 답을 얻는 한 가지 방법은 그 대화가 나오는 배경을 찾아보는 것이다. 당시 어떤 일이 일어나고 있었을까?

모세는 40세까지 애굽의 궁궐에서 살았다. 그러다 엄청난 범죄, 즉 살인으로 인해 이후 40년 동안은 도시에서 떠나 사막에서 살게 되었다. 모세가 하나님의 방식대로 무언가를 해야 한다는 것을 깨닫고 마침내 그분께 귀 기울이는 법을 배운 때가 바로 이 시기였다. 극한의 믿음이 발전하기 시작하는 때였다.

하나님은 모세가 80세가 되었을 때, 불타는 떨기나무 앞에서 그를 부르셔서 그 백성을 애굽에서 인도해 내라고 하셨다. 기억하라. 하나님은 모세에게 그들과 그들의 조상이 지난 400년 동안 살았던 땅에서 수만 명의 사람을 데리고 나오라고 요구하셨다. 청개구리들을 데리고 나오라는 편이 더 나았을 것이다!

이 백성들이 "모세여, 말씀하시는 대로 하겠습니다" 하고, 애굽에서 나오는 것을 기뻐했을 거라고 생각할지 모르겠다. 그러나 여러 세대를 거치며 종으로 살았던 이들은 의심이 많아졌다. 그들은 회의적이고 의심이 많은 사람들이 되었다. 그들은 문화가 없는 백성이었다. 권위에 저항하고 일어나는 모든 일에 불평하고 불만을 터뜨렸다.

이스라엘이 애굽의 포로 생활에서 풀려난 직후 어떻게 행동했는지 생각해 보라. 홍해에 이르렀을 때 애굽 군대가 추격해 오자, 그들은 모세에게 등을 돌리며 말했다. "여기서 죽게 하려고 우리를 데려왔군요. 그냥 애굽에 있게 놔두지 그랬습니까? 그때가 더 나았습니다."

그 후 사막에 이르렀을 때에도 그들은 음식이 충분하지 않다고 불평을 해 댔다. 모세가 앞으로 나설 때마다 이스라엘 백성들은 화를 냈다. 이들은 인도하기에 가장 나쁜 백성이었다.

그래서 상황은 출애굽기 33:1-3에 이르게 된다.

여호와께서 모세에게 이르시되 너는 네가 애굽 땅에서 인도하여 낸 백성과 함께 여기를 떠나서 내가 아브라함과 이삭과 야곱에게 맹세하여 네 자손에게 주기로 한 그 땅으로 올라가라. 내가 사자를 너보다 앞서 보내어 가나안 사람과 아모리 사람과 헷 사람과 브리스 사람과 히위 사람과 여부스 사람을 쫓아내고 너희를 젖과 꿀이 흐르는 땅에 이르게 하려니와 나는 너희와 함께 올라가지 아니하리니 너희는 목이 곧은 백성인즉 내가 길에서 너희를 진멸할까 염려함이니라 하시니.

이 장 바로 전에서, 모세는 시내 산에서 돌아와서 백성들이 이교도들처럼 불 주위에서 춤추는 것을 보았다. 그의 형 아론은 이렇게 말했다. "우리는 네가 돌아오지 않을 거라 생각했어. 그래서 춤을 추며 이 송아지를 예배하고 있었어."

하나님은 화가 나셨다.

우리는 화를 내시는 하나님에 대해 생각하고 싶어 하지 않는다. 하지만 하나님은 자신의 백성들이 자신에게서 돌아서서 그 은혜를 업신여길 때 의분을 발하신다. 그래서 하나님은 말씀하셨다. "내가 너희에게 땅을 약속했다. 그러나 나는 너희와 같이 가지 않을 것이다."

세 가지 중요한 기도

여기서 극한의 믿음을 가진 사람이 끼어들기 시작한다. 모세는 이 말씀을 듣고 회막으로 나아갔다. 그는 세 가지를 위해 기도하기 시작했다. 그것은 더 중요한 호기심을 보여 주는 세 가지, 즉 기도 생활의 기초가 되어야 할 세 가지였다. 신앙이 깊어지는 사람들이 기도하는 바가 바로 이것이다. 출애굽기 33:12-13은 이렇게 말한다.

> 모세가 여호와께 아뢰되 보시옵소서 주께서 내게 이 백성을 인도하여 올라가라 하시면서 나와 함께 보낼 자를 내게 지시하지 아니하시나이다. 주께서 전에 말씀하시기를 나는 이름으로도 너를 알고 너도 내 앞에 은총을 입었다 하셨사온즉 내가 참으로 주의 목전에 은총을 입었사오면 원하건대 주의 길을 내게 보이사 내게 주를 알리시고 나로 주의 목전에 은총을 입게 하시며 이 족속을 주의 백성으로 여기소서.

"여호와여, 주의 길을 내게 보이소서"
이 두 절의 핵심 구절, 그것이 첫 번째로 중요한 호기심이다. 여기서 극한의 믿음을 가진 사람 모세는 하나님께 "주의 길을 내게 보이소서"라고 말하고 있다. 이것이 무슨 뜻인가?

우선, 모세는 하나님께 그분의 문화에 대해 보여 달라고 구하고 있다. 모세는 애굽 문화 속에서 40년을 보냈고 광야에서 목자들, 아람 사람들, 유목민들과 함께 또다시 40년을 보냈다. 그리고 지금 그 백성들을 새로운 생활방식으로 인도하라는 하나님의 명령을 듣고 있다. 모세는 기도를 통해 이렇게 말하고 있는 것이다. "하나님, 잘 모르겠습니다. 당신의 문화에 대한 통찰력이 필요합니다. 당신이 어떻게 행하시는지, 당신이 기대하시는 바가 무엇인지, 우리가 어떤 백성이 되기 원하시는지 말입니다. 그러니 주님, 제가 이 백성을 인도하기를 바라신다면, 주의 길을 제게 보여 주십시오."

이러한 기도는 사람들을 하나님의 말씀에 다가가도록 이끈다. 그 기도는 이렇게 말하기 때문이다. "저는 일생 내내 세상의 길에 깊이 빠져 있었습니다. 그 길이 다 악하거나 나쁜 것은 아니라 하더라도, 저는 이제 하나님의 길로 들어서기 원합니다. 내 성품에 하나님의 성품이 드러나게 할 것입니다. 저는 하늘이 그 길에 대해 보여 주는 만큼 거기에 빠져들 것입니다."

극한의 믿음을 향한 길을 가고 있는 한 친구로부터 이메일을 받은 적이 있다. 작년 그는 약간의 좌절을 경험했고 그것이 그의 삶을 해체시켜 버렸다. 그의 이메일은 모세의 기도에서 어떤 일이 일어나고 있었는지를 잘 보여 주는 것 같다.

하나님은 저를 위해 바쁘게 일하고 계셨습니다. 저는 제 삶에서 처리해야만 하는 몇 가지 요새를 알아냈습니다. 저는 항상 하나님이 제 상황을 바꾸시는 것을 통해 하나님과 그분의 길에 대해 배웠다고 생각했습니다. 저는 저와 그분의 관계를 바위와 시내의 관계 같다고 여겼습니다. 그러나 하나님은 제가 다음 단계에 들어갈 때라고 판단하셨습니다. 그분은 환경이 아니라 제 마음을 바꾸고자 하셨습니다.

참으로 놀라운 통찰이다. 우리들 대부분은 기도할 때 하나님께 상황을 바꾸어 달라고 구하기 때문이다. 이 사람은 변해야 할 것은 상황이 아니라고, 변해야 할 것은 그의 마음이라고 말한다. 모세가 말하려 했던 것이 그것이었다. "주님, 저는 여든두 해를 살아오면서 주님의 길을 알아야 한다는 것을 깨달았습니다."

날마다 이런 기도를 드려 보라. 하늘 문화에 깊이 빠짐으로써 삶에 새로운 깊이를 갖게 될 것이다. 아마도 예수님이 주기도문에서 말씀하셨던 것이 그것인 듯하다. "뜻이 하늘에서 이루어진 것같이 땅에서도 이루어지이다." 다시 말하면 이런 말이다. "주님, 당신의 길을 알고 싶습니다. 그 길이 하늘에서 탐구되고 실행될 때 그것을 이 땅으로 가져오고 싶습니다."

"주님, 나와 함께하신다고 약속해 주소서"
주님께서는 14절에서 "내가 친히 너와 함께 가겠다"(새번역)고 말씀하신다. 변화가 일어났다! 하나님은 앞에서(3절에서) "나는 너희와 같이 올라가지 않겠다"고 말씀하셨다. 그러나 여기 14절에서는 분명 모세의 태도를 마음에 들어 하신다. 마치 "내 마음을 바꾸겠다. 내가 친히 너와 함께 가겠다"고 말씀하시는 것 같다.

그런 다음 모세는 말했다. "주님께서 친히 우리와 함께 가지 않으시려면, 우리를 이곳에서 올려보내지 마십시오. 주님께서 우리와 함께 가지 않으시면, 주님께서 주님의 백성이나 저를 좋아하신다는 것을 사람들이 어떻게 알 수 있겠습니까? 주님께서 우리와 함께 계시므로, 저 자신과 주님의 백성이 땅 위에 있는 모든 백성과 구별되는 것이 아닙니까?"

이 기도의 핵심 개념은 "나와 함께하신다고 약속해 주소서"이다. 모세는 이렇게 말하고 있다. "저 혼자 이 일을 하지는 않겠습니다. 제가 주님을 찾는 곳에 주께서 계신다는 사실을 알아야겠습니다. 주께서 함께하신다는 약속이 없이는 이 여행을 하지 않겠습니다."

함께하심은 인도를 함축한다. 함께하심은 도와주심을 함축한다. 함께하심은 친구가 된다는 것을 함축한다. 내 딸 크리스티가 어렸을 때 이야기다. 딸아이는 매일 잠들기 전에 어떤 의식을 치러야 했다. 크리스티의 침대 발치에는 열일곱 마리의 동물 인형이 차례로 놓여 있었다. 첫 번째 자리에 있는 동물 인형은 크리스티와 함께 잠을 자게 된다. 그리고 다음 날 아침이 되면 그 동물은 열일곱 번째 자리에 놓이게 되고 다시 거기서부터 한 단계씩 올라간다. 크리스티는 이 일에 아주 예민했다. 나는 두세 번 정도 열두 번째 혹은 열다섯 번째 인형을 앞쪽으로 끼워 넣으려 해 보았다. 그러면 크리스티는 늘 나를 붙잡고 말했다. "안 돼요, 아빠. 첫 번째 동물 인형이 자기 차례를 놓치면 기분이 나쁠 거예요."

이 의식의 두 번째 순서는 시트와 담요를 턱까지 끌어올리는 것이었다. 그러고 나서 창문의 블라인드를 창틀부터 위로 15센티미터까지 내려야 했다. 더 올라가서도 안 되고 더 내려가서도 안 된다. 내가 기도를 마치고 문밖으로 나갈 때는, 복도에서 은은한 불빛이 들어갈 수 있도록 10센티미터 정도의 공간을 남기고 문을 닫아야 했다.

그리고 나서 마지막 대화를 나누었다. 정확히 매일 밤 똑같이. 내가 조용히 방을 나갈 때면 크리스티가 "아빠, 어디 계실 거예요?"라고 말하는 소리가 들린다.

"응, 딸아. 엄마와 같이 부엌이나 거실 아니면 서재로 내려 가 있을 거야"라고 나는 대답한다.

그러면 이런 마지막 말을 한다. "아빠, 내가 잘 때까지 자면 안 돼요."

크리스티가 무슨 말을 하고 있는 것인가? "아빠가 같이 있다는 걸 알고 싶어요. 밤이 무서워지면, 무슨 소리가 들리거나 악몽을 꾸면 내가 부르는 소리를 아빠가 들을 수 있는지 알고 싶어요."

이것이 모세가 그의 기도의 이 부분에서 말하고 있는 것이다. 우리들 대부분은 밤을 무서워하지는 않겠지만 우리에게는 우리만의 두려움이 있다. 직장을 잃는 것이든, 건강을 잃는 것이든, 사랑받지 못하는 것이든, 우울증을 극복하지 못하는 것이든, 사는 데 위기가 되는 어떤 문제든지, 우리 역시 주님께서 확실하게 함께해 달라고 외치고 있다.

"주님, 주의 영광을 내게 보이소서"

극한의 믿음을 가진 사람은 이제 세 번째 기도를 드린다. 그것은 18절에 나와 있다(18-19절).

> 모세가 이르되 원하건대 주의 영광을 내게 보이소서. 여호와께서 이르시되 내가 내 모든 선한 것을 네 앞으로 지나가게 하고 여호와의 이름을 네 앞에 선포하리라. 나는 은혜 베풀 자에게 은혜를 베풀고 긍휼히 여길 자에게 긍휼을 베푸느니라.

이는 아주 강력한 세 번째 기도다. **영광**이라는 단어는 우리가 자주 사용하지 않는 종교적 어휘다. 영광은 한 인격이나 기관 혹은 나라의 가치와 능력을 압축해서 보여 준다. 대통령이 이 세상의 다른 지역에 있는 별 볼일 없는 어떤 독재자에게 깊은 인상을 남기고자 한다면, 제트기 부대가 그 독재자의 궁을 덮칠 때 내는 엄청난 폭발음은 미국의 영광을 나타낼 것이다. "포춘"지 선정 500대 기업의 최고 경영자가 월스트리트로 가서 자기 회사의 영광으로 사람들에게 깊은 인상을 남기고자 한다면, 그는 갖가지 수치를 뽑아내어 자산과 경영 계획과 그 조직의 영광을 드러낼 수 있는 특별한 무언가를 보여 줄 것이다.

하나님은 모세에게 어떻게 자신의 영광을 보이시는가? 하나님은 말씀하신다. "너에게 내 이름을 알려 주겠다. 나는 너에게 나의 성품에 대해 보여 줄 것이다. 모세야, 여기 내 영광이 있다. 나는 한결같은 사랑이 풍성하고, 노하기를 더디 하며, 악과 허물을 용서한다. 나는 변덕스럽지도 않고, 복수도 하지 않으며, 반응이 없는 신이 아니다. 나는 성품이 흠잡을 데 없고 전적으로 의지할 만한 하나님이다."

더 깊어질 시간

당신이 모세라고 해 보자. 지금 당신은 다루기 힘든 한 백성을 광야를 거쳐 약속의 땅으로 데리고 가라는 요청을 받았다. 당신은 그것을 받아들여야 할지 말지 잘 모른다. 극한의 믿음으로 성장하는 것이 필요한 순간이다.

우리 대부분이 하는 그런 기도로 이 일을 할 수 있을까? 아마 그렇지 못할 것이다. 그러나 당신의 기도에 "주의 길을 보이소서" "나와 함께하신다고 약속해 주소서" "주의 영광을 내게 보이소서"와 같은 기도들이 들어 있다면, 당신의 믿음은 더 커질 것이다.

7-8세기 유럽에서는 기독교가 사실상 거의 소멸했다. 기독교가 영향력을 갖고 있었던 곳은 아일랜드 수사들이 믿음을 전파했던 아일랜드뿐이었다. 이 아일랜드 수사들은 자신들의 극한의 믿음을 표현하는 흥미로운 일들을 했다. 그들 중 많은 이들이 작은 배를 타고 바다로 나

갔다. 해류가 그들을 데려다 주는 곳이라면 어디든 하나님이 그들에게 가기 원하시는 곳이라 믿었던 것이다. 많은 이들이 비명횡사했지만, 유럽 대륙 연안에 상륙한 이들은 거기서 복음을 선포했다. 오늘날도 그 시기에 아일랜드 수사들이 설립한 위대한 수도원들을 찾을 수 있다. 사실 아시시의 성 프란체스코가 회심한 수도원도 아일랜드 수사가 설립한 수도원이었다.

위대한 아일랜드 수사 중 하나로 성 브렌단(St. Brendan)이 있다. 그는 바다로 나가기 전에 이런 기도를 드렸다고 전해진다.

신비의 왕이시여, 제가 집의 부드러운 편안함을 포기할까요? 고국에 등을 돌리고 바다로 향해 갈까요? 은도 없이, 말도 없이, 명성과 명예도 없이 나 자신을 온전히 하나님의 자비하심에 맡길까요? 칼과 방패도 없이, 음식과 음료도 없이, 누울 자리도 없이 나 자신을 전적으로 왕 중의 왕께 내던질까요? 그리스도의 멍에를 지고 나의 아름다운 땅에 작별을 고할까요? 나의 수많은 죄를 고백하고 용서를 구하며 비 오듯 눈물을 흘리며 내 마음을 그분께 쏟아놓을까요? 내 고국에 내 마지막 기도의 기록을, 모래사장에 내 무릎의 흔적을 남겨 놓을까요? 그리고 나서 바다가 가하는 온갖 종류의 상처를 입을까요? 나의 작은 배를 성난 파도가 치는 바다 쪽으로 가져갈까요? 오 영화로운 하늘의 왕이시여, 나 자신의 선택에 따라 바다로 갈까요? 오 그리스도시여, 거친 파도 속에서 저를 도와주시겠습니까?

당신과 나는 성 브렌단처럼 표현하지 못할지도 모르지만, 우리 중에도 그가 갔던 바로 그곳에 간 이들이 적지 않다. 우리는 해변에 있다.

이제 기독교의 초보 과정은 이수했다. 우리는 상황을 바꾸어 달라는 기도 생활을 하고 있다. 하나님은 이제 말씀하신다. "나는 너를 더 깊은 데로 데리고 가고 싶다."

그러면 당신은 이렇게 말할 것이다. "저는 더 깊이 가고 싶습니다. 극한의 믿음을 가진 사람이 되고 싶습니다. 어디서 시작할까요?"

모세가 시작한 곳에서 시작하면 된다. 그는 그 자신의 해변에서 그 앞에 믿을 수 없는 도전을 주시는 하나님과 대면했을 때, 아주 강력한 세 가지 기도를 드렸다.

주여, 주의 길을 내게 보이소서. 나와 함께하신다고 약속해 주소서. 당신의 능력과 당신의 영광을 내게 보이소서.

이것들이 더 중요한 호기심이다. 그리고 이것이 극한의 믿음으로 자라고자 하는 사람들의 기도다.

❖ 더 깊은 묵상을 위하여
1. 당신은 보통 무엇을 위해 기도하는가? 당신의 문제들을 해결하는 것, 월급이 인상되는 것에 어느 정도나 초점을 맞추고 있는가? 또 하나님과의 친밀함이 깊어지는 데는 어느 정도 초점을 맞추고 있는가?
2. 당신의 믿음을 어떻게 정의하겠는가? 미지근한 믿음인가, 흔들리는 믿음인가 아니면 극한의 믿음인가?
3. 극한의 믿음을 가진 사람이 되는 한 방편으로서, 매일 모세의 세 가지 기도를 드려 보라. 그리고 당신이 깨달은 것들을 일기에 적으라.

8
리더십의 뿌리

너희가 사랑 가운데서 뿌리가 박히고…
하나님의 모든 충만하신 것으로
너희에게 충만하게 하시기를 구하노라.

에베소서 3:17-19

나는 게일과 함께 캘리포니아에 있는 요세미티 국립공원을 구경한 적이 있다. 우리는 하늘 위로 엄청나게 높이 자란 삼천 년 된 나무들의 뿌리 아래 서서 찍은 사진을 집으로 가져왔다. 생각해 보라. 한 나무가 자라는 데 삼천 년이나 걸렸다니. 그리고 다시 생각해 보라. 현대의 어떤 기계가 그 나무를 단 몇 분 만에 잘라낼 수 있다는 것을(정말 말도 안 된다!).

그 나무들을 보며, 리더십에 대해 또 신뢰라는 주제에 대해 생각했다. 리더들이 사람들로부터 얻기를 필사적으로 바라지만 간혹 얻지 못하는 그런 신뢰 말이다.

내 생각에 모세보다 더 신뢰라는 이슈와 싸운 성경의 리더는 없는 것 같다. 모세가 앞으로 나설 때마다 누군가 그의 판단에, 그의 진실성에, 그의 방향 감각에 의문을 제기했다. 그들은 결국 의심과 반항의 태도로 그와 갈라섰다고 말할 수 있다.

사도 바울은 예루살렘에서 고통당하는 그리스도인들을 구제하기 위해 사람들에게 헌금을 하도록 요청할 때 신뢰를 이용했다. 또 디모데가 지도자가 될 수 있도록 보내 달라고 디모데의 가족을 설득할 때도 신뢰라는 요소에 의지했을 것이다.

바울이 고린도 교인들에게 알려진 한 죄인을 징계하라고 엄한 명령을 할 때에도 신뢰가 작동 중이었다. 그리고 이제 회개한 그 사람을 다시 받아 주라고 그들을 설득할 때에도 역시 신뢰하고 있었다. 빌레몬의 경우에도 신뢰가 결실을 맺었다. 바울은 도망친 노예를 다시 그의 집에 이제 더 이상 종이 아니라 형제로 받아 달라고 요청했던 것이다. 의심할 여지가 없다. 곳곳에 나오는 바울의 말은 금과옥조로 여겨졌다. 신뢰가 그 저변에 깔려 있었다.

사람들은 나를, 타고난 재능 즉 쉽게 다가오는 표현들, 개인적인 매력, 새로운 아이디어, 꿈같은 재능들을 활용할 때에만 따른다는 것을 목회 사역 초기에 금세 깨달았다. 단지 신학교 학위가 있기 때문에, 안수를 받았기 때문에, 또 성경 지식에 대해 아는 것이 더 많기 때문에 사람들이 나에게 무한한 믿음을 가진다고 생각하고 싶은 유혹을 받기도 했다.

그런 것들은 잠시 동안은 유효하다. 그러나 긴장이 감도는 순간이 되면 더 깊은 질문들이 나타나기 시작한다. '내게는 인격과 지혜가 통합되어 있는가, 아니면 전부 거품인가? 나는 믿을 만한가? 나는 사람들을 영적으로 또 조직적으로 미지의 영역으로 데리고 갈 수 있는가?'

매력과 카리스마는 글라이더 같아서 잘 날아가지만 무한정 가지는 않는다. 그리고 격동의 시기에는 잘 작동하지 않는다.

리더가 사람들에게 건물이나 사역자 충원이나 가난한 이들을 돕는 긍휼 프로젝트에 엄청나게 많은 헌금을 내라고 요청할 때 긴장이 감돌 수 있다. 사람들에게 옛 프로그램을 버리고 완전히 새로운 것을 받아들이라고 요청할 때도 긴장이 감돌 수 있다. 혹은 리더가 회개와 새로운 방향성이 요구되는 상황에서 마음이 굳은 심령이나 사각지대를 대면해야 할 때도 여지없이 그런 긴장이 감돌 수 있다.

개인적인 만남에서의 신뢰

더 중요한 것, 또 많은 시간과 노력이 드는 일은, 어떻게 목회자 인생의 개인적인 만남들에서 신뢰가 작동하도록 할 것인가이다.

몇 년 전 한 청년을 예수님께로 인도하는 특권을 누린 적이 있다. 당시 그는 우리 교회 리더 중 한 명의 딸과 같이 살고 있었다. 그녀의 가족은 그녀(혹은 그)가 성경 말씀에 따라 살 수 있을지 비관적으로 생각했었다. 그러다 어느 주일(어떤 이유에서였는지 지금은 잊어버렸다), 그 둘이 예배를 드리러 왔다. 예배가 끝나고 나서 이 커플을 만나 이야기를 나누었다. 결국 이 청년의 회심과 삶의 변화를 목도했다.

신앙 안에서 성장했지만 겉돌고 있었던 그녀도 다시 신앙생활을 시작했다. 그리고 얼마 지나지 않아 이 두 사람은 순종의 중요성을 깨닫고 내게 결혼식 주례를 해줄 수 있는지 물어 왔다. 정말 기뻤다.

그리고 나서 그들은 내게 걱정을 털어놓았다. 그녀의 부모님은 결혼을 반대하실 것 같다고 말이다. 내가 이 커플을 대신해서 부모님께 가서 허락을 받아야 할 것 같았다. 나는 그렇게 하겠다고 했다.

오랫동안 그리스도인으로 살아오신 그들의 부모님의 거실에 앉아 있었던 일이 기억난다. 지금도 그들에게 다시 내 말을 재현할 수 있을 정도로 극적인 순간이었다. 나는 그들의 이름을 부르며 이렇게 말했다. "저를 신뢰해 주시기를 부탁드리려 합니다. 제 판단으로는 두 분의 따님과 따님의 남자 친구는 결혼을 해야 할 것 같습니다. 그 형제는 사랑하고 책임감 있는 남편이 될 준비가 되어 있고, 따님도 결혼 생활의 훈련을 받을 준비가 되어 있다고 생각합니다. 결혼하고자 하는 그들의 바람을 지지해 주시기를 바랍니다."

잠시 침묵이 흐르다가 그 부모는 그것을 받아들였다. 그러고 나서 그 아버지는 이렇게 말했다. "목사님, 목사님을 믿습니다. 목사님이 아이들이 결혼할 준비가 되었다고 생각하신다면, 이는 좋은 결정입니다. 그러니 우리는 아이들을 축복해 줄 겁니다." 그리고 그들은 그렇게 했다.

이 커플은 지금 25년 넘게 결혼 생활을 해 오고 있으며, 우리 모두가 내린 판단이 옳았음을 입증하고 있다. 그러나 신뢰가 없었다면 그 일은 일어나지 않았을 것이다.

신뢰 얻기

빅토리아 시대의 위대한 의사 윌리엄 오슬러 경(Sir William Osler)은 의대생들에게 이렇게 말한 적이 있다.

의사가 하는 일은 장사가 아니라 예술이다. 사업이 아니라 소명이다. 너의 마음이 너의 머리와 똑같이 움직여야 하는 소명이다. 네가 해야 할 가장 중요한 일은 물약이나 가루약과 관련된 것이 아니다. 그것은 강한 자가 약한 자에게, 의로운 자가 악한 자에게, 지혜로운 자가 어리석은 자에게 영향을 끼치는 것과 관련이 있다. 신뢰받는 가정의인 너에게 아버지는 자기 고민을 가지고 올 것이고, 어머니는 숨겨진 슬픔을, 딸은 힘든 일을, 아들은 자기의 어리석은 행동을 가지고 올 것이다. 네가 하는 일의 무려 삼분의 일은 너와는 다른 세계에 들어가는 것이다.

단어를 살짝 바꾸면 오슬러의 말은 목회 사역을 하는 이들에게도 적용할 수 있다. 신뢰는 "영향을 끼치는" 일을 가능하게 한다. 간혹 신뢰는 실패를 낳기도 한다. 그러나 사람들이 깊은 신뢰 가운데 있다면 그들은 실패의 순간을 용서한다.

나는 교회에 기초하여 복음주의적 운동을 시작하려는 열정을 가진 새로운 리더들에게 깊은 감명을 받고 있다. 그들을 존경하며 그들과의 우정도 소중하게 여긴다. 그들은 분명 내가 (혹은 내 세대 대부분의 목사들이) 꿈꿀 수 있던 것을 뛰어넘었다. 또 그들은 비전, 열정, 문화적 감수성, 리더 양육 등 리더십의 기술들에 대해서도 잘 정리한다.

그러나 이들에게 충분히 듣지 못하는 한 가지가 있다. 거기에는 리더십이 주로 기술과 타고난 소질과 관련이 있다고 생각하는 경향이 반영되어 있다. 내가 듣지 못하는 말은 바로 신뢰다. 그것은 인간관계에서 말로 표현하기 힘든 자질이다. 리더는 신뢰로 세워지고 그 다음 그 리더는 사람들의 신뢰를 누린다.

"우리는 옛날 방식으로 일하며 돈을 벌고 있습니다!"라고 스미스 바니(Smith-Barney) 사가 광고에서 선전한 적이 있다. 마찬가지로 우리도 옛날 방식으로 신뢰를 얻는다. 사실 신뢰는 얻어지는 것이다. 그것은 요구할 수도 없고 횡령할 수도 없는 것이다.

내 이론 중 하나는 실제로 리더는 5년 정도 경험을 해 봐야, 일이 되는 데 필요한 리더십의 '짜릿함' 혹은 그 '끄는 힘'을 즐기기 시작한다는 것이다. 그러므로 5년째 되는 해나 그 후는 신뢰가 가장 중요한 시기다. 참신함과 새로움은 더 이상 존재하지 않기 때문이다. 아버지는 가끔 이렇게 말씀하시곤 했다. 사람들이 잠시 동안 너를 따르는 것은 그들이 너를 뽑았기 때문이다. 그러나 그들이 오랜 시간 너를 따르는 것은 너를 신뢰하는 법을 배웠기 때문이다.

다시 캘리포니아의 그 거목들로 돌아가 보자. 그 나무들을 단기간에 잘라내는 일은 어렵지 않다. 그 나무들처럼 신뢰도 짧은 시간에 잃을 수 있다. 나는 안다. 한때 나는 몹시 사랑하는 사람들의 신뢰를 잃은 적이 있다. 나는 매우 소중한 우정을 잃었다. 그리고 영예도 잃었다. 잃은 것을 다시 찾는 데는 많은 시간이 필요했다.

신뢰를 쌓는 법

이제 '신뢰는 어떻게 만들어지는가?'라는 중요한 질문이 나온다. 여기에 내가 수년 동안 관찰한 일곱 가지 자료가 있다.

 1. **신뢰는 일관성으로 쌓인다.** 메시지의 일관성, 비전의 일관성, 상황 관리의 일관성이 필요하다. 사람들은 계속 지켜보고 있다. 그리고

상황이 나빠질 때에도 당신이 같은 사람일지, 당신이 운영위원회의 사려 깊은 '거절'에 귀를 기울일 수 있을지, 당신의 개인적인 반응이 당신이 안전한 강단에서 선포하는 내용들과 조화를 이루는지 알고 싶어 한다.

2. **신뢰는 믿음직스러움으로 쌓인다.** 당신은 말한 것을 지키는 사람인가? 약속을 하면 제시간에 가는가? 누군가를 위해 무언가를 하기로 했다면, 그것을 약속한 대로 이행하는가? 약속을 했다면 확실하게 지키라.

3. **신뢰는 솔직함으로 쌓인다.** 당신은 자신에 대해 정직한가? 실제로 조직의 현장 뒤에서 일어나는 일들에 대해 정직한가? 신뢰할 만한 사람들에게는 겉만 번드르르함, 구호들, 사실 전체를 다 전달하지 않는 전략이 없다. 사람들은 속는다거나 사기를 당한다는 느낌이 없다.

4. **신뢰는 열심히 일했다는 평판으로 쌓인다.** 목사의 설교에는 열심히 연구한 솜씨가 드러난다. 목사는 회중에게 그들이 지불했다고 생각하는 대가 이상의 것을 준다. 당회나 운영위원회에서는 사려 깊은 발표와 설명을 한다. 성도들은 목사가 회중 리더십보다 일을 더 잘한다고 의식한다.

5. **신뢰는 목사가 모든 사람을 공평한 목회적 시각으로 본다는 믿음으로 쌓인다.** 부자들(헌금을 많이 내는 사람들), 매력적인 사람들, 젊은이들, 혹은 영향력 있는 이들이 특별한 호감을 얻는 것이 아니다. 목사는 아이들, 연약한 이들과 고투하고 있는 이들, 나이 든 이들, 아무도 모르는 곳에서 회중을 섬기는 좀더 평범한 사람들에게 관심을 가진다.

6. **신뢰는 오랜 기간을 통해 쌓인다.** 이는 간단히 말해 목사가 더 길

게 그 자리에서 버틴다는 의미다. 관계들이 세워지고, 여러 사역 활동들(장례, 결혼, 세례 등)이 쌓이고, 성도들은 목사가 자신들 인생의 여러 순간에 함께하는 것을 본다. 그러다 긴장이 감도는 순간이 오면 그들은 이렇게 말할 것이다. "목사님이 나를 위해 이곳에 계셨어. 나도 지금 하나님이 우리에게 원하신다고 목사님이 말씀하시는 것을 위해 이곳에 있을 거야."

7. **신뢰는 계속해서 더 깊어지는 영혼으로 쌓인다.** 회중은 어떻게든 그들의 목사가 예수님께 시선을 고정한다고 생각하고 싶어 한다. 그들은 목사의 삶과 리더의 역할에서 아버지의 마음을 구하는 모습을 느낄 때, 신뢰가 깊어진다. 또 목사가 겸손하지만 확신에 차서, 온전히 회개하지만 위엄을 잃지 않고, 자기를 내세우지 않지만 하나님의 능력을 힘입어 충분히 능력 있는 자신감으로 말할 때, 신뢰가 깊어진다.

나는 아주 비참하게 살아가는 나라의 사람들을 돕기 위해 한 번 더 헌금을 해 달라고 우리 교회 회중에게 여러 번 요청했다. 신뢰는 성도들이 더 많이 헌금하는 일을 가능하게 해주었다. 나는 새로운 예산이나 건축 계획 혹은 사역자 충원을 통해 믿음으로 한걸음 더 앞으로 나아가도록 회중에게 여러 번 요청했다. 신뢰는 그들이 기꺼이 그 일을 하도록 해주었다.

또 나는 새로운 것 혹은 자신들의 본성에 반하는 것을 받아들이고 열심히 소화하도록 회중에게 여러 번 요청했다. 오로지 신뢰만이 이를 가능하게 해주었다.

신뢰를 완벽하게 정의하기란 어렵다. 그러나 그것은 보면 안다고들 말한다. 그리고 하늘을 향해 뻗은 거대한 캘리포니아 세쿼이아를 보았을 때 나는 신뢰를 생각했다. 얼마나 오랜 시간 자랐는지, 얼마나 빨리 파괴될 수 있는지 말이다.

❖ **더 깊은 묵상을 위하여**

1. 당신의 삶에서 신뢰할 만한 리더는 누구인가? 그들에 대한 신뢰는 당신의 삶에 어떤 영향을 미쳤는가? 신뢰하지 못할 리더를 만난 적도 있는가? 이들은 당신에게 어떤 영향을 주었는가?

2. 당신은 소중하게 생각하는 누군가의 신뢰를 잃은 적이 있는가? 어떤 상황이었는가? 신뢰를 다시 얻을 수 있었는가? 어떻게 가능했는가?

3. 당신은 리더로서 하나님이 당신에게 의탁하신 사람들 안에 신뢰와 신의가 자라도록 어떻게 하겠는가?

9
월요일 아침의 회복

개인 경건의 시간을 더 확보해야 한다. 너무 공적으로 살고 있다.
경건의 시간이 짧아지니 영혼이 굶주리고 점점 야위어 가고 약해지고 있다.
너무 늦게 자고 늦게 일어나고 있다.

윌리엄 윌버포스

월요일 아침이다. 지난 72시간 동안 나는 다섯 번의 설교를 했고, 영적 변화가 필요한 스물다섯 명 남짓한 사람들을 만나 각각 기도하고 이야기를 나누었고, '상처입은' 두 사람의 불평을 들었고, 결혼생활이 흐트러지기 시작한 한 부부와 대화를 했다.

피곤하고, 불안하고, 어제 더 잘 하지 못한 것에 대해 짜증이 났다. 그리고 내 일정표는 다음 48시간 동안 이런 일을 해야 한다고 말하고 있다.

- 핵심 간사 회의 참석하기
- 수십 명의 새 가족과 저녁 시간 함께하기
- 장로님 한 분과 아침 식사하기

- 남편이 우울증에 걸려 혼란스러워하는 여자 성도 심방하기
- 비전을 품은 리더를 키우는 법에 대해 이야기를 나누고 싶어 하는 목사와 점심 식사하기
- 대부분의 친구가 세상을 떠났거나 플로리다로 떠나 몹시 외로워하는 노부부 만나기
- 미래에 대한 꿈을 제안하고 싶어 하는 우리 목회 팀 구성원들과 '저녁 식사' 하기

이런 시간들 사이사이에 글을 마무리하고, 다음 주 설교 초안을 훑어보고, 30개쯤의 이메일에 답장하는 일을 끼워 넣어야 한다.

아내와의 사적인 시간이나 (틀림없이 전화를 걸어올) 손주들과의 대화, 나 자신을 위해 없어서는 안 될 내향적인 시간에 대해서는 말도 못 꺼냈다.

이 모든 일을 하는 중에 내게 기대되는 것(나 자신과 다른 사람들의 기대)은 영적으로 열정적인 사람이 되는 것이다! 다시 말해, 지혜와 은혜와 능력과 믿음(사도행전 6장에 나오는 스데반의 특징)을 보이는 사람, 그것으로 다른 사람에게 도움을 줄 수 있는 사람 말이다. 이러한 영적 자질들이 없다면 목사로서 유능하지 못한 사람이 되어 버린다.

하지만 나는 재충전할 시간을 거의 갖지 못해 계속 영적인 방전 상태에 있는 것 같았다. 예수님이 시몬 베드로에게 하셨던 말씀을 절대 잊을 수 없었다. 무리 한 가운데서 주님께서 "내게 손을 댄 자가 누구냐?"라고 물으시고 베드로는 의아해했던 그 순간 예수님은 말씀하셨다. "이는 내게서 능력이 나간 줄 앎이로다"(눅 8:45-46).

영적 에너지를 얻고 유지하고 흡수하는 것, 이것이 생명력을 유지하고자 하는 목사들의 주된 관심사다. 오랫동안 힘을 잃은 채 살아가는 삶에 나타나는 장기적인 결과는 정말로 끔찍하다. 냉소적인 마음을 갖게 되고, 기계적인 삶으로 격하되고, 사역을 망가뜨리는 죄에 빠지고, 하나님과 배우자와 친구들과의 친밀한 관계를 잃어버리고, (최소한으로 말해서) 우리 일을 혐오하게 된다.

빌리 그레이엄과 이혼할 생각을 해 본 적이 있었냐는 질문에 루스 그레이엄은 "이혼이요? 전혀요! 죽이고 싶을 때는 몇 번 있었죠"라고 말한 적이 있다. 나는 이를 보며 사역에 대해 생각했다. '그만두는 거요? 전혀요! 스위스로 도망가거나 산에 가고 싶냐고요? 월요일마다 그렇습니다.'

영혼의 생기를 되찾자

리더는 어떻게 영혼의 생기를 되찾을까? 영혼의 활기를 회복하는 법에 대해 아는 것이 거의 없었다. 그래서 나는 어렵게 배웠다. 주로 실수와 메마른 시간들과 사람들의 영혼을 향해 말해야 한다는 것은 알았지만 실제로는 줄 것이 아무것도 없었던 끔찍한 순간들을 통해서 말이다.

내게 사람들에게 해줄 말과 아이디어들과 따뜻하게 환영하는 마음이 부족했던 적은 거의 없었다. 그러나 충만한 영혼 깊은 데서만 나오는 '필수적인 자질'을 항상 갖고 있었던 것은 아니다. 여기 월요일 아침 시간들을 더 잘 보내게 해준 몇 가지 아이디어가 있다.

죄성을 인정하라

예전의 나는 마치 오스왈드 챔버스가 환생한 것처럼 행동하고 말하고 사람들에게 감동을 주려고 노력했다. 영적으로 들리는 대답들을 고르려 했고, '경건하게' 들리는 기도를 하려 했고, 겸손한 척하며 대충 얼버무리려 했다. 내 느낌처럼 터무니없어 보였을지 모르겠다.

어느 날, 끔찍한 죄인이 될 가능성이 충분하다는 것이 자명해졌다. 비밀이 탄로 났다. 사도 바울과 나에게는 같은 문제가 있었다. 바로 죄성이라는. 나는 죄사함과 회복을 위해 많은 이들을 십자가로 돌아오게 하는 죄인이다. 그러니 그것을 인정하고 하나님의 자비하심 안에서 기뻐하며 지내야 하지 않을까?

다른 사람들에게 나의 죄성을 인정하는 법을 빨리 배웠다. 자신은 "죄인 중에 괴수"(딤전 1:15)라는 바울의 자기 폭로는 공개적인 선언으로 좋은 출발이다.

말을 줄이라

다른 사람들에게 질문하는 법, 다른 사람들의 경험을 통해 하나님이 무슨 말씀을 하시는지 찾는 법을 아는 리더는 많지 않다. 우리는 본능적으로 흔히 우리가 아는 모든 것에 대해 사람들에게 말을 한다. 마치 그렇게 하는 것이 우리 자신이 믿을 만하다는 사실을 보이는 유일한 길인 것처럼 말이다.

최근에 얻은 통찰들, 나의 영적인 마음가짐 그리고 모든 리더, 조직, 사역에 대한 내 의견을 사람들에게 말하지 않기 위해 열심히 애쓰고 있다. 나는 예전처럼 그렇게 똑똑하거나 지혜롭지 못하다(농담

조로 하는 말이지만). 그러니 말을 덜 하는 것이 낫다고 느낀다. 너무 빨리, 너무 많이, 너무 영리하게 말하는 것은 영혼에 해롭다. 내가 존경하는 영적인 사람들은 보통 조용하고, 말수가 많기보다는 침묵하는 편이었다.

이는 지나치게 말이 많은 우리 같은 사람들에게는 힘든 일이다. 나는 답을 주는 사람보다는 질문하는 사람이 되기 위해 열심히 노력하고 있다. 이제 브리지드 허만(Brigid Hermann)의 지혜를 이해하게 되었다. 그녀는 우리가 배우고 경험한 것에 대해 다른 사람들에게 말을 하면 할수록 하나님께는 말을 덜하게 된다고 말했다.

매일 지도를 그리라
요즘 목표에 따라 매일 지도를 그린다. 일기 앞부분에는 '오늘 하루 삶의 방향'이 적혀 있다. 여기에는 의미 있는 삶이 어떤 것인지가 기술되어 있다. 오늘 하루 삶의 방향은 많은 묵상, 기도, 실험을 통해 나온 것이다. 그것은 호수의 제방처럼 내 에너지를 올바른 방향에 쏟도록 도와준다.

이를테면 하루 삶의 방향에는 아버지와 즐겁고 경건한 교제를 나누는 것, 내가 사랑하는 사람들과 함께하는 공동체에 협력하고 헌신하는 것, 하나님 나라에서 섬기기 위해 목회적이고 겸손한 헌신을 하는 것이 담겨 있다. 매일 아침 이 세 가지 렌즈로 내 앞에 놓인 날에 대해 묵상한다. 이것을 내 기도의 틀과 내 말씀 묵상의 기초로 삼고, 이에 비추어 나의 개인적인 계획을 점검한다.

하나님의 사랑을 새롭게 품으라

젊은 시절 하나님에 대한 내 사랑은 감상적인 혹은 낭만적인 사랑에 기초해 있었다. 그 안에서 많은 것을 찾는 데, 혹은 그렇게 살아가는 데 어려움을 느낀 것은 당연하다. 지금 하나님에 대한 내 사랑은 아버지와 아들의 사랑과 비슷한 모습이다. 그것은 하나님께 영광 돌리는 법, 그분께 경배하고 순종하고 감사하는 법, 실수들과 죄에 대해 적절한 슬픔을 표현하는 법, 그리고 내 영혼을 향한 그분의 속삭임을 들을 수 있는 '내향성'을 갖는 법을 깨달아 가는 모험이다.

이것들은 낭만적인 관계에서 나오는 행동이 아니다. 오직 내가 아버지이신 하나님께 다가갈 때에만 가능한 일이다.

손을 더럽히라

이상하게 들릴지 모르겠지만, 영성의 한 가지 열쇠는 가정의 일상적인 일에 참여하는 것임을 깨달았다. 너무도 오랫동안 '큰 일'을 위한 노력을 극대화하기 위해 우리 가정을 돌보고 유지하는 일, 사교적인 일, 재정 관리, 우리의 사생활(세탁, 요리 등)은 아내에게 맡겼다. 리더 자리에 있는 사람들(특히 남자들)은 단순한 집안일은 피하려는 경향이 있다.

그러나 그러한 일에서 진정한 겸손으로 가는 문을 발견한다. 겸손은 온순해짐으로써 얻어지는 것이 아니라, 단순한 일상사를 받아들이는 데서 발견된다. 수사들은 여러 세기 동안 이 사실을 알고 있었다.

이제 부탁을 받을 때만 쓰레기를 비우고 화장실 청소를 하지는 않을 것이다. 그러한 허드렛일들을 계속 내 책임으로 생각할 것이다.

단순한 일들을 하는 데서 하나님의 임재(그리고 내 아내의 존경이 커지는 것)를 경험할 것이다.

고착되어 있는 생활방식을 버리라

이제 깊이는 없고 열심만 있는 기독교 사역은 하지 않으려 한다. 모든 것이 문제고, 모든 사람을 고쳐야 하고, 죽을 때까지 하나님 나라의 모든 일을 다 해야 한다는 그런 것 말이다. 사역은 평생 할 일이지만, 이제 더 이상 일정표에 재미있는 일(게일과 함께하는, 또 정성들여 친분을 쌓은 친구들과 함께하는)을 포함시키는 것을 꺼리지 않는다. 이제 훨씬 많이 웃고, 삶에 대한 열정이 매일 최고 수준임을 확인한다.

나는 목사들과 대화를 나눌 때마다 얼마나 많은 이들이 개인적인 욕구들을 미루고 있는지를 보며 경악을 금치 못한다. 그로 인해 분노와 개인적인 슬픔의 구덩이가 생겨날 수 있다. 나는 나이가 많지 않은 남편과 아버지였을 때 다른 우선순위를 위해 스키 타는 것을 포기했다. 그러나 나이 들어서 아내는 내게 다시 스키를 타 보라고 격려했다. 이제 연중 가장 재미있는 시기는 로키 산맥에서 보내는 이틀 정도의 시간이다. 오전에 가장 먼저 리프트를 타고 저녁에 가장 늦게까지 있는 사람이 바로 나다. 나는 다시 운동하는 법을 배웠다.

게다가 더 이상 언제나 올바른 말만 할 필요가 없다. 이제 더 이상 최고가 되어야 할 필요도 없고, 모든 상황을 장악할 필요도 없으며, 목사와 그리스도인 리더들이 참석하는 전국 규모의 모든 행사에 참석할 필요도 없다. 또 누군가 하나님이 자신을 불러 시작하게 하셨다고 하는 모든 꿈, 비전, 운동을 지지하거나 거기에 의견을 제시할 필요도 없다.

나는 실제로 거절하는 법을 배웠다. 나 자신을 홍보할 필요도 없고, 팔아야 할 필요도 없고, 나 자신을 바칠 필요도 없다.

연약한 자들과 함께 시간을 보내라

나는 강한 사람들과 시간 전부를 보내려고 노력했었다. 내 시간의 우선순위를 정비해야 했다. 지금까지도 내 안에서 조직의 리더는 "돈이 많은 사람들, 정치인들, 좋은 인맥을 가진 사람들, 카리스마가 있는 사람들과 시간을 보내라"고 말한다. 그러다 어느 날 나 자신이 연약한 자가 되었고, 그때 몇몇 사람이 다른 이유 없이 그저 나를 사랑한다는 사실만으로 내 곁에 와 주었을 때 그것이 어떤 의미인지를 배웠다. 그 다음부터는, 연약한 자들과 친구가 되는 법을 배우기 위해 열심히 노력했다.

연약한 자들이라고 해서 반드시 문제가 있는 사람들은 아니다. 그들은 오히려 '주목을 받지 못하는 사람들'이다. 곧 아주 연로한 분들, 아주 어린 아이들, 사회적으로 다루기 힘든 사람들이다. 그레이스 채플에서 모이는 수요일 저녁 모임에서 한번은 젊은 엄마에게 그 집 아이를 잠시 안고 있어도 되겠느냐고 물었다. 그러면 그동안 그 젊은 엄마는 남편과 친구들과 함께 간단한 식사를 즐길 수 있을 터였다. 아기와 나는 아주 사이가 좋았고, 그 엄마와 아빠는 사랑스런 아이에 대해 목사가 애정을 갖고 있다는 사실에 감동을 받는 듯했다.

연로한 분들, 깊이 회개한 이들, 고통받는 이들 그리고 아이들은 강한 이들보다 현실을 더 많이 안다. 나는 연약한 이들이 아주 흥미로운 것들에 대해 이야기한다는 사실을 발견했다. 아마도 그것은 하나님이 그분의 시간 대부분을, 이사야 57:15에 따르면 "통회하고 마음이 겸손한 자"와 함께 보내시기 때문일 것이다.

조용한 데로 나아가라

나는 저녁 시간에 일찍 잠자리에 듦으로써 이른 아침 시간을 확보할 수 있었다. 그 시간은 전화, 이메일, 약속들의 가차 없는 침입이 시작되기 전이다. 그 조용한 시간, 성경 말씀, 고전, 기도, 대가들의 영적 묵상글이 내 영혼을 채운다. 나는 다시금 성경을 사랑하게 된다. 그와 함께, 옛 성현들 그리고 그리 오래 되지 않은 성인들의 성찰들 역시 사랑하게 된다.

영적 열정을 되찾다

언젠가 내가 세상을 떠난 이후에 내 자녀들에게는 문제가 하나 생길 것이다. 오르락내리락 했던 내 이야기, 나의 업적뿐 아니라 수치스러운 일들까지 담긴 여러 해 동안의 일기를 어떻게 해야 할지 하는 것이다. 아이들은 여기저기를 읽으며 내가 얼마나 평범한 사람이었는지를 알게 될 것이다. 하지만 또 하나님이 이런 조용한 순간들에 그분의 약속과 인정으로 그 빈 공간을 채우실 만큼 친절한 분이심을 알게 될 것이다.

　그런 영적 추구들이 실패하거나 패배하지 않으리라는 보장을 해주지는 않는다. 그러나 그것들이 습관이 되면, 실패의 순간에 가야 할 곳, 따라야 할 틀을 얻게 될 것이다.

그러므로 과중한 사역이 몰려왔던 주말이 지난 월요일 아침에는, 성경과 묵상하는 책과 노트북 컴퓨터 그리고 거의 빈 영혼을 가지고 개인적인 제단으로 나아간다. 전에도 왔던 곳이다. 하나님은 이 지친 영혼에게 무언가 말씀하실 것이다. 그리고 그 말씀을 마치실 때 나는 다시 상당히 새로운 사람이 될 것이다. 영적인 열정을 되찾을 것이다.

❖ 더 깊은 묵상을 위하여
1. 당신을 탈진의 순간으로 몰고 갔던 사건이나 활동이나 사람 혹은 시발점은 무엇이었는가?
2. 하나님과의 관계에 대한 당신의 이해는 여러 해 동안 어떻게 변화해 왔는가? 당신은 그분을 아버지로 여기고 있는가?
3. 당신은 배터리를 충전하고 에너지를 얻기 위해 어떤 작업을 하는가? 당신이 방치하고 있던 취미나 활동이 있는가? 있다면 어떻게 그것을 당신의 삶으로 다시 가져올 수 있겠는가?

10
공적 리더의 사적인 시간

나는 늘 바쁘지만 절대 서두르지 않는다.
완벽하게 평온한 심령으로 해낼 수 있는 분량보다
더 많은 일은 절대 맡지 않기 때문이다.
존 웨슬리

월터 트로비시(Walter Trobisch)의 흥미로운 책 「나는 너와 결혼하였다」(*I Married You*, 생명의말씀사 역간)에는, 저자가 아프리카인 목사 다니엘의 아내 에스더와 나눈 진지한 대화가 담겨 있다. 월터와 에스더는 다니엘을 기다리며 그녀의 식탁에 함께 앉아 있었다. 다니엘은 월터가 결혼에 대한 강연을 할 주일 아침 예배 때 그들과 합류하기로 되어 있었다. 지금 그들은 에스더가 마련한 멋진 저녁 식탁 앞에 앉아 있다.

그러나 문제는 다니엘이었다. 그는 그 자리에 없었다. 그 사실이 에스더를 점점 짜증나게 했다. 그녀는 남편이 밖에서 시간을 질질 끄는 교회 성도들과 대화를 나누고 있음을 알고 있었다. 다니엘은 자신이 손님을 무시하고 있다는 것과 최선을 다해 진정한 환대를 베풀고 있는 아내의 마음을 상하게 하고 있다는 것을 의식하지 못했던 것 같았다.

에스더가 내비치는 불만의 표시를 그냥 보고 넘어갈 수 없었던 월터가 에스더에게 말했다. "고생이 많으셨어요. 저 때문에 곤란하신 것 같군요." 에스더는 마음을 가라앉힌 다음 이렇게 대답했다. "다니엘을 아주 많이 사랑해요. 하지만 그이는 일정대로 움직이는 사람이 아니에요. 일이 힘든 것은 상관없지만, 저는 하루를 계획하고 일의 순서를 정해 놓고 싶어요. 그 사람은 충동적으로 행동하는 편이에요. 탁월한 목사이긴 하죠. 사람들은 다니엘을 아주 좋아하지만, 다니엘을 이용하려 들까 봐 걱정이에요."

에스더의 염려의 기저에는 시간 문제가 있었다. 그녀와 남편은 시간을 적절하게 활용하는 법에 대한 의견이 달랐다. 그래서 어떻게 되었을까? 그들은 점점 그들이 원래 헌신했던 일들을 하는 데 무력한 사람이 되어 가고 있었다. 그리고 시간 문제가 그들의 결혼 생활을 좀 먹기 시작했다.

시간은 제대로 이해하고 관리하면 아마 틀림없이 최고의 친구일 것이다. 반면, 제대로 인식하지 못하고 잘 관리하지 못하면 끔찍한 원수가 된다. 특히 피터 드러커(Peter Drucker)는 시간이라는 문제가 리더와 경영자의 효율성의 근저에 있다는 사실을 분명하게 말했다. 그는 「자기 경영 노트」(*The Effective Executive*, 한국경제신문 역간)라는 책에서 시간은 **비탄력적**이라는 사실, 그래서 늘릴 수 없고 **대체 불가능함**을 말했다. 또 시간은 재생할 수도 없으며, 시간 없이는 아무 일도 할 수 없는 **필수 불가결한 것**이라는 사실을 우리에게 세심하게 상기시킨다.

우리는 예수 그리스도의 지상 사역을 통해서 시간 사용에 대한 유용한 원리들을 배울 수 있다. 예수님이 서두르시거나 압박감을 가지시거나 '만회'를 꾀하셨다는 흔적을 전혀 볼 수 없다. 그분은 분명 가끔 육체적으로 피곤하셨음에도 불구하고, 시간이 부족하다는 이유로 정서적으로 불안해하는 모습을 보이신 적도 없다. 오늘날의 기독교 사역에서 많이 볼 수 있는 그런 모습이 없으셨다.

우리는 예수님이 열두 제자와 길게 대화를 나누기 위해 큰 무리를 못 본 척하셨다는 것을 성경에서 읽는다. 또 그분이 배에서 주무시고, 어떤 여인과 대화를 나누기 위해 식사를 거르시고, 아이들과 시간을 보내기 위해 상당수의 어른들과의 만남을 중단하시는 모습을 본다. 참으로 흥미로운 시간 사용이 아닌가? 그렇게 생각하지 않는가? 분명 어떤 사람들은 예수님이 생애의 시간들을 투자한 이상한 방식에 대해 고개를 갸우뚱거릴 것이다. 그러나 되돌아보면, 우리는 그분이 시간을 올바로 사용하지 못하신 적이 없음을, 또 자신의 사명을 단 33년 동안 완수하셨다는 사실을 깨닫는다.

오늘날 많은 사람들이 탈진에 대해 말한다. 왜 예수님은 탈진하지 않으셨을까? 그 답은 세 가지 단순한 원리에 있는 것 같다. 예수님은 그분의 목적에 비추어 모든 시간 투자를 점검하셨다. 그분은 아버지와 함께하는 고독의 시간을 가지셨다. 그리고 그분은 너무 많은 일을 하려 하지 않으셨다.

시간과 리더십에 대한 신화

우리는 오랜 동안 서로에게서 배운 시간에 대한 신화들을 살펴볼 필요가 있다. 이는 예수님이 사역을 하실 때 사용하신 원리들과는 정반대되는 것이다.

신화 1: 우리 각자는 온 세상을 구원할 책임이 있다. 말도 안 되는 소리라 웃겠지만, 우리 중 많은 이들이 실제로 이런 터무니없는 말을 믿는 것처럼 행동한다. 이 신화의 근본 원인은, 하나님이 우리에게 주셨다고 믿는 잠재력에 부응하고자 하는 우리의 투지에 있다. 또 우리는 다른 사람들이 하고 있는 일을 무시하고 싶지 않다. 결국 모든 회의에서 발언하고 싶고, 우리를 초청하는 모든 이사회의 일원이 되고 싶고, 우리가 직면한 모든 문제에 대해 조언하고 싶고, 우리 시대의 모든 전문가와 친구가 되고 싶다.

많은 사람이 그러하듯 이 신화에 굴복하면 비참한 최후를 맞이하게 될 것이다. 결코 사람들을 다 알지는 못한다는 것을, 결코 모든 회의에 다 참석할 수 없음을, 모든 위원회에 참석할 시간은 없다는 사실을 좌절에 빠져 배우게 될 것이다. 우리가 세상을 구원할 수 없다는 사실, 그리고 단지 우리 세상에 약간의 진보를 이루게 할 수 있을 뿐임을 배우게 될 것이다.

신화 2: 시간은 고갈되어 가고 있다. 남은 시간이 거의 없다. '한밤중의 시간'도 활용해야 하고 낭비할 시간이 없다고 생각하는 사람들과 공식적으로 거리를 둔다면, 귀중한 믿음의 친구들 몇몇을 잃어버리는 위험을 무릅쓰게 되는 것일까?

나는 투지가 넘치는 사람을 더 이상 존경하지 않는다. 이제 점점 더 존경하게 되는 사람은 농부처럼 인내를 배운 사람, 최상의 것은 시간이 걸려야 하는 것임을 배운 사람, 우리가 할 수 있는 것은 심고 경작하고 추수하는 제대로 된 순서를 따르는 것뿐임을 배운 사람이다.

미친 듯이 서둘러서는 풍성한 추수를 할 수 없다.

나는 세상이 곧 멸망한다고 예언하는 사람들에게 평생 떠밀려 다녔다. 내가 그들의 예언에 반응을 보였다면 피폐한 중년이 되었을 것이다. 물론 세상의 멸망 혹은 그리스도의 임박한 재림이 오늘도 일어날 수 있다고 믿지만, 우리 앞에 마치 또 다른 몇천 년이 놓여 있는 것처럼 행동할 준비도 되어 있다.

신화 3: 리더는 항상 모든 비상 상황에 유용하게 쓰일 수 있는 사람이어야 한다. 목회 초년병 시절, 사역으로의 부르심은 모든 시간, 일 년 52주, 밤과 낮이 다 회중의 것이라는 의미라고 생각했다. 하루도 쉬지 않고, 휴가도 거의 내지 않는 헌신된 사람, 즉각 출동할 수 있는 사람을 칭송하는 속닥거림을 들은 적이 한두 번이 아니다. 정말 그런 종류의 삶을 믿었던 때가 있었고, 그 요구들에 화를 내는 자신에 대해 죄책감을 느꼈던 때가 있었다.

나는 리더로서 여전히 적절하게 접근 가능한 사람이어야 한다고 믿는다. 그러나 지금은 고독한 시간을 보내고 있을 때나 가족과 함께하는 시간 혹은 이 경이로운 세상을 즐기고 있을 때는 더 이상 사람들의 연락이 닿지 않는 상황을 두려워하지 않는다. 세 군데 교회의 목사로 사역하는 내내, 내가 당장 달려가야 하는 상황은 아주 조금밖에 없었다.

신화 4: 안식, 휴양, 여가는 2등급의 시간 사용 방식이다. 우리가 어렸을 때 받곤 했던 위협적인 질문을 기억하는가? "당신이 지금 있는 곳에[영화를 보러 갔을 때, 여자 친구에게 키스하고 있을 때, 혹은 지역의 자동차 전용 시설에서 범죄 조직과 어울리고 있을 때] 예수님이 오신다면, 예수님이 그런 상황에 있는 당신을 찾아내시기를 바라는가?"

이런 질문은 성인이 되어서도 끈질기게 계속되는 경향이 있다. 그분이 오셔서 라켓볼을 하고 있는 우리를 발견하신다면, 페놉스코트 강에서 카누를 즐기고 있는 우리를, 혹은 보스턴 팝 콘서트에 가 있는 우리를, 혹은 꿈같은 일이지만 보스턴 셀틱스가 출전하는 NBA 플레이오프 경기를 보고 있는 우리를 발견하신다면, 예수님이 어떻게 생각하실지 자문할 때, 그런 의식이 튀어나올 수 있다.

안식, 휴양, 여가에 대해 그런 불편함을 갖는 이유는 무엇인가? 무의식적으로 우리는 시간을 좋은 등급, 더 좋은 등급, 최상의 등급으로 분류하기 때문이다. 우리는 리더로 사는 시간을 최상급 시간이라 생각한다. 그리고 다른 모든 활동은 2등급 혹은 3등급 시간이다. 그러나 이는 잘못된 생각이다! 보통 성경의 하나님은 자녀들이 일을 할 때만큼 놀 때에도 즐거워하신다. 이 둘 각각이 다른 하나의 효율성을 훨씬 더 높이기 위한 것일 때 말이다. "돌아가서 쉬어라"라는 것이 그리스도의 말씀이다. 그리고 "하나님이 안식하시고 기운을 되찾으셨다"는 것이 모세의 말이다.

신화 5: 당신이 부르심을 신실하게 이행한다는 이유로 친구나 배우자가 당신을 떠난다면, 탈진, 좌절, 관계의 깨어짐이 있다 하더라도 그것은 화려하고 영웅적이기까지 한 일이다. 복음을 위해 생명을 바친 성인들을 폄하하고 싶지는 않지만, 규칙적인 섬김으로 장수하여 풍부한 지혜와 경험으로 노년에 이르러 절정에 이르고 다음 세대로 그것을 잘 전수하는 것이 올바른 것 같다.

신화 6: 리더의 가족은 자동적으로 영적 리더이자 가족의 리더인 아버

지(혹은 어머니)에게 권리를 양도한다. 초기 선교사들은 종종 자신의 아이들을 다른 사람의 손에 맡기고 선교지로 떠났다. 그들은 자신들이 사역에 충실하면 하나님이 그 자녀들의 성장과 발달을 보장해 주시리라는 환상을 가지고 열심히 수고했다. 그러나 슬프게도 상당 부분의 사람들이 실제로 그렇게 되지 않았음을 알게 되었다.

기독교 리더십의 자리에 있는 우리가 자녀들을 돌보고 그들을 제대로 양육하는 일에 헌신하지 않는다면, 가족을 가질 자격이 없다. 그것은 다른 누군가의 일이 아니다. 나는 처음 목사의 삶을 시작했을 때 연세가 있으신 한 설교자에게 다가가 이렇게 여쭌 적이 있다. "제 가정과 주님의 사역 중 어느 것이 더 중요한가요?" 그분의 대답을 절대 잊을 수 없다. "고든, 자네 가정이 주님의 일일세."

사적인 시간의 세계

한 기업 간부가 내게 말했다. "저는 일하는 시간 외의 시간 사용이 질적으로 형편없는 것 같아 불안합니다. 제가 하는 것이라고는 이 교회 저 교회 혹은 시민 모임에 참여하는 것뿐인 것 같습니다. 조용히 앉아 아내와 이야기를 나누거나 제 생각들을 정돈할 시간이 거의 없습니다. 솔직히, 우리 둘 다 이렇게 쉴새없이 달리느라 너무 피곤해서 부부관계에서도 애를 먹고 있습니다. 우리는 일 년 내내 지쳐 있습니다."

모든 리더에게 같은 문제가 있다. 우리 일과 우리에게 주어지는 요구대로 다 하려면, 우리가 가진 시간 모두를 써야 할 듯하다. 그러나 이런 일이 일어나게 놓아 두는 한, 우리는 그 모든 일이 언제 어디에서 끝날지 의아해하며 늘 지쳐 있을 것이다.

일하지 않는 시간, 우리 각자에게 꼭 필요한 이 시간으로는 어떤 것이 있을까?

홀로 있는 시간

나의 첫 번째 바람이 한 인격으로서 홀로 있는 시간이라고 말하다니 놀랍지 않은가? 이는 그리스도께서 그러하셨던 것처럼 하나님과 사귈 수 있는 영적 고독의 시간을 포함한다. 또한 생각하는 시간, 운동하는 시간, 나 자신과 친해지는 시간도 포함한다. 사람들과 프로그램들의 소음과 서두름 가운데 머무르게 되면 성찰하거나 생각할 시간을 거의 가질 수 없다. 그런 일을 할 시간이 없다면 성장이 저해된다.

나는 어느 정도 정기적으로 일정표에 홀로 있는 하루를 넣어 놓는다. 그 시간은 산책을 하거나 그냥 앉아 있거나 강에서 카누의 노를 젓거나 하는 시간이다. 그 시간 동안 잠잠히 있는 것이 얼마나 중요한 일인지! 홀로 있는 시간 동안 머리와 마음에는 다시 아이디어와 가능성 있는 일들이 쌓여 간다. 신앙 문제든, 일 혹은 관계 문제든 간에 그 시간에 자신이 애쓰고 있는 이슈들의 목록을 작성할 수 있다.

당연히 이 홀로 있는 시간은 가족을 포함하는 데로 확장된다. 우리 가정은 결혼 생활 자체가 그리스도인의 관계의 모델로서 우리 회중에게 주어진 선물이라고 믿는다. 그래서 아내와 나는 우리 관계가 계속 건강하고 온전하도록 교제를 나눌 기회를 많이 갖는 것이 중요함을 잘 알고 있다. 예를 들어 사무실에서 집으로 돌아올 때면, 우리는 하루 동안 우리에게 일어난 일들에 대해 매일 이야기를 나누는 둘만의 시간을 가지려 한다. 이 만남을 우리 결혼 생활의 조용한 시간이라 부른다. 집에 도착하자마자 이 시간을 갖는 것이 중요함을 깨달았기 때문에 보통 사무실을 나설 때 아내에게 전화를 한다.

아이들이 자라는 동안에는 이 원칙이 우리 아이들에게도 적용되었다. 우리는 아이들과 함께하는 시간을 갖기 위해 열심히 노력했다. 저녁 식사 시간은 우리 모두의 일정표에서 불가침의 영역으로 여겨졌다. 우리 모두 매우 바쁜 사람들이었지만, 매일 저녁 식사를 하는 한 시간 동안만큼은 가족 모두 만나기로 약속했음을 잊지 않았다. 덧붙여 말하자면 우리가 함께하는 한 시간 동안 전화기는 꺼져 있다.

정지하는 시간

개인적인 삶에는 내가 '정지하는 시간'(downtime)이라 부르는 것에 대한 욕구도 있다는 사실을 알게 되었다. 리더십에 있는 어느 누구도 정지하는 시간이 없는 사람은 없다. 삶에서 그러한 시간은 드물게 높은 수준의 정서적 에너지를 쏟아부은 직후거나 어떤 중요한 결정을 위해 애를 쓴 직후에 불가피하게 찾아온다. 또 사람들과 아주 치열한 상호작용을 주고받은 이후에 따라오기도 한다. 그때는 쉴새없는 대화, 의사결정, 조언을 하느라 진이 빠져 있는 상태다.

우리 모두에게는 전반적으로 정지해 있는 시간을 거치는 계절이 있는 듯하다. 내게는 5월이 다소 처지는 달이라는 것을 발견했다. 겨울을 지나 봄이 되면서 교회 가족들과 많은 친구들을 '떠안고' 있었기 때문이었다. 그들에게는 그들만의 정지하는 시간이 있을 것이고, 그들이 정지해 있는 동안 나는 움직여야 했다. 5월은 내 차례인 것 같다.

정지하는 시간에는 무엇을 할 수 있을까? 우선, 그 시간을 삶의 리듬의 일부로 받아들일 수 있다. 둘째로, 일정표를 짤 때 그 시간을 잊지 않고 고려할 수 있다. 월요일 아침에 우울하다면, 이미 주일에 빠져나간 것보다 더 많은 에너지를 앗아가는 스케줄은 피하라. 일이든 쉼이든 그 시기의 전반적인 분위기와 맞추어야 한다. 달력을 보고 빡빡한 스케줄과 압박감이 심한 기간이 열흘 정도 있으면 즉시 그 시기가 끝날 무렵에 하루를 비우려고 노력한다. 그 어려운 시기 동안 다 빠져나간 에너지를 회복하기 위해서다.

정지하는 시간과 관련하여 기억할 가장 중요한 것은 그것이 반드시 인격적·영적 미성숙의 표지가 아니라는 것이다. 힘든 육체노동을 하는 사람이 잠시 멈추는 것이 필요하듯, 그것은 지성과 감정에 필수적인 일이다.

안식의 시간

정기적으로 추구하는 또 다른 종류의 사적인 시간을 나는 안식의 시간이라 부른다. 하나님과 그분의 안식의 시간에 대해 이야기하는 출애굽기의 말씀을 나는 아주 좋아한다.

> 이는[안식일] 나와 이스라엘 자손 사이에 영원한 표징이며 나 여호와가 엿새 동안에 천지를 창조하고 일곱째 날에 일을 마치고 쉬었음이니라 (출 31:17).

목사에게도 또 큰 회중을 이끄는 많은 평신도 리더들에게도 주일은 안식일이 아니다.…사역을 하는 우리 대부분이 안식일 정신에 대해 좀더 진지해져야 할 때다. 안식의 시간은 침묵, 묵상, 영적 성찰, 과거에 이룬 일과 활동을 기쁘게 다시 세어 보는 일을 위해 의도적으로 떼어 놓는 시간을 말한다. 안식의 시간은 절대 집안일에 매달리는 시간이나 지치도록 오락이나 파티를 즐기는 시간이 아니다. 안식의 시간은 뒤로 물러나 있는 시간이다. 그 시간 우리는 예배하고, 묵상하고, 영혼의 충만을 추구한다. 그 시간이 끝나면 우리는 생기를 되찾는다.

우리는 성경적 개념의 안식과 너무도 멀리 떨어져 있어서, 그 시간 동안 어떤 일들이 일어나야 하는지에 대해 서술하기가 쉽지 않다. 어떤 사람은 이런 이상적인 추구를 할 시간이 없다고 말한다. 그것이 사실이라면, 하나님이 기뻐하시는 정도를 넘어 더 많은 관계들과 마감 시한들과 책임들로 우리 삶이 과부하 상태임을 말해 준다.

최근에 아내와 나는 일주일에 하루를 구별해서 지켜 나가고 있다. 그날을 우리의 안식일이라 부른다. 그것은 단순히 하루를 쉬는 것 이상이다. 그 시간은 읽기와 묵상으로 충만한 회복의 시간이다. 그날은 우리 영혼이 충전되는 날이다. 우리가 '산'에서 내려왔을 때 우리가 섬기는 사람들에게 소위 영적 에너지를 줄 수 있도록 말이다.

나는 예수님이 사람들에게 말씀하시기를 마친 후에 나오는, 요한의 잘 알려지지 않은 말에 깊은 감동을 받았다. "다 각각 집으로 돌아가고 예수는 감람산으로 가시니라"(요 7:53-8:1). 우리 주님은 자신이 지쳤다는 것, 그리고 안식의 회복이 필요함을 아셨다. 다른 사람들은 소음이 많고 사람들로 가득한 일상으로 돌아갔지만, 예수님은 하늘 아버지의 음성을 들을 수 있는 조용한 곳으로 가려 하셨다. 예수님이 산에서 돌아오셨을 때는, 다시 사람들에게 말씀해 주실 새롭고 신선한 것들이 채워져 있었다.

성장의 시간

목사들은 사적인 시간에 또 다른 것, 즉 내가 성장의 시간이라 부르는 그것을 추구해야 한다. 예를 들어, 몸이라는 영역에서 성장의 시간을 시작해 보라. 내 경우, 신체적인 성장의 시간은 오전 5-6시 사이다. 일주일에 몇 번 아침에 30-45분 정도 달린다(좀더 정직하게 말하면 조깅이다).

보통 내 머리와 마음은 달리고 싶어 하지 않는다. 내 기도 생활이 그렇듯이, 저절로 달리고 싶은 마음이 생기는 그런 방법은 찾지 못했다. 그러나 일단 할당해 놓은 시간의 절반 이상을 달리고 나면, 우리가 계속 이렇게 달릴 거라고 머리와 마음에게 납득시킨다. 몸과 함께 코스를 다 마치는 것이 더 나을 거라고 말이다. 몸과 머리와 마음이 함께 결승선을 통과할 때, 나는 개인적으로 승리했다는 느낌을 받는다.

성장의 시간은 또 내 지성을 훈련하는 것을 의미하기도 한다. 나는 매달 공공 도서관에서 몇 시간을 보내려고 노력한다. 신간들을 접하고, 나와 회중에게 유익한 폭넓은 지식들을 탐구하기 위해서다.

성장의 시간에 포함되는 또 한 가지가 있다면, 그것은 바로 취미다. 나는 의도적으로 중년의 삶에 적당한 취미, 즉 사생활과 기분 전환과 이동성을 보장해 주는 한 가지 취미를 갖고 있다. 내 경우에 그것은 사진이다. 내 친구 존 스토트(John Stott)에게는 새를 관찰하는 것이었다. 또 다른 내 친구 목사의 경우는 목공 일이고, 또 다른 친구의 경우는 골동품 시계를 수리하는 일이다. 내가 취미를 좋아하는 이유는, 사진을 찍기 위해 다양한 지역으로 여행을 갈 수 있기 때문이다.

성장의 시간은 또 상상력을 키우는 도전을 받아들이는 것을 의미하기도 한다. 나는 가족들과 함께 캐나다와 마이애미의 황량한 곳에서 카누를 탄다. 그런 여행들을 통해 우리에게는 물에 빠질 뻔한 기억, 크나큰 행복감을 누렸던 엄청난 기억들이 쌓였다. 그것은 우리의 모든 경험을 의미 있게 해주는 기억들이며, 우리는 그것들을 통해 성장했다.

훈련과 시간

우리는 어떻게 공적인 시간과 사적인 시간에 대한 질서를 유지할 수 있을까? 오랜 세월을 보내며 아내와 내가 배운 몇 가지 의견이 도움이 될 수 있을 것이다.

첫째, 일정표가 꼭 필요하다고 믿는다. 게일과 나는 오랫동안 일정표를 사용하고 있다. 우리는 6-8주 전에 다양한 종류의 사적인 일정을 주요 칸들에 기록해 놓는다. 교회의 행사 일정들이 나오기 전에 우리 일정표에 이 시간들을 미리 마련해 놓는 것이다.

둘째, 집에 있는 다양한 시간에 전화기를 꺼 놓아야 한다고 생각한다. 저녁 시간, 가족회의 시간, 연구나 묵상이 절실하게 필요한 시간에는 우리 집 전화기는 '울리지 않는다.' 50년 동안 즉시 반응하는 것이 꼭 필요했던 순간은 거의 없었던 것으로 기억한다. 우리는 전화를 우리의 주인이 되게 하지 않는 법을 배웠다.

셋째, 몇 년 전에 부부만의 조용한 시간을 갖도록 훈련하는 것이 필요함을 배웠다. 우리 아이들은 이에 대한 우리의 필요를 잘 알고 있어서, 엄마 아빠가 대화를 나눌 때면 쓸데없이 방해하지 않는다(아이들이 점점 자라가면서). 아내는 삶의 대부분의 시간을 아내와 엄마로서 가정을 중심으로 보내고 있으므로, 부부의 조용한 시간이 반드시 필요하다고 생각한다. 그래서 바깥세상에서 내가 하고 있는 일들을 그녀와 공유하려 한다. 이것은 아내가 가정을 지키고 있기에 가능한 일이다.

넷째, 질적인 시간의 법칙을 배웠다. 가족으로 혹은 부부로 함께할 때는 우리의 마음 자세, 옷, 일상의 예의에 방심하지 않도록 신경을 쓴다. 이런 것들은 교회 가족들을 위해 우리가 신경을 쓰는 것들이다. 그러니 친밀한 관계에서 그렇게 하지 못할 이유가 무엇인가? 월요일 아침이면 온통 망가지는 것이 나의 일상적인 모습이었다. 면도도 하지 않고 씻지도 않고 보통 옷도 입지 않고 아침 식탁에 앉았다. 게일은 그것에 대해 이렇게 지적했다. 주일 사역을 할 때 하나님을 위해 회중을 위해 옷을 차려입는다면, 월요일 아침 그렇게 옷을 입고(혹은 입지 않고) 그녀에게 무슨 말을 하겠는가라고. 나는 핵심을 간파했다.

아주 많은 아이들과 배우자들이 그리스도인 리더들을 마주하는 시간은, 하루 일을 마친 다음 지쳐서 줄 것이 아무것도 없는 상태일 때다. 게일과 나는 서로에게 그달의 최상의 시간을 줄 수 있도록 계획을 잡으려고 애쓴다. 우리 마음과 정서와 몸이 초롱초롱하게 살아 있을 때 말이다.

다섯째, 여가 활동과 가족의 필요를 맞추는 법을 배웠다. 가정생활 초기에 깨달은 것이 있다. 친구들과 여가를 보내는 일을 계속할 수 없다는 사실과 아이들과 이차적인 여가 생활을 누리는 데 충분한 시간을 가져야 한다는 것이었다. 그래서 아이들과 함께 여가를 즐길 수 있는 활동을 하기로 결심했다. 카누 타기, 캠핑, 하이킹, 운동과 함께하는 것을 극대화할 수 있는 다른 활동들이 그것이다. 나는 아주 많은 아버지들이 엄청난 양의 에너지를 친구들과 함께 테니스 코트, 골프장, 헬스클럽에서 다 쓰고 나서, 왜 아이들과 황금 시간대를 가지지 못하는지 궁금해할까 봐 두렵다. 이것이 다른 사람들에 비해 내게는 받아들이기 쉬운 일이었음을 인정한다. 왜냐하면 테니스를 지독히도 못쳤고, 골프는 (9홀에서도) 100타를 깨지 못했기 때문이다.

아주 오래된 교훈이 있다. '너 자신을 알라.' 그러나 그 제안만큼 중요한 것이 있다. '너의 시간을 알라.' 알지 못하면 예산을 세울 수 없다. 그렇게 되면 시간은 예산을 세우지 못한 돈처럼 어떻게 썼는지 알 수 없게 되고, 슬프게도 쓸데없이 허비하게 된다. 그러나 삶에서 사적인 시간의 질서를 잘 세우는 법을 배운다면 더 깨어 있을 수 있는 기회, 더 효율적일 수 있는 기회, 그럼으로써 하나님이 우리에게 원하시고 우리 회중이 필요로 하는 그런 사람이 될 기회를 좀더 많이 얻게 될 것이다.

❖ **더 깊은 묵상을 위하여**

1. 당신은 시간을 어떻게 관리하고 있는가, 아니 좀더 정확히 말해서 시간 속에 있는 당신 자신을 어떻게 관리하고 있는가? 당신은 기술 혁명(예를 들어 휴대 전화, 스마트폰, 페이스북, 트위터 등 각종 SNS)과 그것이 당신의 내면 세계의 질서에 미치는 영향에 어떻게 대처하고 있는가?

2. 하루 동안 홀로 있는 계획을 잡으라. 자연에서 하루를 보내든, 박물관에 가 보든, 그날을 침묵과 묵상을 위해 사용하라.
3. 홀로 혹은 배우자와 함께 아침에 '안식의 시간'을 가질 계획을 세우라. 성경이나 책을 읽고, 기도하고, 일기를 쓰고, 하나님의 임재를 즐기는 것으로 이 시간을 사용하라. 그동안 휴대폰과 컴퓨터는 꺼 두라.

11
무릎이 이끄는 사역

> 매일 무릎을 꿇고 보내는 시간만큼
> 잘 사용하는 시간은 없다.
> 라일

나는 제도 교회의 엄청난 과도기였던 60년대 초반에 목회 사역을 시작했다. 그 당시 많은 이들의 눈에 교회는 바닥을 치고 있었다. '시대 부합'(relevance)이라는 단어가 유행했는데, 교회며 설교자들이 다 시대에 부합하지 못하고 더러는 매우 뒤처져 있다는 소리까지 들었다. 그 결과 신학교 동창생들의 상당수가 선교지로, 선교 단체로, 교목으로, 상담이라 불리는 새로운 분야로 진출했다. 우리 중 일부만이 실제로 목회 사역에 미래가 있다고 믿었다.

정확히 기억은 나지 않지만, 풋내기 목사 시절에 매주 새로운 기관에서 누군가가 새로운 프로그램을 팔러 찾아왔던 것 같다.

시작하는 말은 거의 예외 없이 똑같았다. 교회가 죽어가고 있고 목사들 역시 절망적인 상황이기 때문에, 여기 이 모두를 구해 줄 프로그램(하나님이 기름부으신)이 있다는 것이었다. 그리고 다른 지역(보통 캘리포니아)에서 이 프로그램을 받아들여 현재 '수천 명'(무려)까지 성장하고 있는 교회가 있다는 것이었다.

나는 "하지만 그건 캘리포니아 얘기죠" "그 사람은 나와 다른 스타일의 리더겠죠" 혹은 "우리 성도들을(혹은 나를) 잘 몰라서 하는 소리예요"라고 반박하면서도 늘 죄책감과 믿음 없음을 느꼈다.

어떤 기관의 대표 혹은 다른 교회나 수련회에서 막 돌아온 우리 교회의 한 성도가 이런 말을 하곤 했다. "하나님이 거기서 행하신 일을 믿으실 수 없을 거예요" 혹은 "목사님이 _____에 가셨어야 했는데…" "이런 _____를 시작해야 해요"

그때마다 나는 늘 친절하게 대응하려 하고 진짜 관심과 흥분을 보여 주려 애썼지만, 때론 그것이 무척 힘들었다.

무릎으로만

나는 목회하는 동안 교회를 쇄신하려는 많은 유행들, 강조점들, 외침들을 보아 왔다. 이를테면 교회 갱신, 공동체 생활, 개인 전도, 은사주의 운동, 주일학교 협의회, 예수 운동, 현대 음악(교회에서 드럼을?), 교회 성장, 오버헤드 프로젝터, '목사-교사', 영적 은사 목록, 낙태반대 운동, 제자도, 기도 콘서트, 셀 그룹, 홈스쿨링, 드라마/춤, 최고의 예식, 컨트리 뮤직 예배 등이 그것이다.

이 가운데 어떤 것은 잠시 확 타오르다가 사라지기도 했고, 또 어떤 것은 사역에서 견고한 자리를 차지하기도 했다. 그러나 이 각각은 출현했을 당시의 교회 병폐에 대한 최신의 해결책들이었다.

내가 사역을 시작할 때의 표어가 '평신도를 해방하라'였다면, 오늘날의 슬로건은 '추구자에게 민감하라'이다. 그때로 다시 돌아가면 우리는 '교회의 위대한 찬송가'를 회복하고 싶어 했지만, 오늘날 우리는 사역을 해나가면서 찬송가를 새로 편집하는 듯하다. 어제는 세상을 바꾸는 것에 대해 이야기했지만, 오늘은 우리 자신을 바꾸고 싶어 하는 듯하다. 날씨에 대해 말하는 것처럼, 지금 여기가 싫으면 15분만 기다리라고 한다.

젊었던 시절에 이런 주장들을 들을 때면 무척 당황스러웠다. 그래서 어느 날 나보다 나이가 많고 더 지혜로운 분에게 가서 이렇게 물었다. 내게는 정말 중요한 순간이었다. "어떤 접근법을 따라가야 할지 혼란스럽습니다. 어떤 선택을 할까요? 모든 것을 다 할 수는 없잖아요."

그분의 대답을 절대 잊을 수 없다. "자네와 자네 리더들은 오직 무릎으로만 답을 찾을 수 있을 걸세. 자네와 자네 교회를 위한 한 가지 길이 있을 걸세. 하지만 그것이 무엇인지 찾아갈 때 자네와 하나님 사이에 누구도 끼지 못하게 하게." 단순하지만 아주 깊이 있는 조언이었다. 이후로 나는 그 조언을 따르기 위해 노력하고 있다.

오늘날 그 조언은 어느 때보다 더 중요하다. 우리에게는 몇 년 전에는 상상도 할 수 없었던 사역 전략, 과학 기술, 자원, 재능이 흘러넘친다. 얼마나 놀라운 일인가! 그러나 그것들은 우리를 당황스럽게 하기도 하고, 위험하게 할 가능성도 있다. 핵심을 찾는 데는 이렇듯 특별한 관점이 필요하다.

적지 않은 젊은 목사들(나 자신을 포함한)이 대형 교회를 약속해 주는 세미나에 가서, 그들의 교회에 개혁에 가까운 무언가가 일어날 것이라는 기대와 열정을 품고 집으로 돌아온다. 그런데 일 년 후 일부는 비통한 상태로 거부당하고 패잔병이 된 채 사역을 그만두는 과정을 밟는다. 마음이 상한 사상자가 아주 많다.

운 좋게도 어떤 이들은 다른 시도를 할 준비를 한다. 캘리포니아에서, 조지아에서, 콜로라도에서(이는 무작위로 뽑은 예다) 작동했던 것이 '우리' 공동체에서는 작동하지 않았다.

내가 찾아갔던 지혜로운 분은 "무릎으로만"이라고 말했다. 무릎이 출발점이다. 그 출발점으로부터 나는 '무릎으로 이끄는' 몇 가지 사역 원리를 발견했다. 이는 어디로 가야 할지, 어떻게 전략적인 사역을 선택해야 할지에 대해 좋은 결정을 하도록 도와주는 원리들이다. 이 원리들은 실제로 내가 젊었을 때는 충분히 이해하지 못했던 선물이다. 나는 돌이켜 생각해 보면서 그 가치를 알게 되었고, 하나님의 친절하심으로 그것들을 이해하게 되었다. 내가 무릎으로 나아갔을 때 하나님은 응답하셨다.

소설을 덮고 일상적인 일을 소중히 여기라

첫 번째 사역 원리는 내가 다니던 신학교 교수님에게서 얻었다. 대학원에 들어갔을 당시, 우리 신학교는 신생 학교였기에 살아남기 위해 고군분투하고 있었다. 교수님들은 견고한 가르침과 인격적인 헌신 외에는 하실 수 있는 일이 없었다. 그분들은 초대를 받으실 때면 우리 학생들의 집(다시 말해, 헛간 같은 집)에 찾아오셨고 또 그분들의 집으로 우리를 초대하시며 청춘들에게 투자하셨다. 그분들은 가정생활과 학교생활을 바탕으로 안정감, 성품, 학문적 능력, 영적 활력의 본이 되셨다. 그분들은 우리가 그분들을 알도록 해주셨다.

최고의 교훈은, 젊고 야망에 찬 이들에게 너무도 매혹적인 '세상을 변화시키는' 모든 것들을 추구하기 전에, 일상적인 삶과 사역에 충실하라고 강조하신 점이었다. 다시 말해 큰 일을 시도하기 전에 옳은 일을 하라는 것이었다.

일상적인 일들(옳은 것)은 교회 생활에 기본이 되는 것을 말한다. 신뢰할 만한 사람이 되는 것, 탁월성을 추구하는 것, 상처입은 사람을 돌보는 것, 성경적인 생활방식에 충실한 것, 그리스도를 높이는 것, 사람들을 성장시키는 것 등이 그것이다. 그 신학교 교수님들은 그렇게 하셨고, 우리 역시 그렇게 해야 한다는 메시지는 분명했다.

당신의 역사를 배우라

기독교 운동의 역사를 앎으로써 우리는 사역에서 지금과 같은 문화적 격변을 통과할 수 있는 안정적인 기반을 얻을 수 있다. 역사는 거의 모든 것이 이미 과거에 이런저런 식으로 시도되었다는 사실을 보여 주며 가능성은 무엇이고 또 함정은 무엇인지를 드러낸다.

나는 유능한 설교자가 되는 일을 추구하는 데 청춘의 에너지를 거의 다 투자했다. 그래서 얼마나 많은 사람이 내 설교에 마음이 끌리는지에 따라 성공을 가늠하려는 유혹을 받았다. 그러나 역사를 읽으면서, 사역의 유효성을 입증해 주는 것으로 설교 이상의 무언가가 있음을 배웠다.

조지 휫필드(George Whitefield)는 분명, 존 웨슬리(John Wesley)보다 자신의 설교에 훨씬 더 많은 반응을 보였다고 주장할 수 있었을 것이다. 그러나 두 사람이 세상을 떠난 후 분명해진 사실은 휫필드의 사역보다 웨슬리의 사역이 다음 세대들에게 훨씬 더 많은 영향력을 주었다는 것이었다. 이유가 무엇일까? 웨슬리는 자신을 따르는 이들을 '속회'(소그룹의 한 형태)로 조직했지만, 휫필드는 그렇게 하지 않았다. 깊이 있는 공동체로 보강되지 않는 설교는 실제로 그렇게 가치가 있지 않다는 사실을 알게 되었다.

편대 비행을 하라

그러던 중에 나는 엄선한 여러 저자들의 글과 '편대 비행을 하는 법'을 배웠다. 폴 투르니에(Paul Tournier)는 내게 사람에 대해 가르쳐 주었다. 엘튼 트루블러드(Elton Trueblood)는 생각하는 것을 좋아할 수 있도록 해주며 지성의 삶을 안내해 주었다. 토저(A. W. Tozer)는 하나님과 예배에 대한 이해를 고양시켜 주었다. 스탠리 존스(E. Stanley Jones)에게서 복음 전도와 하나님 나라에 대한 영감을 얻었다. 존 스토트는 설교의 능력과 위엄을 가르쳐 주었고, 진짜 세상의 '현장'을 염두에 둔 성경 연구에 대한 갈급함을 가져다주었다. 그리고 친애하는 헨리 나우웬은 내적인 삶의 훈련을 보여 주었다. 이 저자들의 책을 통해, 다른 데서 주장하는 즉각적인 성공을 향해 너무 빨리 달려가지 않도록 나를 보호해 주는 안정감을 찾았다.

시간이 지나면서 내 독서의 폭은 넓어졌고, 진리의 하나님이 세상 도처에서 통찰력들로 창조 세계를 풍성하게 하신다는 것을 깨달았다. 예를 들어, 매튜 아놀드(Matthew Arnold)가 자기 아버지에게 부치는 시 "럭비 채플"(Rugby Chapel)은 리더십에 대한 놀라운 주해다.

> 세상의 길가에 있는
> 돌들이 당신의 발에 상처를 입혔어도,
> 고생이나 낙담이 당신의 마음을 괴롭혔어도,
> 우리는 아무것도 보지 못했습니다.
> 우리에게 당신은 여전히
> 쾌활하고, 도움이 되고, 견고하셨습니다!

리더들이 지나치게 '단순하게 행동하거나' 그저 다른 사람처럼 되려는 유혹을 받는 순간, 자신의 아버지에 대한 아놀드의 묘사는 내게 많은 용기를 준다.

신실한 영웅들

다른 사람들처럼 나 역시 신실한 영웅들이 필요했고, 19세기 케임브리지의 찰스 시므온이 그중 한 사람이다. 50년 넘게 영국의 한 교구를 섬겼던 그는 목회자로서 나의 모델이다. 한 세기도 훨씬 이전에 살았던 그는 리더십 계발, 소그룹 사역, 공동체 신학, 학생 선교, 교회 행정의 필요성을 이해했다(그리고 실천했다).

내가 사역 도중 직면했던 중요한 문제 중 시므온이 직면하지 않았던 문제는 거의 없었다. 그의 경험 덕분에 여러 번 어리석은 짓을 하지 않을 수 있었다.

시므온의 전기 작가 휴 에반 홉킨스(Hugh Evan Hopkins)는 그의 기이한 행동에 대해서도 솔직하게 묘사해 준다. "친밀한 우정을 세우려 할 때마다 찰스 시므온이 늘 문제를 자초했음은 의심할 여지가 없었다." 이 글을 읽었을 때 다른 사람들에게 좋은 친구가 되는 내 능력에 대해 진지한 질문을 던졌고, 다음 문장과 이어지는 아주 흥미로운 부분에 시선을 멈췄다.

[시므온의] 모나고 가끔은 거만한 성격, 그는 일생 동안 방해가 되는 다른 무엇보다도 이것과 싸웠다. 그는 아주 세심했음에도 불구하고, 다른 사람들의 감정에 대한 세심함을 배우는 데는 오랜 시간이 걸렸다.

나는 이 단순한 통찰로부터 많은 것을 배웠다.

내게는 과거의 영웅들뿐 아니라 인생에서 멘토나 영적 부모라 여기는 사람이 늘 있었다. 아니, 사실 여러 명 있었다. 그러나 가장 중요한 한 사람은 3,200킬로미터나 멀리 떨어져 살고 있어서 우리의 만남은 기껏해야 이따금씩 이루어졌다. 그러나 그를 만날 때면(전화로든 서신으로든 방문으로든) 그 만남은 늘 강렬하고 매우 활기찼다.

내가 사랑하는 이 사람(이 사람에게 전화가 폭주하지 않도록 배려하는 마음으로 이 사람의 이름을 익명으로 하려 한다)은 나를 위해(그리고 수많은 다른 사람을 위해) 늘 그곳에 있어 주었다. 그는 내가 사역의 절정의 순간에 있을 때, 또 내가 실망과 수치의 깊은 골짜기에 있을 때에도 그곳에 있었다. 내가 중요한 결정을 내릴 때 그의 조언을 듣지 않은 적은 거의 없었다.

이 목록에는 내 아내도 있다. 게일은 나와 기질이 정반대여서 예리한 질문과 직관력 그리고 삶에 대한 충실함으로 내가 어리석은 결정들을 하지 않도록 수천 번이나 나를 구해 주었다. 50년 전 그녀와 결혼을 할 때 친한 친구가 "그녀는 자네에게 주신 하나님의 선물이네. 그녀의 재능을 억누르지 말게. 그녀의 지혜에 귀 기울이고 그녀의 판단을 존중해 주게"라고 충고했다. 놀라울 정도로 훌륭한 조언이었다. 이 조언이 없었다면 나는 정반대로 행동했을 것이다.

친구라는 선물, 적이라는 선물

그 다음 친구들의 영향이 있었다. 한 부류는 그저 친한 친구들인 남자들(소위 사역 내외에서)끼리의 작은 그룹이다. 이들은 삶의 경험들을 공유하며 건전한 시각과 기도와 웃음과 눈물을 주는 동료들이다. 내게 늘 그런 친구들이 있었던 것은 아니다. 이런 친구들이 없었을 때는 스스로 고립되었고, 심한 어려움을 겪었으며, 어리석은 행동을 하기도 했다.

또 다른 부류의 친구들은 사역 지향적이다. 우리는 함께 일하고, 매일 계속되는 대화는 솔직하고 창의적이다. 나는 그들과 논의하는 사역의 귀중함을 배웠다.

이런 형태가 확장된 것으로서 목사와 함께 일하는 운영위원회가 있다. 어느 누구도 내게 운영위원회의 역할에 대해 가르쳐 주지 않았기에, 그 그룹에 대한 첫인상은 나에게 방해가 되고 도움보다는 역경이 될것 같은 두려움이었다. 그러나 나는 그런 태도를 바꾸었다. 그렇게 함으로써 내가 짐작했던 위원회가 기회와 변화들을 분별하고 잘 처리하도록 나를 도울 수 있다는 것을 발견했다.

조금은 내키지 않은 마음으로 수년 동안 많은 도움을 준 나의 비평가들도 신뢰해야 했다. 솔직히 적잖은 사람들이 그냥 나를 좋아하지 않았다. 나에 대해 그들이 내놓은 가지각색의 논평들은, 얄팍하다, '자유주의적이다', 말만 번지르르하게 한다, 거만하다, 야심이 있다, 무신경하다 등 매우 다양했다(그리고 여기 나오는 이 모든 이야기를 한꺼번에 다 하는 사람도 한둘은 있었던 것 같다). 이들 가운데 일부는 내가 사역을 해서는 안 된다고 믿는다.

만약 비평가들을 외면하고 그들의 목소리에 귀 기울이지 않았다면, 그들의 혹독한 평가 속에 있었던 진실의 핵심을 놓쳤을 것이다. 그들을 무시했다면, 아마 내가 빠졌다고 그들이 비난한 바로 그 덫에 빠졌을 것이다. 이 사람들 때문에 시류에 편승하지 않은 적도 있었고, 또 하지 않은 일도 있었다. 그 대부분의 경우에 나는 기뻤다. 시간이 걸리기는 했지만 나는 그들에게 감사하게 되었다.

나중에 친한 친구가 된 나의 비평가들 중 한 명은 어떤 회의를 마치고 문밖으로 나를 따라왔던 적이 있었다. '세상을 바꾸려는' 내 아이디어 중 하나에 '반대'하는 의사를 듣고 내 감정을 표출해 버렸을 때였다.

"거기서 목사님의 행동은 전혀 합리적이지 못했음을 아셔야 합니다. 그런 순간들로 인해 회의에 참석했던 사람들은 목사님이 들으셔야 할 말을 점점 더 하기 싫어하게 될 것이고, 목사님은 회중의 신뢰를 완전히 상실하실 것이 분명합니다"라고 그가 말했다.

그야말로 꾸짖음이 아니고 무엇인가?

성경에 기반을 두라

성경에 대한 사랑은 내게 점점 더 중요한 사역 원리가 되고 있다. 사실 아주 오래 전부터 이 사실을 알고 있었다. 나는 빌립보서 1장, 에베소서 3장, 사도행전 20장, 고린도후서 4장을 암송하고 있다. 이 말씀들은 눈에 보이는 내 삶의 기저에 있는 용골이었다. 요셉, 이사야, 에스라, 느헤미야, 세례 요한, 바울 같은 성경 인물들은 내게 빛이 되어 주는 사람들이었다. 이들은 끝까지 견디는 법, 실패를 딛고 일어서는 법, 패배를 다루는 법, 하나님이 주신 사명에 시선을 고정하는 법을 가르쳐 주었다.

이런 믿음의 영웅들은, 새로운 사역에 관한 정보를 얻으라고 색다른 장소로 목사들을 초대하는 온갖 홍보물이 도착한 책상 앞에서 눈을 휘둥그렇게 뜨지는 않을 것이다. 리더십에 대한 또 한 권의 책에 대해 들으면 그들은 격분해서 "아, 제발!"이라고 말할까? "다 좋지만, 사역하는 중이라 집에 틀어박혀서 이것을 해야만 해"라고 말하는 사람에게 일어나는 마음의 동요를 알까?

미래를 내다보거나 전문가들의 모든 예측을 평가해 볼 때, 나는 다시 한 번 앞에 놓인 모든 것들로 인해 당황스럽다. 왜냐하면 미래학자, 인구 통계학자, 마케팅 전문가들은 내 자신이 충분히 다룰 수 있는 것보다 더 많은 정보를 제시하기 때문이다. 물론 나는 그것을 읽고 그것에 대해 이야기하는 것을 좋아한다. 또 초청받았을 때 거기에 기여하는 것도 좋아한다. 그러나 늘 과부하의 가능성이 있다.

오늘날도 크게 다르지 않은 것 같다. 아주 오래 전에 내가 이 모든 대안들을 어떻게 살펴보아야 할지 한 노인에게 물었을 그때와 말이다.

그는 "오직 무릎으로만"이라고 대답했다. 그때 그의 조언은 오늘도 유효하다.

❖ 더 깊은 묵상을 위하여

1. 당신이 무릎을 꿇고 기도하는 시간은 어느 정도 되는가?
2. 당신의 개인적인 '신실한 영웅들'은 누구인가? 그들의 삶과 글을 통해 당신이 얻은 특별한 선물들은 무엇인가?
3. 현재의 사역과 리더십의 추세를 볼 때, 중요하다고 생각하는 것은 무엇이며 추구할 가치가 없다고 여기는 것은 어떤 것인가? 그 이유는 무엇인가?

2부
리더의
외적인 삶

Building Below the Waterline

12
공적 기도의 힘

의인이 간절히 비는 기도는 큰 효력을 냅니다.
야고보서 5:16, 새번역

몇 년 전 주요 일간지 취재 기자 겸 편집자로 오랫동안 활동하다가 은퇴한 사람과 친구가 되었다. 그는 수년간 내게 저널리스트로 일할 때의 경험담을 들려주었다. 상당 부분은 재미있는 이야기였지만, 간혹 말할 수 없이 슬픈 이야기들도 있었다. 그는 어쩔 수 없이 인간의 잔혹, 탐욕, 착취, 패륜을 자주 볼 수밖에 없는 자리에 있었다. 사실 그렇지 않았느냐고 내가 묻자 그도 부정하지 않았다.

"40년 정도 이런 일을 하고 나면 냉소와 의심의 칼날을 곤두세우기 마련일세. 갖가지 거짓말을 듣게 되고, 온갖 종류의 타락을 보게 되며, 대중에게 성자요 영웅으로 추앙받고 있는 사람들이 행하는 가장 추악한 행동을 목도하게 되지"라고 그는 수긍했다.

그러한 환경 가운데 그가 어떻게 영성 생활을 유지했는지 궁금했다. "간혹 시궁창에서 살고 있다는 느낌이 들진 않았어? 어떻게 거기서 자신이 오염되지 않도록 했어?"

"내가 항상 티 한 점 없이 깨끗했다고 할 수는 없을 거야. 주말이 되면 내 자신이 더럽혀진 것처럼 느껴졌지. 그래서 주일날 교회로 향할 때면 나를 정결하게 해줄 무언가를 바라게 되었어. 영적 목욕 같은 것 말이야"라고 대답했다.

내가 주일날 아침에 목회자로 선다는 것이 어떤 의미인지 직면하게 된 것은 다른 누구도 아닌 이 친구 때문이었다. 그의 상황이 다소 극적이기는 했지만 기본적으로는 예배에 참여하는 대다수의 사람들의 상황이 그와 별반 다르지 않겠다는 생각에 이르렀다. 알든 모르든 그들 역시 악이 가득한 세상에서 교회로 나아온 것이었다. 그들 모두가 목욕이 필요하다. 나는 우리 목회자들이 성도들이 필요로 하는 것들을 제공하고 있는지 생각하기 시작했다.

쓰레기통 기도

이 질문으로 눈이 번쩍 뜨이고 나서 몇 년 후, 그리스도 안의 하나님의 교회(Church of God in Christ)의 조지 맥키니(George McKinney) 주교가 인도하는 예배에서 설교를 했다. 그는 영적 목욕과 예배자들의 일상생활에 대해 뭔가 아는 것이 분명했다.

맥키니 주교는 장로 두 명을 강단 앞쪽에 세웠다. 한 명은 예배자들이 앞으로 나와서 기도제목을 적은 쪽지를 넣을 수 있도록 바구니를 들고 있었다. 또 다른 한 명은 쓰레기통 옆에 서 있었는데, 예배자들은 그 쓰레기통 속으로 자신들의 죄를 쏟아 넣게 되어 있었다. 어떤 태도나 행동을 글로 고백한 쪽지부터 벗어나고 싶은 죄의 도구들을 넣을 수 있었다. 쓰레기통에는 종종 주사기, 마약, 마리화나를 비롯해 훔친 물건들이 들어 있었고, 주교의 말에 따르면 총신을 짧게 자른 소총이 들어 있었던 적도 있었다고 한다.

우리 대부분은 그 주교의 방식을 채택하기에는 너무 미묘하거나 조심스럽다. 혹시 성도들이 주일에 성소로 가져오는 영적인 짐을 너무 가볍게 취급하고 있는 것은 아닌가? 또 슬프게도 그들이 가져왔던 그 영적 짐을 도로 들고 가게 하는 경우가 너무 빈번한 것은 아닐까?

성도들이 교회로 가지고 오는 '쓰레기'를 어떻게 할 것인가? 설교자로서 일차적인 반응은 과연 내 설교가 그런 사람들을 위해 무엇을 해주는지 물어보는 것이다. 그런데, 어느 날 '목욕'을 꼭 설교 시간에 해야 하는가라는 생각이 문득 들면서(그것이 중요하기는 하지만), 지금까지 자주 무시했던 시간인 기도 시간에 할 수도 있겠다고 여겨졌다.

예배 중에 드리는 기도의 중요성을 깨닫는 데 시간이 다소 걸렸다. 그것은 아마도 사람들이 나의 설교에 대한 논평을 하는 데는 빠르지만 기도에 대해서는 별 언급을 하지 않기 때문일 것이다. 그러다가 성도들을 더 깊이 알게 되면서 그들이 간절히 바라는 바(때때로 표현할 수 없지만)는 가르치기보다는 그들을 위해 간절히 기도하는 것이며, 그들의 무거운 짐을 덜어내는 일을 돕는 것이었다. 그들은 매주 피곤에 지쳐 만신창이가 되어 온다. 어쩌면 그들의 활기를 회복시키기 위해 해줄 수 있는 가장 중요한 일은 진심어린 기도가 아닐까?

공식적으로건 어떤 모범을 통해서건, 나는 예배 시간에 효과적으로 기도하는 법에 대해 배워 본 적이 없다는 사실을 깨달았다. 내가 드리는 공적 기도는 대부분 종교적 표현을 나열하는 것에 지나지 않았다. 즉석에서 하는 기도였지만, 시간이 지나면서 그 자체만의 예식적인 틀로 발전했다. 오랫동안 예배에 참석한 사람들은 내가 어떤 기도를 드릴지 거의 예측할 수 있었다. 고통스럽게도 예배 중에 기도에 귀 기울이는 사람이 거의 없다는 사실을 깨달았다. 그 시간은 이 생각 지 생각으로 전전하다가 "이 모든 말씀 예수님의 이름으로 기도드립니다"라는 소리가 들리면 다시 주의를 집중하게 된다.

어떻게 이런 결론에 이르게 되었을까? 나 자신의 경험으로 알게 된 것이라고 인정해야 할까? 나 자신도 기도에 귀 기울이기 위해 정신을 집중해야 했다. 천 명 중에 한 사람이 소리 내어 기도하고 있는데 아무도 그 소리에 집중하지 않는 상황을 생각하니 참으로 섬뜩했다.

그래서 예전을 중요시하지 않는 교회에서도 차츰 글로 쓴 기도문에 관심이 많아지는 것 같다. 소위 '마음속으로부터' 나오는 기도는 마음 뒤에 생각이 (따라서 내용도) 거의 없는 듯하다. 그러나 예전을 중요시하는 교회를 다니는 친구들의 고백을 들어 봐도, 잘 정리된 기도문이라고 해서 공적 기도를 형식적으로 대하지 않는 것은 아니었다.

이것이 예배 시간에 하는 다양한 기도의 의미와 순서에 대해 몇 가지 어려운 질문을 하려는 이유다. 우리가 전능하신 하나님을 부르는 매순간, 제대로 된 의지와 내용을 가지고 그렇게 한다는 것을 확실히 하고 싶었다.

예배 시간에 회중을 대표해 드리는 기도가 적어도 여섯 가지가 있다는 사실을 발견했다. 이를 의식하지 못하는 리더는 이 여섯 가지를 혼동할 수도 있고, 그 목적을 뒤섞어 버릴 수도 있으며, 신문 기자였던 내 친구가 예배에 와서 하고자 했던 '목욕'을 비효율적으로 만들 수도 있다.

초청 기도

예배의 첫 번째 기도는 보통 초청 기도로 불리는데, 그 목적은 오로지 한 가지다. 함께 모인 예배자들 가운데로 하나님의 임재를 초청하고 그 임재에 감사드리는 것이다. 초청이란 성도들의 말과 생각을 받아 주시도록 하나님께 간구하는 것이다. 그것은 이 예배를 특별한 시간으로 주중의 다른 어떤 시간과도 다른 거룩한 시간으로 떼어 놓는 기도다. 거룩한 활동이 시작되려 한다. 인간에게 가장 중요한 일인 예배가 시작되려 한다.

초청 기도는 사람들을 위한 기도나 현 시대의 문제들을 위한 기도가 아니다. 또 기도하는 사람의 신학 지식을 나열하려는 것도 아니다. 오히려 이렇게 모인 이들이 하나님의 임재를 구하며 감사하는 마음으로 하늘을 바라보고 있음을 겸손히 인정하는 기도다.

예전을 중시하는 교회에 다니는 친구들은 이 모든 내용을 간결하게 이렇게 표현한다. "성부와 성자와 성령의 이름으로, 아멘." 나는 좀 더 긴 문장을 사용하기는 하지만, 우리의 초청 기도 역시 같은 것에 초점을 맞추고 있다.

우리는 예수 그리스도의 자비하심을 통하여 우리 아버지 되신 당신의 임재를 청합니다. 일하고 공부하고 놀면서 보낸 한 주간을 마치고 성령의 인도하심으로 우리가 예배드리기 위해 여기에 있습니다. 사랑으로 우리를 안전하게 인도하시는 당신에게 감사를 표하기 위해 함께 모였습니다….

목회 기도

또 다른 예배 기도 중 하나는 무엇보다 죄를 씻는 기도로, 종종 목회 기도(pastoral prayer)라 불린다. 내가 목회하는 동안에 이 기도는 예배에 참석하는 한 절대로 누구에게도 위임하지 않았던 예배 기도 중 하나다.

나는 목회 기도를 목사의 설교와 동격으로 생각한다. 설교가 성도들에게 하나님의 말씀을 드러내 보여 주는 기회라면, 목회 기도는 성도들을 하나님께 올려드리는 기회다. 이는 모세가 이스라엘 백성을 위해 중보할 때의 기도와 다르지 않다. 또한 회중이 목사가 자신들을 위해 기도하는 것을 들을 수 있는 기회(내가 믿기로는 특권)다.

목사로서 나는 종종 이 기도를 위해 함께 무릎을 꿇도록 회중을 초청했다. 어떤 사람은 무릎 방석 없이는 교회에서 무릎을 꿇는 것이 어렵다는 것을 알기에 이 무릎 꿇기를 선택 사항으로 해 두었다. 나는 한쪽 무릎만 꿇고 회중도 그 자세를 취하도록 인도했다.

무릎을 꿇든 서 있든 강단에서 내려와서 이 기도를 드리는 것이 중요하다는 것을 깨달았다. 보통 나는 중앙 복도 맨 앞에서 무릎을 꿇었다. 이렇게 다가가는 것이 성도와 내가 서로 접촉할 수 있는 기회가 되었다. 이를 통해 내 기도는 좀더 실제적이 되었고, 성도들은 내가 그들

중 한 명이라는 사실을 더 민감하게 느꼈던 것 같다.

목회 기도는 보통 네 부분으로 되어 있다. 전통 예배 의식에서 어떤 부분은 좀더 세분할 수도 있다.

하나님 인정하기

첫 번째는 하나님을 인정하고 그분이 우리 개인과 공동체의 삶에 개입하심을 시인하는 것이다. 우리는 하나님이 어떤 분이신지, 즉 그분의 속성과 그분의 일하심을 기억해야 한다. 이 시간은 하나님의 위엄을 다시 확인하며 그분이 영원히 거하시는 곳과 비교해 세상의 왜소함을 기억하는 순간이다.

일주일 내내 세상이 우리를 위협하고 지배하며 착취하려 하기에, 우리에게 세상은 점점 더 커 보인다. 신문 기자였던 내 친구는 세상이 타락했고 신뢰할 만하지 않다고 암묵적으로 생각하며 예배에 왔을 것이다. 하지만 다른 사람들처럼 그 역시 다른 사실을 기억해야 한다. 하나님은 죄악된 인류의 음모에 의해 결코 오염되지 않으신다는 사실 말이다.

이렇듯 목회 기도는 최소한 하나님의 성품의 한 측면과 그분에 대한 우리의 반응에 초점을 맞추어야 한다. 위엄, 거룩함, 자비, 능력은 몇 가지 예일 뿐이다.

주님, 냉혹한 세상 속에서 당신의 자비하심은 우리에게 특별합니다. 우리가 받아 마땅한 대로 우리를 다루시지 않으시고, 우리의 부족함에 따라 대해 주시는 분입니다. 당신은 창조하신 세상을 우리가 즐길 수 있도록 은사와 능력을 아낌없이 부어 주십니다. 또 사랑하고 사랑받을 능력을, 용서하고 잊어버릴 수 있는 능력을 주십니다. 그리고 무엇보다 당신의 아들 예수 그리스도를 우리에게 주십니다. 당신은 자비로우신 하나님이며 우리의 아버지이십니다. 우리가 당신을 사랑합니다.

고백과 죄사함

이러한 고백과 대조적으로, 목회 기도의 두 번째 부분은 보통 우리가 죄인이며 우리의 지나간 한 주간이 하늘 아버지의 마음을 아프게 하는 태도와 행동들로 얼룩져 있었음을 분명하게 말하는 것이다. 이것은 하나님이 겸손하게 회개하는 심령을 가진 모든 사람의 죄를 사하신다는 선포로 마무리된다.

이사야가 성전에서 하나님의 영광을 본 순간에 죄를 고백하려는 즉각적인 충동을 느낀 것은 우연이 아니다(사 6장). 이 두 가지 경험은 불가분의 관계에 있다. 우리는 성도들에게 솔직하게 죄에 직면하여 하나님과 그 문제를 해결할 기회를 줌으로써 그들을 돕는다.

이는 예배에서 특별하고도 가장 마음 아픈 시간이다. 목사로서 나는, 기자 친구를 비롯한 다른 사람들이 이 세상이 죄에 오염되어 있음을 깨닫고 하나님의 임재 속으로 나아오도록 인도하며, 그들을 대신해 하나님께 말씀드린다. 우리는 모두 죄에서 정결케 되는 것이 필요하다. 우리는 다시 한 번 깨끗케 됨을 알아야 한다. 그 순간은 부드러우면서도 즐거운 시간이다.

맥키니 주교의 교회에서는 사람들이 회개와 죄사함을 받는 시간을 가진 후에 성가대가 활기찬 영혼의 노래를 불렀다. "예수께서 우리 기도를 들으셨네. 이제 아무 문제없네."

목회 기도에서 이 부분은 가볍게 간과할 영역이 아니다. 이 기도는 반역하려는 우리의 성향과, 성부 하나님과의 관계를 재정비하기 위해 십자가의 중요성을 인정한다. 이 시간은 제대로 다루어지기만 하면, 과거의 실패로 절망적인 죄책감과 수치심을 가지고 나아온 많은 이들에게 해방의 순간, 관계를 바로잡는 순간이 될 수 있다.

아버지, 여기 있는 우리 중에 지난주 여러 면에서 당신을 실망시켰음을 인정하지 않을 사람이 누가 있겠습니까? 우리가 자주 품는 생각과 태도는 실로 후회스러운 것들입니다. 지금 그것들을 회개합니다. 죄를 행하거나 의를 행하지 않은 일들, 솔직히 부끄러운 그 일들을 지금 인정합니다. 또 주님, 다른 이들이 알게 된다면 심히 당황스러운 분노와 시기심을 품고 오늘 이곳에 온 이들도 있습니다. 아버지, 그것들을 고백합니다. 우리는 죄에서 해방되어야 합니다. 우리의 개인적인 고백들을 들어 주셔서 감사합니다.

세상을 위한 기도

목회 기도의 세 번째 측면은 혁명, 기아, 재난, 선거, 성취 등 세상의 외적인 부분을 다룬다. 이는 사람들이 한 주 내내 듣는 거대한 사건들이다. 어쨌든 나의 기도는 이런 사건들을 영원의 시각에서 바라보고, 그러한 사건들을 고려하여 기도하는 법을 보여 주어야 한다. 세상의 사건들 각각이 아버지와 관련되어 있으며 따라서 그분의 자녀들과도 관련되어 있어야 한다는 사실을 정기적으로 상기시켜 주어야 한다. 이런 문제들에 대해 기도하지 않는 것은 성소에서 일어나는 일이 다른 엿새 동안의 일들과 아무런 관련이 없음을 암묵적으로 보여 주는 것이다. 목회자로서 나는 기도 제목에 최근 상황을 반영하기 위해 매주일 아침 교회 오는 길에 최신 뉴스를 듣는 것이 중요함을 깨달았다.

주님, 오늘날 세상은 신음하고 있습니다. 우리처럼 생각하고 느끼는 사람들이 집이 없고, 식량이 없으며, 자녀들을 부양할 것이 없습니다. 아무것도 없습니다. 아버지, 오늘날 많은 이들이 비극적인 사건으로 사랑하는 가족들을 잃고 슬퍼합니다. 주님, 오늘날 대통령들과 수상들이 서로 결탁하고 있습니다. 그들에게 지혜가 절실히 필요합니다….

성도들의 필요

목회 기도의 마지막 부분은 성도들의 필요에 초점을 맞춘다. 나는 이 부분에 이를 때마다, 헨리 나우웬이 어느 트라피스트회 수도원의 원장에 대해 들려준 이야기가 기억난다. 이 원장은 수사들이 매일 저녁 지쳐서 먼지투성이로 밭에서 돌아올 때 그들을 맞이했다. 수사들이 가까이 오면 그는 두 팔을 들고 그들을 영접하며 "어려움이 있는 사람이 있나요?" 하고 소리치곤 했다. 그 순간은 각 수사들이 멈추어서서 마음속에서나 관계 속에서 잘못된 것이 있는지 성찰하며 하나님이 약속하신 자비와 은혜 안에서 안식하는 시간이었다.

목회 기도는 어려움에 처한 이들과 그것을 아는 이들을 위한 기도다. 구체적으로 말하면, 실직을 두려워하는 직장인들, 좋지 않은 소식을 들을 가능성을 두고 병원을 예약한 사람들, 자신을 좋아하지 않는 자녀들을 키우는 부모들, 몹시 외로워하는 미혼 여성들, 성 정체성으로 고민하는 십대들을 위한 기도다. 우리는 매주 이러한 필요들을 언급함으로, 예배드리러 나온 이들이 자신들의 개인적 필요를 위한 기도가 드려지고 있음을 인식하도록 한다. 각각 구체적으로 언급되지는 않는다 할지라도 말이다. 여기서 우리는 어려움에 처한 이들을 위해 팔을 번쩍 든다. 우리가 간절한 소망 가운데 진정성을 가지고(진짜 상황을 묘사하는 진짜 어휘들을 가지고) 절박하게 기도한다면, 사람들은 자신들이 영적으로 목욕하고 있음을 알 것이다.

> 아버지, 우리 중 일부는 깊은 고통 가운데서 이곳에 왔습니다. 육체의 고통, 상처입은 관계의 고통, 그칠 줄 모르는 두려움의 고통 가운데서 이곳에 나아왔습니다. 아버지의 도움과 격려가 절실히 필요합니다…

지혜로운 목회자는 교회의 다양한 사역들을 위한 중보 기도도 드린다. 물론 한 번에 다 하지는 않는다. 아마 한 주에 한 가지씩 하게 될 것이다.

목회 기도는 흔히 회중의 찬양으로 마무리되기도 한다. 가장 기억에 남는 몇 가지 경우는 우리가 무반주로 주기도문 찬양을 드렸을 때였다. 이후 며칠 동안 내게는 하나님의 보좌 앞에서 우리가 하나로 연합되어 있었다는 의식이 떠나지 않았다.

약간 작은 규모의 회중인 경우에, 목회 기도의 일부를 종종 '대화식 기도'라 불리는 형태로 성도들과 함께 드릴 수 있다. 우리 교회가 지금보다 작았을 때 나는 종종 예배자들로 하여금 일어서서 살아 계신 하나님을 높이는 성경 구절 하나(나는 성도들이 각각 한 절만 읽도록 세심하게 조절한다)를 읽도록 초청했다. 종종 성경 구절들이 아름다운 모자이크처럼 나타나 우리에게 하나님의 존재와 목적을 여러 측면에서 알 수 있도록 해주었다.

또 기억나는 한 가지는 회중으로 하여금 일어서서 주님을 찬양하는 한 문장을 말하도록 초청한 경우였다. 이때 한두 사람이 분위기를 장악하지 않도록 미리 구체적인 지침을 주는 것이 중요하다는 것을 깨달았다. 다른 한편으로, 공적 기도가 익숙하지 않은 사람들의 경우라도 여기서는 한 문장만 말하면 되므로 함께 참여하도록 격려했다.

봉헌

예배 기도의 세 번째는 보통 헌금 전후에 드려진다. 최근에 나는 같은 수의 남녀 안내 위원들의 인도로 헌금이 드려지는 동안 회중 사이에 앉아 있었다. 나중에 안내 위원들은 앞으로 걸어 나가서, 아버지께 헌금을 드리기 위해 헌금 바구니를 머리 위로 높이 들었다. 우리는 송영을 불렀고, 헌금 바구니에 담긴 재물이 우리의 한 주간의 노동을 상징함을 아는 한 사람이 기도를 인도했다. 감동적인 순간이었다.

이 기도의 역할은 무엇이었을까? 그 기도는 우리의 노동에 의미와 가치를 부여하고 있었다. 우리는 "아버지, 당신에게 우리 노동의 열매를 바칩니다"라고 말하고 있었다. 기도를 드렸던 목사는 우리가 열심히 일했고, 바구니에 담겨 있는 재물들이 쉽게 얻은 것이 아니며, 그 헌금을 드리는 일이 즐거이 순종하는 행위임을 그분이 아신다는 것을 우리로 하여금 알게 해달라고 기도했다. 나는 헌물을 봉헌하는 그 목사가 헌금을 교회 예산이나 자선 프로그램을 위한 수입으로 보지 않고 수고의 열매로 보았다는 사실에 깊은 감동을 받았다.

아버지, 오늘 이곳에 온 몇몇은 일주일 동안 힘들게 일하느라 피곤하고 마음이 상해 있습니다. 그러나 우리는 때로는 신나고 때로는 지루한 일들에 최선을 다했습니다. 이 시간 기쁜 마음으로 우리 노동의 열매를 가져왔습니다. 당신의 은혜로 벌어들인 재물의 일부를 오늘 당신께 내어드립니다.

조명과 복종의 기도

성경은 마음을 감찰하시고 진리를 가르쳐 주며 사람들에게 확신을 가져다주는 성령의 조명하시는 사역 없이는 온전히 이해할 수 없다. 그래서 예배 중에 드릴 수 있는 또 다른 기도는 하나님의 말씀에 복종하겠다는 기도다.

일부 예배에서는 회중이 설교 전에 찬송을 부르는 것이 일반적이다. 찬송을 부르는 동안 설교자는 무릎을 꿇고 자기 자신을 위해 기도한다. 설교자가 성령의 사역에 자신을 드릴 때, 회중은 설교자가 하나님의 다스림 아래에서 일하고 있음을 알고 그들이 듣는 말씀이 그들을 위한 하나님의 살아 있는 말씀임을 깨닫게 된다.

설교자는 성경을 펼칠 때 회중에게 기도하는 마음으로 집중하도록 요청한다. 이 짧은 순간 모두가 자신을 성령의 사역에 맡기고 성경에 순종하는 마음으로 귀를 기울이도록 도전받는다.

주님, 성경을 열어 당신의 말씀에 귀 기울일 시간이 다가왔습니다. 우리를 감화시키시는 성령의 사역을 통해 다가왔습니다. 중요한 것을 듣고 그것을 우리의 경험 속으로 가져올 수 있는 능력을 주십시오. 우리는 당신의 통찰과 인도하심에 복종합니다….

결단의 기도

설교를 통해 하나님의 말씀을 예배자의 삶과 연결시켰다면, 이제 예배 인도자는 묵상 기도로 설교를 마무리하는 것이 적절하다. 이는 청중을 마지막 지점에 이르게 하는 기도다. 이 기도는 설교의 요점을 돌아보는 것이 아니라, 말씀이 각 예배자에게 선명해지고 그의 삶에 적절하게 적용될 수 있도록 해 달라는 간구여야 한다.

아버지, 저를 비롯하여 우리 모두는 이 진리의 풍성함에 놀랍니다. 말씀은 우리를 우리 자신이 아는 것보다 더 높고 더 강력한 곳으로 부릅니다. 오늘 당신이 우리에게 말씀하신 것과 관련해서 무언가를 해야 합니다. 무엇을 할 수 있을지 발견할 수 있도록 우리를 도와주십시오….

축도

축도는 대부분 예배의 마무리 기도다. 이는 보통 예배가 거의 끝나가고 있다는 신호다. 사람들은 이 시간에 찬송가를 가방에 넣거나 옷을 여미거나 주차장을 향해 남보다 빨리 출발할 준비를 한다.

우리는 단순히 기도로 예배를 마무리하는 것이 아니다. 오히려 성도들을 축복하고 함께해 주신 하나님께 감사를 드리는 마지막 선언을 하고 있는 것이다.

이 기도는 간단해야 한다. 아침에 있었던 여러 가지 일들을 열거할 필요가 없다. 이 기도는 전통적인 성경적 축도가 그렇듯이, 하나님의 신실하심에 대한 간단한 인정과 그분의 축복에 대한 선언이다. 목사가 손을 들어 회중을 축복하고 그들의 여정이 성공하기를 기도하는 것보다 더 감동적인 일은 거의 없다. 이는 다시 세상으로 들어갈 하나님의 자녀들에게 주어지는 마지막 말씀이다. 이 기도는 힘을 북돋워 주고, 부드러우며, 아버지이자 목자이신 그분의 돌보심이 함께할 것이라는 사실을 언급하며 그것을 상기시키는 것이어야 한다.

아버지, 우리가 이곳을 떠날 때 당신의 축복을 구합니다. 우리는 당신을 사랑하며, 당신의 자비하심에 감사드리며, 당신을 더 알기 원한다고 최선을 다해 말했습니다. 이제 당신이 약속하신 돌보심과 인도하심을 확신하며 가정과 일터로 돌아가려 합니다. 당신의 나라를 확장하는 데 우리 앞에 놓인 시간을 사용할 수 있도록 도와주시기를 원합니다.

신문 기자였던 친구가 영적 목욕이 필요하다고 말할 때, 그 의미는 특별히 그가 자신을 위해 기도할 수 없다고 느낄 때 그를 위해 기도하는 법을 아는 누군가가 필요하다는 뜻이다. 예배 시간에 함께 기도할 때, 목사들은 영적으로 깨끗케 되었음을 인식하도록 해준다. 그러나 마음을 먹고, 기도를 통해 생각하고, 또 중재자인 목회자의 기도에 회중과 하나님이 들으셔야 하는 내용이 담겨 있음을 확신하는 데는 시간이 필요하다. 아마 그러고 나서야 그 친구는 하나님 나라의 능력을 조금 얻어서 세상에서 살아갈 준비를 하며 월요일 저널리스트의 일로 돌아갈 수 있었을 것이다.

거룩하신 아버지, 목사와 영적 지도자들인 우리가 사람들을 당신께로 향하게 하는 아름다운 특권을 더 잘 인식하도록 해주소서. 그들의 필요를 이해할 수 있는 통찰력을 주소서. 중보 기도의 능력을 확신하는 믿음을 주소서. 당신과 당신의 위엄을, 우리와 우리의 깨어짐을 볼 수 있게 해주셔서, 사람들을 위한 우리의 기도에 현실성과 능력이 있게 해주소서. 예수님의 이름으로 기도드립니다. 아멘.

❖ 더 깊은 묵상을 위하여

1. 당신의 교회에서 드려지고 있는 공적 기도는 어떤 특성들이 있는가? 그 기도에 대한 회중의 반응은 어떠한가?
2. 여기에서 언급된 기도 유형 중 한두 개를 골라서 당신의 교회에서 함께할 수 있도록 당신의 말로 기도문을 작성해 보라.
3. 주일 예배와 주중에 당신이 목양하는 사람들의 필요를 위해 특별히 어떻게 기도하고 있는가?

13
새벽 3시에 걸려온 전화

내가 또 내 마음에 합한 목자들을 너희에게 주리니
그들이 지식과 명철로 너희를 양육하리라.

예레미야 3:15

새벽 3시에 백악관 전화벨이 울리고 누군가 전화를 받는 정치 광고를 기억하는가? 나는 그것이 어떤 것인지 안다. 어느 정도는.

내 전화벨이 울린 건 어느 저녁 늦은 시간이었다. 전화를 건 남자는 교회에 출석하는 성도로 내가 잘 알지 못하는 사람이었다. 그는 아내 조시가 입원해 있는 병원에 있다고 말하며, 암 투병 중인 아내가 오늘 밤을 넘기지 못할 것 같다고 했다. 내가 바로 갈 수 있었을까?

이 전화는 수년 전에 받은 것이지만 그때 내 머릿속에 가장 먼저 떠오른 생각을 기억할 때면 지금도 부끄럽다. '심방 담당 사역자는 어디 있는 거야? 나는 병원 담당이 아닌데. 나는 설교하고 예배를 인도하고 비전을 제시하는 사람이잖아. 아, 나는 늘 (강대상에서) 사람들을 사랑하며 돌본다고 말하는 역할을 하는 사람인데 말이야.'

전화한 사람의 말에 따르면, 아내가 죽어가고 있는데 심히 두려워하고 있다는 것이었다. 진정제를 투여했지만 고통이 극심해진 아내를 진정시킬 수 없다고 했다. "목사님이 오셔서 뭔가 말씀해 주시면 아내가 진정하고 잠자리에 들 수 있을 것 같아요" 하고 그가 말했다.

병원은 차로 20분 거리에 있었다. 병원에 도착하니 그 가족의 친구가 나를 병실까지 안내해 주었다. 가는 길에 그녀는 환자가 두려움으로 인해 얼마나 몸부림치는지에 대해 설명했다. 가끔 소리를 지르기도 한다고 했다. 어느 누구도 어찌 해야 할 바를 모른다고 말해 주었다. 의사나 간호사들조차도 어찌할 바를 모르는 듯했다.

나는 깊은 한숨을 쉬고 병실로 들어갔다. 침대 주위로 의사 한두 명, 간호사들, 조시의 남편과 딸 등 여덟 명쯤 되는 사람들이 둘러 서 있었다. 그러고 나서 침대에 누워 있는 조시를 보았다.

침대로 다가가며 나는 "조시!" 하고 말했다. 어떤 권위를 세울 때 그러듯이 그녀의 이름을 단호하게 불렀다.

"맥 목사님!" 하고 그녀가 말했다. 내 자리를 마련해 주기 위해 모두 뒤로 한걸음씩 물러서면서 둥그런 원이 흐트러졌다.

솔직히 그 순간 어떻게 하는 것이 적절할지 잘 몰랐다. 의사들까지 내게 침대 옆 자리를 내주는 곤란한 상황이었다. 내가 기억할 수 있는 것은, 그때 내 속에서 "네 역할을 하렴. 목사가 되어라!"라는 말이 들렸다는 것이다.

"조시, 지금은 조시에게 너무 가혹한 순간이죠? 아마 몹시 두려울 겁니다" 하고 내가 말했다.

"네, 맞아요. 맥 목사님" 하고 그녀는 남편과 딸에게 시선을 고정한 채로 대답했다. "어떻게 해야 할지 모르겠어요. 이들을 놔두고 떠날 수가 없어요. 제가 건강해져야 할 텐데." 그러고 나서 조시는 다시 똑같은 말을 했다. "어떻게 해야 할지 모르겠어요."

그녀가 정말 원하는 바는 일어나서 침대 밖으로 나오는 것이었다. 그녀가 다시 불안해지려는 것이 느껴졌다. 그래서 그녀의 수척한 어깨에 손을 얹고 가능한 한 부드럽게 그녀를 침대에 눕혔다. 병실 안에는 무거운 침묵이 흘렀고 다른 사람들은 모두 그 장면을 쳐다보고 있었던 것이 기억난다. 누구도 내 행동을 막지 않았다. 그들은 아마 내가 어떻게 해야 할지 알고 있다고 생각했던 것 같다.

그때 한 가지 생각이 떠올랐다. 조시의 시선이 내 얼굴을 향하도록 좀더 가까이 몸을 굽히고 말했다. "조시, 내 말 잘 들어요. 내 눈을 봐요. 조시를 위한 말씀이에요."

"네, 맥 목사님."

"하나님이 주시는 말씀을 들었으면 좋겠어요. 그냥 들으면 돼요! 알았죠?"

"네, 알았습니다."

나는 시작했다. "여호와는 나의 목자시니 내게 부족함이 없으리로다." 시편 23편을 천천히 느긋하게 조심스럽게 한 단어씩 암송했다. 그러고 나서 "조시, 듣고 있죠? '내게' 이 말은 조시 당신을 가리키는 거예요. '부족함이⋯없으리로다.'"

"네, 목사님, 듣고 있어요." 그녀가 그 말을 따라서 했다. "내게 부족함이 없으리로다."

나는 계속했다. "그가 나를 푸른 풀밭에 누이시며, 쉴 만한 물가로 인도하시는도다. 내 영혼을 소생시키시고."

나는 이 시편을 약간 단순화하여 단어들을 한 번 더 말했다. "그가…나를…누이시며…쉴 만한 물가로…인도하신다.…나에게 다시 새 힘을 주시고…듣고 있어요, 조시?"

"듣고 있어요. 맥 목사님." 그녀는 내 눈을 똑바로 보며 단어 하나하나를 붙들고 있었다. 그녀의 어깨에 긴장이 조금 풀린 것을 감지한 후, 시편 암송을 이어 나갔다. 의의 길, 사망의 음침한 골짜기에서 여호와께서 함께하시는 것, 목자의 지팡이와 막대기, 음식이 차려진 상, 기름으로 치유하시고 보호해 주시는 것에 대해 이야기했다. 마침내 마지막 행에 이르러 그 내용을 약간 확장시켰다. "내가 여호와의 집에 영원히…영원히…영원히 살리로다."

나는 가능한 한 또렷이 말했다. "조시, 조시는 이 말씀 안에 있어요. 이 말씀은 조시를 위한 거예요. 조시는 하나님의 돌보심 안에 있어요. 자매는 아주 훌륭한 아내이자 엄마였어요. 좋은 친구이기도 했죠. 그리고 이제 이곳을 떠나 여호와의 집에 영원히, 영원히, 영원히 거할 때가 된 것 같아요. 언젠가 우리도 자매를 따라갈 거예요. 우리 모두." 나는 조시의 남편과 딸의 이름을 이야기했다. "이들도 그곳에서 자매와 함께하게 될 거예요."

"정말 그럴까요?" 그녀가 물었다.

"그럼요" 하고 대답했다. "그리고 여기 있는 모두가 자매를 사랑하고 자매에게 감사하고 있다는 걸 알았으면 좋겠어요. 이제 편안히 쉬고 하나님이 자매를 인도하고자 하시는 대로 맡겨 드렸으면 좋겠어요. 조시, 두려워하지 말아요."

"가도 괜찮은 걸까요? 맥 목사님?"

"네, 그럼요. 조시."

그러고 나서 조시는 내가 결코 잊지 못할 행동을 했다. 그녀는 내게서 눈길을 돌려서 남편에게 말했다. "좋은 남편이 되어 주어 고마워요." 그러고 나서 딸에게 말했다. "사랑한다. 네 엄마인 게 정말 자랑스러웠단다." 그러고 나서는 의료진에게 말했다. "저를 이렇게 잘 보살펴 주셔서 감사해요." 그리고 그녀는 둘러서 있는 친구들 각각에게도 몇 마디 말을 한 이후 나에게도 감사를 표했다. 그러고 나서 조시는 눈을 감고 편안하게 잠이 들었고, 한 시간쯤 후에 우리 곁을 떠났다.

하나님과 연결시켜 주는 사역

나는 50년 넘게 목사로 사역했다. 내 일의 성격을 규명해 보려 하다 보니, 앞의 이야기가 목사의 핵심 업무를 요약해 주는 것 같았다. 그것을 제사장적 기능이라 하든, 목회적 기능이라 하든, 모두 똑같다. 그것은 사람들이 하나님과 연결되도록 돕는 것이다.

자포자기한 남편에게는 생애 최악의 순간에 영적 활기를 가져다줄 누군가가 필요했다. 모든 수단을 쓰고 나서 지친 의료진들에게는 환자의 마음을 향해 말해 줄 누군가가 필요했다. 두려워하고 혼란스러워 하는 여인에게는 하나님으로부터 오는 인도의 말씀을 전해 줄 누군가가 필요했다. 그날 나는 이 모든 일을 하는 사람이 되는 은혜를 얻었다.

조시의 마음에 전해 준 그 시편은 다섯 살 때부터 익숙했던 말씀이었다. 틀리지 않고 외우면 당시에는 큰 돈이었던 1달러를 주겠다고 할머니가 나를 부추긴 덕분에 처음으로 암송한 구절이었다. 외우는 데 한 시간도 걸리지 않았었다.

어른이 된 후로 시편 23편은 걱정거리가 생겨 잠들지 못할 때 신경 안정제 역할을 해주었다. 푸른 초장과 쉴 만한 물가로 향하는 안전한 길로 목자이신 예수님을 따라간다는 느낌이 내면의 소용돌이를 잠재울 때까지 혼자서 거듭 그 시편을 암송했다.

또 그 구절은 다른 면에서 도움이 되기도 했다. 사역을 시작하고 오랜 시간이 지난 후 교회 리더 역할에 지치기 시작했을 때였다. 교회가 커지면서 나의 일도 바뀌었다. 교회에 속한 거의 모든 사람을 아는 목사에서 최고 경영자로 바뀌었다. 이전에는 사람들과 관계를 맺었지만 지금은 조직을 경영하고 있었다. 더 이상 예수님이 하셨듯이 "나는 선한 목자라. 나는 내 양을 알고 내 양도 나를 알고"라고 말할 수 없다는 사실에 죄책감이 들었다. 사실을 말하면 대부분의 사람을 알지 못했고 그들도 나를 알지 못했다.

그러던 어느 날 혼자 시편 23편을 암송하다가, 이 구절이야말로 목자나 목사의 직무 기술서라는 생각이 갑자기 떠올랐다. 왜 전에는 그것을 보지 못했을까?

전통적인 학자들은 이 시편을 양과 양치는 일에 대해 잘 알고 있었던 다윗의 작품으로 본다. 다윗의 여정을 깊이 묵상한 다른 시편 기자는 이렇게 썼다. "[하나님이] 그의 종 다윗을 택하시되 양의 우리에서 취하시며 젖 양을 지키는 중에서 그를 이끌어내사 그의 백성…을 기르게 하셨더니 이에 그가 그들을 자기 마음의 완전함으로 기르고"(시 78:70-72).

들에서 보낸 견습생 시절 동안, 다윗은 양들이 위험을 느낄 때 양 떼의 두려움을 해결해 주었던 적이 얼마나 많았을까? 양들을 사망의 음침한 골짜기를 지나 푸른 초장과 쉴 만한 물가로 인도하는 것이 꼭 필요하다는 사실을 깨달은 적이 얼마나 많았을까? 양들의 상처를 닦거나 성가신 벌레들로부터 보호하기 위해 기름을 이용했던 적이 얼마나 자주 있었을까? 위태로운 상황에서 속수무책인 양을 구한 적은 또 얼마나 자주 있었을까?

다윗이 후에 하나님의 성품을 묘사하려 할 때 자신에게 익숙했던 이미지로 나타내려 한 것은 당연한 일이었다. **하나님은 목자 같은 분이시다.** 무슨 뜻인가? 하나님의 양 떼에 속해 있다면, 부족한 것이 없다는 말이다.

지저분한 일

오늘날 우리는 목자를 미화하는 경향이 있다. 우리가 그리는 목자의 모습은 깨끗한 옷을 입고 어깨에 작고 귀여운 양을 메고 가는 모습이다. 그러나 조심하라!

사실 고대의 목자(오늘날의 목자들에 대해서는 말할 수가 없다)는 일반적으로 사회의 최하층이었다. 돌보는 양이 그들의 소유인 경우는 거의 없었다. 오히려 그들은 근처에 살고 있을 양 주인을 대신해서 들판에서 양을 돌보았던 '소작농' 같은 존재였다. 솔직해지자. 성경 시대에 대부분의 목자는 존경받지 못했다.

모세가 애굽에서 도망쳤을 때, 그가 할 수 있었던 유일한 일은 목자가 되는 것이었다. 모세는 40년 동안 장인 이드로의 양 떼를 돌보았다. 여기에 성경의 미묘한 메시지가 있다. 모세가 애굽의 왕궁에서 양치기로 얼마나 추락했는지 보라는 것이다. 이는 '한 사람이 목자가 된다는 것은 어떤 의미인가?'라는 질문을 제기한다. 모세와 다윗을 비롯한 많은 이들이 목자 일을 하면서 리더십 대학원 과정을 이수했다.

천사들이 베들레헴 근처 천상에서 성탄절 연주회를 할 때 목자들을 청중으로 택했다는 것은 참으로 흥미로운 일이다. 목자들이 첫 예배자로서의 영예를 얻었다. 이유가 무엇일까?

나중에 예수님은 자신을 목자에 비유하신다. 왜 군 장교나 대표이사나 예루살렘의 대제사장이 아니었을까? 분명 예수님은 목자를 신뢰하고 고분고분 잘 따르는 양이라는 개념에 좀더 끌리셨을 것이다.

예수님은 자기 생명의 위험을 무릅쓰고 잃어버린 한 마리 양을 찾으러 광야로 간 목자 이야기를 해주셨다. 이것이 정말 일을 잘하는 것인가? 아니면 한 마리 양(혹은 사람)이 무리와 함께 있는 아흔아홉 마리 양과 동일한 가치가 있다는 요점을 분명히 하시기 위해 과장하신 이야기인가?

바울은 에베소 교회의 리더들에게 목자의 모습을 통해 교회 리더십에 대해 배우라고 제안했다. "여러분은 자기를 위하여 또는 온 양 떼를 위하여 삼가라.…하나님이 자기 피로 사신 교회를 보살피게 하셨느니라(be shepherds).…사나운 이리가 여러분에게 들어와서 그 양 떼를 아끼지 아니하며"(행 20:28-29).

바울은 대부분의 목자가 양의 소유주가 아니라 양을 돌보는 이들이었다는 개념을 가지고, 에베소 리더들에게 그들의 '양 떼'가 다름 아닌 하나님의 양 떼이며 그들은 교회를 온전히 세우는 일을 떠맡은 기둥임을 상기시켰다.

다시 시편 23편으로 돌아가 보자. 이것이 목회 리더십을 위한 직무 기술서라면, 생각해 봐야 할 것들이 있다.

목사의 직무 기술서

먼저 시편 23편은 목자는 엄마처럼 양들이 건강을 유지하기 위해 필요한 모든 것, 즉 물과 풀과 편히 쉴 만한 안전한 곳을 확보한다고 주장한다. 이는 양이 건강하게 잘 지내도록 책임지는 사람, 곧 양육하는 사람이 일반적으로 신경 쓰는 것들이다.

그러고 나서 그 시편은 리더십에 대한 다른 시각을 제시한다. 풀과 물을 제공하는 바로 그 목자가 도전이 될 수 있을 뿐 아니라 심지어 위협도 될 수 있는 길과 짐승들이 양 한두 마리를 잡아먹을 심산으로 숨어 있는 골짜기로 양 떼를 인도한다. 목자는 자기 양들을 어떻게 진정시켜야 하는지, 또 늑대를 어떻게 쫓아버려야 하는지를 알고 있다. 이것이 목자의 모습이다. 다윗은 '**이것이 나를 대하시는 하나님의 모습이다**'라고 말하는 듯하다.

목사라는 단어는 이런 목자라는 개념에서 나왔다. 이는 양들을 먹이는 것은 물론, 사람들을 영적으로 먹이는 것과도 관련되어 있다. 사실 예레미야 3:15에서 이 단어에 대한 새로운 시각이 나온다. "내가 또 내 마음에 합한 목자들을 너희에게 주리니 그들이 지식과 명철로 너희를 양육하리라."

신약 성경에서도 **목자**와 **목사**라는 단어는 같은 말이 되었다. 교회의 목사가 되고 싶은가? 그러면 당신은 목자이고(하나님을 본받아) 당신이 인도하는 사람들은 당신의 양이다.

나는 교회가 되려 하는 어떤 그룹에서도 목사/목자가 핵심 요소라고 주장하는 바이다. 교회에 대한 가장 분명한 묘사는 "두세 사람이 내 이름으로 모인 곳…"(마 18:20)이라는 예수님의 말씀에서 찾을 수 있다. 나의 주장은, 그 "두세 사람" 안에 예수님이 목자 역할을 '부여하신' 누군가가 늘 있으리라는 것이다. 그가 누구인가? 그들은 무엇을 하는가?

그들은 목자처럼 단순한 일을 한다. 사람들을 모으고, 그들이 영적으로 활기를 되찾고 위험한 길에 대비하는 모습을 지켜보는 것이다. 그들은 그저 그곳에 함께 거함으로써, 그 영혼을 살펴봄으로써 이 일들을 한다.

당신의 양 떼를 알라

몇 년 전 해리 에머슨 포스딕(Harry Emerson Fosdick)은 이렇게 썼다.

나는 설교를 자기 역할의 가장 중요한 부분으로 여기는 설교자는 신뢰하지 않는다. 인기 있는 설교자가 되고자 하는 유혹만을 바란다면 이는 엄청나게 파괴적이다. 그는 팬들의 박수갈채를 받고, 자신의 주장과는 상관없이 기독교적 이타심을 가진 사람으로 여겨지고, 수많은 청중은 그가 스스로 생각하는 것보다 자신을 훨씬 더 대단한 존재로 생각하도록 부추긴다.…이런 경험이 있는 설교자들은 겸손히 집으로 달려가 이 유혹에서 구해 주시기를 기도해야 한다. 하나님의 은혜만이, 그리고 그것과 함께 사람들에 대한 진정한 관심만이 그를 구할 수 있다. 따라서 그에게, 예수님에게 그리고 무리에게 가장 중요한 것은, 무엇보다 사람들과 접촉할 기회를 갖는 것이다.

다음과 같은 것들을 아는 사람에게 질문을 해 보는 것도 흥미로울 것 같다. "한 명의 목자가 인도할 수 있는 양 떼의 최대 규모는 어느 정도인가? 양 떼가 어느 정도 늘어나면 한 명의 목자가 인도하고 먹이고 보호할 수 없는 정도가 될까?"

내가 사역을 시작할 때만 해도, 대부분의 목회자는 90-300명 정도 되는 성도들을 목양했다. 그들은 일을 돕는 직원들이 없어서 전화 응대도 직접 했고, 교회 안팎에 있는 누구든 적정한 수준에서 도울 수 있었다. 그들의 일은 목자의 일과 아주 흡사했다.

어렸을 때 나는 종종 목사였던 아버지가 집을 나서면서 어머니에게 이런 말씀을 하시는 것을 들었다. "저녁 식사 때까지만 전화할게." 아버지 일의 80퍼센트가 바로 전화를 하시는 것이었다. 집에서든, 사무실에서든, 사람들이 병원에 있을 때든, 언제든 전화를 하셨다. 성경을 읽고, 기도하시고, 사람들의 삶에 대해 질문하시고 도전하시는 것이 전화 내용이었다. 목사들은 그들의 성도들을 알았고, 성도들도 그들의 목사를 알았다. 목자와 양처럼 말이다.

그러나 사실 그때 상황이 좋았다는 말을 하는 것이 아니다. 너무 낭만적으로 생각하지 말자. 당시는 낮은 급여에, 사택에서 살며, 하루

24시간 매주 7일 동안 내내 양 떼의 기대에 부응하던 때였다.

다른 한편으로 현재 교회의 상황은 나아졌는가? 성도들이 목사와 가장 직접적인 관계를 맺는 시간이 설교를 듣는 시간인데, 무슨 말을 더 하겠는가? 목사는 양 떼를 이루고 있는 사람들과 어떤 인격적인 관계를 맺고 있는가?

나는 종종 우리 모두가 가볍게 무시했던 우리 교회의 여자 성도를 떠올린다. 그녀는 만성 우울증으로 늘 약을 복용하고 있었다. 어느 날 나는 멀리서 그녀를 보고 나도 모르게 소리쳤다. "안녕하세요? 메릴린, 잘 지내요?" 그러고 나서 바로 다른 일을 했다. 그런데 그녀가 내 옆에 가까이 와서 이렇게 말했다. "맥 목사님, '안녕하세요? 메릴린, 잘 지내요?'라고 말씀하셨지만, 정말 그 답을 알고 싶으셨던 건 아니시죠? 그럴 시간이 없으신 것 같은데요."

그녀의 말이 맞았다. 그녀는 다른 많은 사람들이 하고 싶었지만 '용기'가 없어 하지 못하는 말을 했다. 간혹 약물이 그런 용기를 준다. 메릴린의 말이 계속 뇌리에서 떠나지 않았다.

나는 누군가 약속을 하기 위해서 3주간 기다려야 한다면 더 이상 목사라는 성경의 타이틀을 붙일 수 없다고 생각한다. 누군가가 "3년 동안 그분의 설교를 들었지만 한 번도 만난 적이 없어요"라고 말한다면 그 사람에게 목사라는 성경의 단어를 붙일 수 없다고 생각한다.

대형 교회 지도자들을 비난하는 것이 아니다. 나는 대형 교회 지도자들을 많이 알고 있고 그들을 존경한다. 나도 그들 중 하나다. 솔직히 말해서 큰 교회를 인도할 때 내 일의 대부분(전부는 아니고)을 정말 좋아했다. 그러나 대형 교회 지도자들은 주교나 말 그대로 최고 경영자 혹은 회장으로 부르는 것이 더 정직하지 않을까 싶다. 요점은 이것이다. 목사라는 타이틀은 성도들이 필요할 때마다 그들과 얼굴을 마주볼 수 있기 위해 아껴 두자는 것이다. 그 병실에서처럼 말이다.

목사는 단순히 설교하는 것만으로는 '양을 돌보는' 일을 할 수 없다. 목양은 개인적인 관계, 개인적인 기도, 개인적인 가르침으로 하는 것이다. 질문들에는 답을 해주고, 죄가 있을 때는 정면으로 맞서고, 하나님이 말씀하실 때는 그것을 확실하게 보여 주어야 한다. 목사의 삶 전체가 성도들이 따라야 할 모델이다.

바울이 디모데에게 편지를 쓸 때 생각했던 것이 이것이었다. "오직 말과 행실과 사랑과 믿음과 정절에 있어서 믿는 자에게 본이 되어"(딤전 4:12). 또 그 후에는 이렇게 썼다. "이 모든 일에 전심전력하여 너의 성숙함을 모든 사람에게 나타나게 하라"(15절).

우리는 책, DVD, 인터넷, 설교를 통해 목회를 한다고 생각하지 않도록 조심해야 한다. 목자처럼 목양을 하는 것이란, 가까이에서 인격적으로 하는 것이다. 그러려면 기꺼이 전화를 받아야 한다.

조시를 보러 병원 심방을 하고 한참이 지난 후, 내가 가르치고 있던 신학교 수업의 강사로 한 외과 의사를 초청했다. 무엇보다 그는 이렇게 말했다. "우리 의사들은 병실에 들어갈 때 신체 상태에 대한 말을 준비해서 갑니다. 하지만 여러분 목사님들은 병실에 들어갈 때 희망의 말, 하나님이 주시는 말씀을 들고 갑니다."

그는 그날 내가 하려고 했던 것에 대해 완벽하게 묘사해 주었다. 그리고 그 일은 전화를 받았기 때문에 가능한 일이었다.

❖ **더 깊은 묵상을 위하여**

1. 당신의 경험으로 볼 때, 진정한 목자라고 생각하는 목회자가 있는가? 그들은 당신의 삶에 어떤 영향을 미쳤는가?
2. 누군가 당신에게 어떤 위로의 말을 기대했던 때를 생각해 보라. 그런 상황일 때 당신의 느낌은 어떠했고, 또 당신은 어떤 말을 했는가?
3. 큰 교회를 섬길 때 직면하는 도전들은 어떤 것인가? 작은 교회를 섬길 때 직면하는 도전들은 어떤 것인가? 어떤 크기의 교회든, 리더는 어떻게 '양 떼'와 진실로 인격적인 관계를 발전시킬 수 있겠는가?

14
상황이 악화될 때

> 아, 슬프도다! 최근에 일어난 많은 일이 왜소한 그리스도인들의
> 양산을 촉진시켰다. 연약하고 가련한 신자들이 교회를
> 군대가 아닌 병원으로 바꿔 버렸다.
> 오, 전심으로 주님을 알고 어디를 가든 어린양을 따르려 하는
> 사람들의 깊은 신앙으로 세워지는 교회를 소망하며!
> 찰스 스펄전

신학교 재학 시절 나는 처음으로 목양의 기회를 얻었다. 캔자스와 콜로라도 접경 지역에서 목장을 경영하며 농사를 짓고 살던 스무 가정으로 이루어진 모임에서 사택과 약간의 급여를 제안하며 그들의 목사가 되어 달라고 청했다. 게일과 나는 그 사람들을 섬기기 위해 의욕적으로 농촌 지역으로 들어갔다. 그들은 내게 많은 것을 가르쳐 주었고 우리는 그들을 사랑했다.

일을 시작하고 몇 달 후, 집사들이 어떤 업무상의 문제를 해결하기 위해 회의를 소집했다. 주제가 무엇이었는지는 기억할 수 없지만, 정말로 좋아했던 사람들이 서로에게 게일과 나를 엄청난 충격에 빠뜨린 말들을 했다는 것은 기억한다. 뒷좌석에서 싸우는 아이들의 부모가 된 듯했다. 교만하게 들릴지 모르겠지만, 우리가 사역을 하는 교회의 성

도들이 그렇게 무례하게 행동할 수 있다는 사실을 믿을 수 없었다.

모임이 끝나고 여자 집사 한 명이 게일과 나에게 다가와서 말했다. "이제 우리가 정말 어떤 사람인지 아셨을 겁니다. 그리고 언젠가는 목사님 부부도 우리처럼 될 거예요."

게일은 "아뇨! 우리는 절대 그렇게 되도록 놔두지 않을 거예요"라고 반응했다. 물론 대담한 주장이었지만, 우리는 어렸고 자신감이 있었다.

사역을 하면서 몇 번 그날 저녁과 같은 행동이 반복되는 것을 보았다. 그리고 나는 매번 같은 실망과 싸웠다.

그런 순간들이 찾아올 때 내가 찾는 성경 이야기는 모세 이야기다. 모세가 시내 산에서 내려왔을 때 이스라엘 자손들(버릇없는 녀석들이 더 맞는 표현일 것이다)은 곳곳에 아론의 지문이 묻어 있는 금송아지 주위에서 춤을 추고 있었다.

모세는 산꼭대기에서 하나님과 최대한 가까이에 있었다. 그러다 이제 아래쪽 세상으로('진짜 세상'으로?) 다시 들어왔다. 그곳의 백성들은 스스로는 단 며칠도 신실함을 지킬 수 없었다.

리더의 자리에 있다 보면, 우리가 인도하는 사람들이 우리의 기대대로 살지 못하는 경우 심한 실망과 환멸을 느끼는 경우가 있다는 사실을 인정해야 한다. 내 글의 대부분이 리더의 실패(특별히 나 자신의 실패)에 대한 것이다. 그러나 이렇게 질문해야 할 때가 있다. '사람들이 실패할 때 리더는 어떻게 해야 하는가?'

그런 경우에 리더는 이전의 리더들이 그런 상황에 어떻게 대처했는지 생각해 봄으로써 출발하는 것이 지혜로울 것이다. 그들의 조직적인 방식이나 문제 해결 방법에 대해 말하는 것이 아니다. 그들이 자신들의 영혼을 압도하는 분노, 실망, 비난하는 마음을 어떻게 해결했느냐에 대해 말하는 것이다. 그래서 내게는 모세가 이런 바닥을 치는 시기에 주요한 인물이 되었다.

역겨운 사람들 인도하기

모세와 이스라엘의 이야기를 읽다 보면, 히브리 민족들의 반항하고 불평하고 감사하지 않는 모습에 놀라서, 모세가 왜 (혹은 어떻게) 그런 짐을 지고 있는지 자문하게 된다.

나라면 아마 사임을 하고 이력서를 아모리 족속이나 여부스 족속 혹은 다른 '족속'에 보내고 싶은 유혹을 받았을 것 같다. 다른 누군가도 구원자가 필요하지 않았을까?

최근까지 절대 인정하지 못했던 것은, 400년 동안의 압제로 말미암은 고집스런 태도와 태만한 행동에도 불구하고 어떻게 이스라엘이 해방된 공동체가 되었을까 하는 것이었다. 그들의 이야기를 알고 나서 여태껏 그런 경우를 본 적이 드물다. 세대를 거듭하여 기본적인 인권을 유린당하고 인간의 존엄성을 빼앗겼다고 해서, 그 백성이 결단을 내리고, 충성을 다하고, 리더들을 신뢰하고, 내일을 소망하며, 서로서로 잘 지내는 능력이 그렇게 심각하게 손상된 경우 말이다.

나는 왜 이스라엘이 모세의 리더십에 대해 합당한 인정을 하지 않았는지 의아해하곤 했다. 그들은 만찬을 베풀지도 않았고, 새 차를 사주지도 않았으며, 성지 순례를 시켜 주지도 않았다(농담으로 해 본 소리다).

모세는 자기 손에 맡겨진 백성이 어떤 사람들인지 언제 제대로 깨달았을까? 40세 때 한 히브리 사람을 대신해서 싸움에 끼어들었지만 고마워하는 사람이 아무도 없다는 것을 알았을 때였을까? 바로가 짚도 주지 않고 벽돌을 바치도록 하는 정책을 시행하자 백성들이 모세를 비난하며 "당신이 우리를 바로의 눈에 미운 것이 되게 하는도다"라고 말할 때였을까? 그들이 쓴 물에 대해 불평할 때였을까? 모세의 마음속을 들여다 봐도 답을 찾기는 어려울 것이다. 내 생각에, 그는 대부분 오히려 존경스럽게 일을 처리하는 듯 보인다.

오늘날의 리더들은 완전 생짜 불신앙의 삶에서 기독교 공동체로 들어오는 사람들의 모습이 어떠할지에 대해 생각하려 한다. 그들이 앞으로 우리가 보게 될 사람들일 것이다. 우리 사회는 더 이상, 대부분의 사람이 성경적인 길과 규범에 대한 기본적인 이해를 가지고 우리에게 오는 기독교화 된 사회가 아니다. 강력한 공동체 생활의 규제와 훈련은 더 이상 적용되지 않는다.

그 결과는 이렇다. 교회 생활을 새로 시작한 이들은 이스라엘 백성들과 다르지 않은 행동과 태도들을 많이 지니고 있다. 그들은 예수님을 아주 좋아하지만 스포츠, 쇼핑, 재미, 돈벌이 역시 아주 매력적인 것으로 여긴다.

얕팍한 영성

나는 모세가 금송아지를 본 날 그들에게 정말로 미래가 있을지 궁금해 했을 것이라 생각한다.

모세는 산꼭대기에서 예상보다 오랫동안 하나님과 함께 있었다. 아래쪽에 있는 백성들은 버림받았다고 확신하고 그들이 경배할 눈에 보이는 '신'을 만드는 일을 도와달라고 아론을 설득했다. "모세 곧 우리를 애굽 땅에서 인도하여 낸 사람은 어찌 되었는지 알지 못함이니라"(출 32:1). 어떤 리더들은 얼마나 빨리 잊혀지는지!

나중에 금으로 만든 그 형상에 대해 아론은 그저 불에서 튀어나왔다고 말하며 일축해 버리지만, 사실 그 형상은 의도적으로 연장을 가지고 만든 것이었다. 그렇게 그 형상을 만들자마자 이스라엘 백성들은 그 우상을 그들을 애굽에서 인도하여 낸 '신'이라 여기기 시작했다. 그러고 나서 난잡한 이교 예식이 시작되었다. 단 며칠 만에 이 모든 일이 일어난 것 같다.

얄팍한 영성에 대한 예가 필요한가? 바로 여기 있다. 그것은 모세가 여호수아를 대동하고 산에서 내려왔을 때 목격한 것이었다. 두 사람은 눈앞에서 벌어지는 일을 보고 그들의 눈을 믿을 수 없었다.

이상하게도 하나님은 모세에게 이 같은 일이 진행 중이지만 모세가 직접 그것을 봐야 한다고 경고하셨다. 하나님은 "이 백성을 보니 목이 뻣뻣한 백성이로다"(출 32:9)라고 말씀하셨다. 그 산 위에서 모세는 참지 못하시는 하나님이 냉혹한 정의를 시행하시지 않도록 끼어들어야만 했던 것으로 보인다.

그러나 일의 형국을 보고 나니 이제 모세가 분통을 터뜨릴 차례였다. 그는 산에서 가지고 내려온 돌판을 박살내 버렸다. 그러고 나서 우상을 가루로 만들어 물에 섞은 다음 이스라엘 백성들로 하여금 마시게 했다. 엄청나게 화가 난 사람이 있다면, 그 사람이 바로 모세였다.

14장 상황이 악화될 때 173

그를 흉내내고 싶은 사람이 있을까?

그 이야기가 끝날 무렵 우리는 모세가 그 백성을 위해 기도하는 모습(그가 이제 마음을 가라앉힌 건가?)과 하나님이 그 백성을 전염병의 심판으로 치시는 모습을 본다. "이는 그들이 아론이 만든 바 그 송아지를 만들었음이더라"(35절).

이 이야기를 보며 리더들에게 얼마나 나쁜 일들이 생길 수 있는지를 기억하게 된다. "내 이야기는 그보다 더 심해요!"라고 말하는 사람도 있을지 모르겠다. 나? 나도 사람들이 영적으로 붕괴되었다고 느낀 적이 몇 번 있었지만, 모세의 경험에 근접할 만한 경우는 결코 없었다. 그럼에도 불구하고 그의 당황스러움, 격노, 깊은 절망감에 동감한다. 대부분의 리더가 그럴 수 있을 것이다.

'최고의 유혹' 피하기

학자들은 연속성 면에서 볼 때 그 이야기들을 출애굽기의 이 부분에 두는 것이 어렵다고 본다. 그러나 나는 우리가 그 다음 부분에서 읽는 내용이 모세가 친 장막, 즉 '회막'(tent of meeting, 7장 "극한의 믿음"이라는 장에 언급된 것과 같은 것)으로 알려진 그 장막에 대한 것이라는 사실이 중요하다고 생각한다.

저자에 따르면, 이 장막은 "진과 멀리 떠나" 있는 곳에 자리잡고 있었다고 한다. 그 목적은 백성들이 "주님을 찾을 일이 생기면" 갈 수 있게 하는 것이었다. 출애굽기 33:7은 누구든 회막에 나아갈 수 있었다고 말하지만 우리는 모세만이 그렇게 했음을 듣는다.

왜 저자는 이 회막 이야기를 금송아지 사건 바로 뒤에 두었을까? 아마도 저자는 이렇게 말하는 듯하다. "이것이 극도의 스트레스 상황에서 모세가 평정심을 유지한 방법이었다." 모든 것이 다 허물어졌을 때, 자기 형 아론까지 배신했을 때, 모세는 하나님의 임재 가운데서 힘을 얻을 수 있는 그곳으로 가야 했다.

나는 질문이 생겼다. 오늘날의 리더들에게도 모세의 회막과 비슷한 곳이 있을까? 대부분의 리더들이 업무를 보는 사무실은 그런 역할을 하지 못할 것 같다. 그곳은 너무 정신이 산란한 장소다.

리더에게 다가오는 최고의 유혹 가운데 하나는, 자기 조직이나 교회의 성공에 너무 몰입하여 사람들이 무언가를 하느냐 하지 않느냐에 따라 현실을 보는 시각이 좌우지되는 것이다. 추종자들의 박수갈채나 무관심이 그의 성공과 만족의 척도가 된다면 그 리더는 모래 위에 서 있는 것이다.

모세의 경우, 그는 상황이 악화되었을 때 현실을 직시하기 위해 규칙적으로 회막으로 나아갔다. 그곳은 일과 정치에서 분리된, 하나님의 속삭임을 들을 수 있는 조용한 장소였던 것 같다. 모세가 회막을 향해 출발했을 때 이스라엘 백성은 모두 그것을 인지하고 있었던 것 같다. 본문에 따르면, 모세가 그곳에 갔을 때 모든 사람이 각각 서서 개인적으로 예배를 드렸다.

나는 모세가 회막으로 걸어가고 백성들은 예배하는 마음으로 집중하며 서 있는 장면에 대한 묘사를 보면, 목사였던 아버지에 대한 어린 시절의 기억이 떠오른다. 아버지는 주일 아침 모임이 끝나면 성소의 통로로 걸어 내려오셨다.

14장 상황이 악화될 때   **175**

그러고 나서 설교단 근처에서 무릎을 꿇고 조용히 기도하시곤 했다. 우리는 모두 무릎을 꿇고 회중을 위해 기도하는 목사의 모습을 기쁜 마음으로 바라보았다. 매주 본 그 광경은 평생 내게 깊은 인상을 남겼다. 얼마나 많은 회중이 그들의 리더가 그들을 위해 기도하는, **정말로 중보하는** 것을 본 적이 있는지 잘 모르겠다.

이와 같은 모습으로 모세가 문제 상황에 회막을 향해 간 것을 본다. 이 경우에도 그 백성은 실패했다. 모세는 내일이 없을지도 모를까 봐 염려한 것일까? 이 금송아지 사건이 하나님의 백성이 되는 꿈을 위태롭게 만든 것일까? 그의 머릿속에서 소용돌이치고 있는 생각들을 누가 알까?

출애굽기 33장은 모세와 하나님이 회막에서 나눈 대화를 생생하게 묘사해 준다. 다시금 추측임을 인정하지만, 이 사건들(금송아지 이야기와 회막의 대화)은 어떤 목적을 위해 붙여 놓은 것 같다. 그 대화가 우리에게 이스라엘이 방금 한 일로 인해 받은 상처와 분노를 다룰 때 모세가 가장 중요하게 생각했던 것이 무엇이었는지를 보여 준다고 믿는다.

회막 그리고 목적

모세는 회막에 들어가서 무엇을 구했을까? 하나님이 그들을 포기하지 않으시리라는 확신이 있었을까? 하나님의 약속에 대한 재확인이었을까? 내 생각에, 그는 믿기 어려울 정도로 약해져서 삶을 계속할 에너지가 어디서 나올 수 있는지 찾아야 했을 것 같다. 그것이 바로 내가 찾고 있던 것이었다.

리더들이 자신만의 회막에 갈 때 그들은 무엇을 위해 기도하는가? 혼란스런 영적 전쟁의 와중에 낙담한 리더를 안정시켜 줄 주제는 무엇인가?

20세기 중반 부흥에 대한 설교자였던 레오나드 레이븐힐(Leonard Ravenhill)은 시적인 스타일로 다음과 같이 썼다.

> 오늘날의 교회는 여러 면에서 결핍에 시달리고 있지만, 그 결핍은 이곳 기도실에서 가장 심하다. 조직가(organizers)는 많지만, 고뇌하는 자(agonizer)는 거의 없다. 활동가(players)와 돈을 내는 사람(payers)은 많지만, 기도하는 사람(prayers)은 거의 없다. 노래하는 사람(singers)은 많지만, 끝까지 매달리는 사람(clingers)은 거의 없다. 목사들(pastors)은 많지만, 씨름하는 사람(wrestlers)은 거의 없다. 두려움(fears)은 많지만, 눈물(tears)은 거의 없다. 유행(fashion)은 많지만, 열정(passion)은 거의 없다. 간섭하는 사람(interferers)은 많지만, 중보하는 사람(intercessors)은 거의 없다. 작가(writers)는 많지만, 전사(fighters)는 거의 없다. 여기서 실패하면 우리는 어디에서도 실패한다.

우리는 모세가 회막 안에 들어가서 제기한 문제들을 묵상해 보면서, 모세와 하나님이 어떤 이야기들을 나누었는지를 알게 될 것이다. 이는 출애굽기 33장에 기록되어 있다.

임재

모세의 기도 제목에는 하나님의 임재에 대한 것이 있었다. 그는 말한다.

"나와 함께 보낼 자를 내게 지시하지 아니하시나이다.…주께서 친히 (your presence) 가지 아니하시려거든 우리를 이곳에서 올려보내지 마옵소서"(출 33:12, 15). 옳건 그르건 간에, 모세는 지금 홀로 있다고 느낀다. 청년 여호수아를 제외하고는 모든 사람이 부족한 듯 보인다.

아론조차도(맙소사! 모세 자신의 형이 아닌가) 모세를 (백성들은 물론이고 하나님까지도) 실망시켰다는 사실은 기억할 만하다. 모세가 자리를 비운 동안 불안정한 이스라엘 백성을 인도하고자 한 그의 노력은 처참한 결과로 이어졌다. 그는 어떻게 '임재'를 귀하게 여길 수 있었을까?

회막 안에서 한 모세의 말은, 거룩한 모험은 어떤 것이든 그저 '단순한 사람'이 줄 수 있는 것보다 훨씬 더 큰 임재 의식이 필요하다는 사실을 그가 더 잘 알게 되었음을 나타내는 것일까?

모세는 "누구를 나와 함께 보내실 겁니까?" 하고 묻는다. 그러자 하나님은 "내가 친히 가리라. 내가 너를 쉬게 하리라" 하고 대답하신다.

나는 이 말씀이 정말 좋다. 이 말씀은 모세에게 극심한 공포에 빠져 있을 필요가 전혀 없다고 확신시켜 주시는 듯하다. 전능하신 구원자 하나님의 함께하심에 의지할 수 있다는 것이다.

모세 이후 오랜 시간이 지난 후에도 하나님이 사역을 하도록 부르신 리더들에게는 이 동일한 약속, '내가 너희와 함께하리라'라는 약속이 다시금 선언된다. 거룩한 임재다. 그리고 이는 사도들을 향한 예수님의 약속에서도 되풀이된다. "내가 세상 끝 날까지 너희와 항상 함께 있으리라"(마 28:20).

몇 가지 질문은 숙고해 볼 만하다. 하나님의 임재를 경험한다는 것은 어떤 느낌인가? 다른 경험과 그 경험을 어떻게 구별할 수 있을까?

방향과 목적

회막에서 모세의 두 번째 기도 제목은 방향 및 목적과 관련이 있다. 그는 "주의 길을 내게 보이사"라고 구한다(출 33:13). 다시 말해 "이 백성과 나에 대한 당신의 뜻이 무엇입니까?"이다. 이는 단지 예산이나 프로그램이나 계획보다 훨씬 더 깊은 수준에서 하나님의 뜻을 명확히 하고자 하는 리더들이 하는 말이다.

"이 백성은 주의 백성입니다(내 백성이 아닙니다!)"라고 모세는 하나님이 기억하시도록 말한다. 그는 거의 이렇게 말하고 있는 듯하다. "최선을 다했지만, 이 백성에게서 구속할 만한 것을 찾기가 어렵습니다." 그가 이렇게 말하는 것이 들린다. "하나님, 이들은 당신의 백성입니다. 저는 이들을 어떻게 할 수가 없습니다. 그러니 제게 알려 주십시오. 우리 모두에 대한 당신의 뜻이 무엇입니까?"

더 자세하게 보여 달라는 모세의 간구를 보면, 풋내기 목사 시절 내가 얼마나 자주 혼란스러워했었는지가 떠오른다. 사역을 더 활기 넘치고, 부흥의 수준까지 이르게 해주겠다고 약속하는 수련회와 세미나에 대한 초대와 광고들로 혼란스러웠다. 모든 사람이 리더로서의 내 삶을 위한 어떤 프로그램을 갖고 있는 것 같았다.

하워드 헨드릭스(Howard Hendricks) 박사가 오셨을 때였다. 내 앞에 놓인 수많은 대안들을 보며 어떻게 교회를 이끌어 갈지 알고 싶어 당황스럽다고 그분께 고백했다. 그분의 말씀은 아주 유익했고 나의 불안감도 사그라지게 해주셨다. "어떤 방향을 선택하든, 그 일은 잡지나 전단지에 실린 약속을 읽는 것이 아니라 무릎을 꿇고 가장 중요한 것들을 최우선순위에 두는 것으로 시작해야 합니다. 이런 것들에 대해 하나님이 말씀하시는 바를 들을 수 있는 능력을 기르십시오."

그분이 옳았다. 헨드릭스 박사의 말씀이 모든 문제를 다 해결해 주지는 못했지만, 그 말씀은 최우선순위가 무엇인지 보여 주었다. 모세가 직접 증명해 보인 것이 그것이다. 리더는 하나님이 말씀하실 때까지 무릎을 꿇고 있어야 한다. 그리고 당신이 젊고 에너지가 많다면 이는 행하기 어려운 일이다.

모세의 경우 하나님은 이렇게 말씀하셨다. "네가 말하는 이 일도 내가 하리니 너는 내 목전에 은총을 입었고 내가 이름으로도 너를 앎이니라"(출 33:17). 모세는 기도 응답을 받았다. 다른 모든 것이 허물어지더라도 모세, 그는 하나님의 기쁨과 확신의 중심에 있으리라는 보장을 받은 것이다. 백성이 형편없는 반응을 했다는 이유로 하나님이 그 리더를 기뻐하지 않으시는 것은 아니라는 말이다.

영광

모세는 또 "주의 영광을 내게 보이소서"라고 구한다. 영광은 능력과 같은 말이다. 나는 이 문맥에서 모세가 하나님의 능력을 더 평가해 보기를 구하고 있다고 생각한다. 지난달에 하나님이 주도적으로 행하신 강력한 역사를 잊었단 말인가? 아마 그렇지는 않았을 것이다.

그러나 모세도 우리처럼 인간인지라 내일을 염려하고 있었다. 이스라엘 백성들은 기적이 일어났던 그곳으로부터 점점 멀어지는데, 이스라엘의 하나님은 그들이 대면할 족속과 나라의 신들을 이길 능력을 여전히 갖고 계신가? 하나님의 능력은 이스라엘이라 불리는 이 '고양이' 떼를 하나로 모으실 수 있는가? 하나님은 모세가 계속 앞으로 가도록 하실 수 있는가?

능력과 그 근원에 대한 이 질문은 오늘날의 그리스도인 리더들도 할 만한 중요한 질문이다. 리더들은 오늘날 계속 공급되는 새로운 사역 전략, 기술, 광고들을 과신하게 된 것이 아닐까? 하나님으로부터, 아니 하나님에게서만 나오는 영적 능력이라는 이 핵심 이슈에 대한 관심이 서서히 줄어들고 싫증을 느끼는 지점에 이른 것이 아닐까?

전적으로 하나님의 영에게 의지하라는 가르침이 줄어든 듯 보이는 상황에서, 현대의 경영 기술, 과학 기술, 카리스마, 유명 인사의 사역으로 인해 개인적인 자기 확신만이 위태롭게 커져 가고 있는 것인가?

여기 모세가 하나님의 영광과 능력에 대한 확신을 회복시켜 달라고 졸라대는 모습이 보인다. 그는 자신이 고군분투하고 있음을 안다. 하나님의 영광을 봄으로써 다시 기운을 얻지 못한다면 이 약속의 땅에 대한 비전이 이루어질 수 있을지 확신할 수가 없다. 지난날의 실망들이 너무나 심해서, 그는 거의 원점으로, 불타는 떨기나무를 경험하기 이전으로 돌아간 듯하다.

그 능력을 분명하게 보이시며 그에게 인내로 다시 말씀하시는 하나님은 얼마나 자비로우신 분인가! "내가 내 모든 선한 것을 네 앞으로 지나가게 하고 여호와의 이름을 네 앞에 선포하리라. 나는 은혜 베풀 자에게 은혜를 베풀고 긍휼히 여길 자에게 긍휼을 베푸느니라"(출 33:19).

무슨 뜻인가? "모세야, 이 히브리 백성은 엉망진창이다. 하지만 나의 은혜와 긍휼은 최악 중에서도 최악이 될 가능성이 있는 백성에게서 시작된다. 불성실하기 그지없는 이스라엘 백성이 바로 그들이다.

하나님의 능력은 꼭 군대와 장군들을 제압하는 능력에만 있는 것이 아니다. 그 능력은 기회를 잡자마자 금송아지 (혹은 다른 무엇이든지) 주변에서 춤을 추는 가망 없는 백성들을 구속하는 훨씬 더 큰 능력으로 시작된다."

이것이 바로 모세가 회막에 들어갔을 때 일어난 일이다. 모세는 그곳을 나왔을 때 세 가지를 알게 되었다. 하나님이 그와 함께하신다는 것, 하나님이 위대한 뜻을 갖고 계신다는 것, 하나님은 그 상황에 충분하시다는 것이었다. 나는 또 그가 그 시간에 자신이 하나님의 사람임을 다시 배웠을 거라 생각한다.

우리도 '회막'에서 그러한 것들을 배운다. 그리고 그만두는 것이 매력적인 대안인 것처럼 보이는, 내 생애 그런 대부분의 순간에 그 말씀이 나를 안정시킨다.

나는 마음이 상했던 첫 교회 회의를 마친 다음 날 아침에 모세의 이야기를 읽었다. 그 후로 여러 번 그 이야기를 다시 읽었다. 그 이야기는 계속해서 내게 무언가를 말하고 있다.

지금까지 이 글을 읽은 독자에게 질문하고 싶다. 당신의 회막은 어디인가? 그리고 가장 최근에 그곳에 들어갔던 때는 언제인가?

❖ 더 깊은 묵상을 위하여

1. 당신의 '회막'에 대해 설명해 보라. 영적인 공격을 받는다고 느낄 때 당신을 안정시키는 것은 무엇인가?
2. 기도할 때 하나님은 당신에게 어떤 약속을 주시는가? 구체적으로 무엇을 구했고, 하나님은 당신의 요청에 어떻게 응답하셨는가?

3. 당신은 하나님의 능력을 어떻게 정의하겠는가? 그리고 오늘날 세상 어디에서 그 능력이 작동하는 것을 보는가? 또 당신 주변에서는 어떤가?

15
쓴소리를 해야 할 때

내가 마음에 큰 눌림과 걱정이 있어 많은 눈물로
너희에게 썼노니 이는 너희로 근심하게 하려 한 것이 아니요
오직 내가 너희를 향하여 넘치는 사랑이 있음을
너희로 알게 하려 함이라.

고린도후서 2:4

에베소 교회의 초대 목사 중 하나였던 디모데는 사역을 하며 쓴소리를 해야 하는 상황을 좋아하지 않았던 것 같다. 이것을 심히 염려했던 그의 멘토 바울은 디모데전후서의 상당 부분에서 그것에 대해 다룬다.

에베소는 어려운 도시였고 에베소 그리스도인 역시 힘든 사람들이었다. 상당수의 사람들이 영적으로 말할 수 없이 어두운 상황에서 회심한 이들이었다. 내 생각에 디모데는 에베소와 에베소 그리스도인들이 자신이 다룰 수 있는 수준을 넘어선다는 것을 깨닫고 그만두고 싶었을 것 같다. 아마도 그래서 바울은 "에베소에 머물라!"라는 말로 서신을 시작한 듯하다.

겉으로 보기에 디모데는 친절하고 온순한 청년이었다. 바울은 빌립보 성도들에게 디모데에 대해 "이는 뜻을 같이하여 너희 사정을 진

실히 생각할 자가 이밖에 내게 없음이라"(빌 2:20)라고 썼다. 더없는 칭찬의 말이다.

그러나 그는 쓴소리와 싸우고 있었던 듯하다. 잘못된 믿음, 죄악된 태도, 하나님을 두려워하지 않는 행동들에 대해 설교하고 가르치는 것에 대해 말하는 것이다. 이는 사람들에게 희생적인 삶을 살라고 요청하는 것이다. 이 쓴소리는 사람들을 당황스럽게 만들기도 하고, 그들을 화가 나게도 한다. 그러나 이는 그들로 회개하고 더 나은 삶을 찾고자 열망하게 하기도 한다.

디모데는 또 개인적으로 목양을 위한 대화를 하는 것을 꺼렸던 것 같다. 그는 사람들이 어떻게 느끼는지, 사람들이 어디에서 상처를 받는지, 사람들이 어디에서 고투하고 있는지를 알아채는 일은 잘했지만(많은 목사들이 이를 잘한다), 사람들의 죄와 파괴적인 행위를 노출시키기 위해 대면해야 하는 일에서는 한걸음 뒤로 물러섰다. 성경 앞부분에 나오는 쓴소리가 담긴 메시지 중 하나는 하나님이 가인에게 하신 말씀이다. "죄가 너의 문에 도사리고 앉아서, 너를 지배하려고 한다. 너는 그 죄를 잘 다스려야 한다"(창 4:7, 새번역). 바울은 디모데에게서 그 이상을 듣기를 바랐다.

(디모데의 시대나 우리 시대나) 설교를 전할 때 쓴소리를 하려면, 사람들이 교회를 떠나는 위험을 감수해야 한다. 아니, 설교자가 교회를 떠나게 될 수도 있다! 어떤 설교자가 아내에게 이런 말을 하는 만화 컷이 기억난다. "내가 그들에게 진리를 말했더니 그들이 나를 자유케 했소." 일반적으로 인정하듯이, 쓴소리를 하는 설교에는 친구를 잃을 위험과 헌금이 줄어들 위험과 출석 인원이 줄어들 위험이 있다.

디모데는 필요할 때 말을 강하게 하기보다는 부드럽게 했던 것으로 보인다. 그는 겁이 많았고, 위가 약했으며, 도전을 받을 때 바로 뒤로 물러섰다는 여러 흔적들이 있다. 이런 문제를 잘 알았던 바울은 단도직입적으로 말했다. "디모데, 그만 좀 해! 어린애 티를 벗어야지! 하나님이 부르시는 '예언자'가 되거라! 누구든 너를 궁지로 몰아넣지 않게 해야 한다."

기분을 맞추는 사람들

우리에게는 '착하고 좋은 남자'가 되고 싶은 미묘한 유혹이 있다. 상처받고 싶지도 않고 다른 사람에게 상처를 주고 싶지도 않다. 우리는 몸의 연합, 조화, 행복을 사랑한다. 그리고 그것을 이루기 위한 최상의 방법은 쓴소리는 피하는 것이라 생각하는 덫에 빠져든다.

디모데는 분명 자신의 리더십을 비난하거나 자기의 수고에 이의를 제기하는 어떤 사람에 대해 생각하느라 밤잠을 설쳤을 것이다. 그는 사람들의 지지를 얻으려고 애썼을 것이다. 단지 추측일 뿐이지만, 설교 준비를 할 때 어떤 말이 교회의 핵심 성도들의 기분을 상하게 할 것 같으면 살살 말하려고 노력했을 것 같다.

사역을 막 시작했을 무렵, 아주 좋아하고 존경했던 한 회장이 내게 화를 냈던 적이 있다. 어느 날 그는 이렇게 말했다. "목사님, 목사님은 문제가 있습니다! 너무 민감하세요. 심한 말은 듣지 않으려 하시고, 그런 말을 해야 할 때 그 말을 하고 싶어 하지도 않으세요. 이 문제를 해결하십시오. 그렇지 않으면 사역을 계속하지 못하실 겁니다." 바울이 살아 있었다니!

바울이 디모데에게 보낸 편지 두 편을 읽어 보라. 디모데가 지나치게 '사람에게 민감했던 것' 때문에 바울이 화가 나 있었음을 느낄 수 있을 것이다. 나에게 그런 말을 했던 한 위원장처럼 말이다. 더 나이 든 사람이 젊은이에게 그토록 강력하게 도전하는 이유가 여기 있다. "납득시켜라, 꾸짖으라, 권하라, 교정해 주라, 나이 많은 이들이 너를 위협하거나 업신여기지 못하게 하라, 겁먹지 마라, 복음을 지켜라, 누구도 너를 깎아내리지 못하게 하라"(참고. 딤전 4장).

물론 바울이 옳았다. 에베소의 목사는 쓴소리를 해야 했다. 어떤 문화에 사는 사람들은 거만, 폭력, 탐욕, 인색함, 비도덕, 그리고 (그리 많지는 않았지만) 노골적인 이교 행위에 흠뻑 젖어 있기 때문이다. 그리고 이로 인한 영향은 구원받은 영혼에게도 쉽게 지워지지 않는다.

쓴소리가 담긴 설교를 해야 했던 이유는, 에베소 교인들이 영적인 아름다움을 보임으로 구별되지 못했기 때문이다. 험담과 모함이 넘쳐났고, 교사와 리더가 되려는 이들은 인정과 통제권을 놓고 경쟁하고 있었고, 교회 생활에 현대인들이 영적 전쟁이라 규정하는 그런 측면이 있었다는 암시도 있다. 상상이 아니라 실제였다.

바울은 자신이 잘 하지 못하는 일을 디모데에게 하라고 요구하고 있지 않다. 예를 들어, 고린도 성도들에게 보낸 바울의 편지는 쓴소리로 가득하다. 그는 단순화된 신학에 이의를 제기하고, 분열과 무감각의 죄에 대해 실망을 표했다. 그는 교회 내의 부도덕과 영웅 숭배라는 해로운 문제들을 다루었다. 영적 은사를 오용하는 것에 대해 직설적으로 말했고, 재정적인 관대함에 대한 암울한 기록에 대해 고린도 성도들에게 큰소리로 말했다.

고린도전후서의 어디에서도 이런 이슈들이 부드럽게 돌려서 표현되지 않았다. 사람들과 멀어질까 두려워 타협한 흔적은 어디에도 없다. 바울은 바울이다. 그는 이렇게 말한다. "진리가 여기 있다. 그래야 하는 곳에서는 찌르고 정결하게 할 것이다."

쓴소리를 잘못 처리하는 경우

이는 바울이 쓴소리를 즐겼다는 말이 아니다. 그때나 지금이나 일부 사람들과는 달리, 그는 설교하는 사디스트가 아니었다. 그런 사람들 몇몇에 관하여 들은 적은 있다. 그들은 쓴소리밖에 할 줄 모른다. 그들은 설교가 사람들을 화나게 하지 않는다면, 죄책감을 불러일으키지 않는다면, 마치 자신들이 세상에서 유일하게 '깨끗한' 사람들이라고(다른 모든 사람은 너무도 악한 반면) 느끼게 하지 않는다면 설교는 설교가 아니라고 생각한다. 쓴소리로만 설교를 하는 것은 사람들을 지배하는 미묘한 방법이다.

말도 안 되는 소리 같지만, 그러한 설교자들은 쓴소리를 좋아하는 사람들의 마음에 들 수 있다. 이들은 설교에 분노와 비난이 섞인 날카로움이 없다면 하나님의 말씀을 들었다는 느낌이 들지 않는다. 이런 설교자들과 청중은 서로를 잘 찾아내는 듯하다(사디스트와 마조히스트처럼). 쓴소리만으로 설교를 하는 설교자는 대개 스스로 화가 나 있는 사람들이다. 이들은 자기 의견을 수류탄처럼 던지기를 좋아한다.

우리 교회 운영위원장이 나의 과도한 민감함에 대해 그렇게 말하긴 했지만, 나는 간혹 쓴소리를 했다. 그리고 그에 대한 반응이 있었다.

설교를 막 시작한 초창기의 어느 날이었다. 우리 성도 중 한 명의 아버지가 내 작은 사무실로 난입했다. 십대 아이들을 둔 부모님들에게 그들의 양육 방식이 적절하지 못하다는 설교를 한 후였다. 물론 당시 내게는 그 아버지가 지적했듯이 아직 아이들이 없었다. 그분은 내가 사람들에게 강타한 '사실들'을 반박하는 정보들을 들이댔다. 그리고 마지막으로 그분은, 내가 직접 경험하지 않고서는 알 수 없는, 육아의 현실들에 대해 알려 주고 싶어 하셨다.

나는 그분에게 집중하지 않을 수 없었다. 이 사건을 통해 쓴소리를 담은 설교는 어떻게 해야 하는지, 그리고 그 결과가 어떨 수 있는지를 점검하게 되었다. 둔감해서도 안 되고 (이 경우) 정보가 부족해서도 안 되었다. 쓴소리를 하기 전에는 숙제를 하는 것(영적인 면과 지적인 면 둘 다에서)이 꼭 필요하다.

이혼에 대해 엄청난 강도의 선언을 했던 그날을 생각하면 아직도 움찔하게 된다. 한 교회 성도의 딸이 앞쪽에 앉아 있었는데, 몇 년 동안 교회에 나오지 않다가 이혼 법정에서 막 나와서 산산이 부서진 삶에 위로를 얻고자 그날 교회에 왔다는 사실을 나중에서야 알게 된 것이다.

안타깝게도, 몇몇 사람이 주중에 실직을 했는데 희생적인 청지기 직에 대한 설교를 한 날도 있었다.

내가 놓쳤던 것은 쓴소리는 단지 사람들이 항로를 이탈하고 있다는 사실을 말하는 것 이상이라는 것이었다. 내가 배워야 했던 것은, 부모들이 배워야 하는 것과 같았다. 아이들에게 비판적인 말만 하면 아이들의 신뢰를 얻지 못하리라는 것이다. 우리가 해야 할 일은, 양을 위해 자기 생명을 주는 목자처럼 쓴소리가 담긴 설교를 하는 것이다.

분노와 애정을 섞어서…

바울은 고린도 성도들에게 쓴소리를 할 때 그 일이 그에게 쉽지 않았음을 분명히 했다. 그는 "내가 많은 눈물로 너희에게 썼노니"(참고 고후 2:4)라고 말했다. 이는 그의 (혹은 주님의) 기대를 저버린 사람들을 향해 분노와 좌절만을 터뜨리는 사람의 말이 아니다. 이는 자기 사람들을 너무도 사랑하기 때문에 가슴이 찢어지는 마음으로 글을 쓰는 부드러운 아버지의 말이다.

바울이 쓴소리를 할 때, 거기에는 위엄이 있었고 모범적인 솔직함이 있었다. "내가 신령한 자들을 대함과 같이 너희에게 말할 수 없어서…어린 아이들을 대함과 같이 하노라. 내가 너희를 젖으로 먹이고 밥으로 아니하였노니"(참고. 고전 3:1-2). 이 얼마나 직설적인가? 그러나 나중에 그는 청중에게 그 말은 그들의 유익을 위한 것이었음을 상기시킬 것이다. "너희 중에 오히려 교만해지는 이들이 있으니…너희 가운데 일부 부도덕함이 있음을 실로 자랑스럽게 여기고 있으니…너희 중에 서로 소송하는 이들은 이미 실패한 것이니"(참고. 고전 4-5장). 이것은 쓴소리이며, 바울은 망설이지 않는다. 그러나 이는 깨끗하고 날카로운 칼로 행하는 수술이다.

그리고 나서 말한다. "너희가 내 말로 인해 슬퍼한다 해도, 내가 지금은 너희에게 [쓴소리로] 쓴 것을 후회하지 않노라"(참고 고후 7:8).

또 이렇게 말한다. "내가 너희에게 갈 때에 너희의 모습을 보고 심히 실망할까 두려워하노니"(참고. 고후 12:20).

내가 이 구절을 좋아하는 것은 바울은 솔직하게 말하지만 고린도 성도들을 무시하지 않기 때문이다. 그는 이렇게 말하는 것 같다. "나는 너희에게 화가 났다. 하지만 내 화는 너희를 향한 애정에서 나온 것이다."

바울에게 쓴소리를 들은 것은 고린도 성도들만이 아니었다. 그는 갈라디아 성도들에게도 이렇게 썼다. "어리석도다. 갈라디아 사람들아, 누가 너희를 꾀더냐?…할례에만 사로잡혀 있는 이들은 무력해지기를 바라노라"(참고. 갈 3장).

골로새 성도들에게는 이렇게 썼다. "누가 철학과 헛된 속임수로 너희를 사로잡을까 주의하라. 이것은 사람의 전통과 세상의 초등 학문을 따름이요 그리스도를 따름이 아니니라"(골 2:8). 바울이 한 쓴소리를 다 찾으려면 많은 시간이 필요할 것이다.

엘리자베스 오코너(Elisabeth O'Connor)는 조카들이 학교 놀이를 하고 있는 것을 우연히 들은 적이 있다. 셋 중 첫째인 리사는 선생님 역할을 맡아 말했다. "자, 어린이들, 부활절 토끼 같은 것은 없습니다. 듣고 있나요?"

'학생' 중 하나가 항의했다. "리사, 리사, 우리가 듣기 싫은 건 그만 가르치세요!"

쓴소리를 할 때, 이것이 그 이슈의 핵심이다. 그것은 대개 사람들이 듣고 싶어 하지 않는 주제를 의미한다. 따라서 목사는 쓴소리를 할 때 견고한 토대 위에 서 있어야 한다.

견고한 토대

성경을 세심하게 살피는 일로 시작하면 견고한 토대 위에 서 있을 수 있다. 나는 여기서, 어떤 입장을 세운 다음 그것을 지지한 성경 구절을 찾는, 증거 본문에 대해 말하는 것이 아니다. 성경 연구는 다음과 같은 질문들로 해야 한다.

- 이 이슈에 대해 성경은 무엇이라고 말하는가?
- 성경 인물 중 이 문제를 다룬 사람이 있는가? 그렇다면 그 이유는 무엇인가?
- 우리가 변화시키지 못한다면, 혹은 변화시킨다면 그 결과는 어떠할 것인가?

설교자들인 우리는 우리 세대뿐 아니라 이전 세대의 기독교 사상가들의 통찰을 찾아봄으로써도 견고한 토대 위에 서게 된다. 이는 물론 도서관에서 보내는 시간을 의미한다. 그들은 이 주제들에 대해 어떻게 말했는가? 그들의 결론은 당시 사람들에게 어떤 영향을 미쳤나? (쓴소리를 해서 화형에 처해진 사람들도 있었다는 사실을 알게 될 때 두 배의 깨달음을 얻게 된다)

견고한 토대는 또한 우리가 처한 현실을 분명하게 이해하는 것을 의미한다는 이야기도 해야 할까? 설교자들이 라디오 방송이나 어떤 대화에서 들은 근거 없는 일반론("62퍼센트의 남자는…84퍼센트의 교회는…을 하고 있다.…미국인 40퍼센트에 따르면…")으로 대충 넘어가는 경우는 아주 많다. 우리의 영적 질병을 도려내어야 하는 외과 수술 같은 설교를 하려면 확실한 근거에서 나온 정보가 필요하다.

견고한 토대는 또한 깊이 있고 철저한 기도 생활에서 나온다. 우선, 기도는 사랑의 마음에서 시작된다. 기도는 통제하거나 벌을 주려는 것이 아니다. 기도는 사람들을 향한 하나님의 최선만을 찾는다. 나는 오늘날 성도들이 우리가 그들을 위해 기도하기 위해 무릎 꿇는다는 소리를 충분히 듣지 못한다고 생각한다. 그것만으로도 우리 회중의 적지 않은 마음을 모을 것이다.

견고한 토대는, 우리의 말이 예배드리러 나온 사람들에 대한 깊은 애정과 제사장적인 관심으로부터 나온 것인지 우리 마음을 살피는 것을 의미한다. 사람들이 직면하고 있는 압박들과 실제 세상의 삶의 현실들을 잘 알고 있는가?

어떤 청중이 지옥에 대한 두 사람의 설교를 비교하며 이렇게 말했다. "지옥에 대해 선포한 한 설교자는 마치 우리 중 일부가 그곳에 가게 될 것을 기뻐하는 듯했어요. 그러나 다른 설교자는 누군가 그곳에 갈지도 모른다는 생각이 그의 마음을 찢어놓는 듯이 설교했어요."

마지막으로, 견고한 토대는 무결점 검사를 필요로 한다. 성도들에게 쓴소리를 하려 한다면, 내가 제시하는 심판 아래 있지 않음을 확실히 하는 것이 지혜롭다. 그리고 만약 나 역시 같은 심판 아래 있다면, 그것은 "나 자신을 필두로 우리 모두가 싸우고 있는" 이슈임을 그들이 알도록 해야 한다.

쓴소리는 회중 다수의 정치적 입장에 반하는 생각을 포함할 수도 있다. 또 여러 도덕적 사회적 이슈들에 대해 다른 입장을 견지하고 있는 이들을 향해 교만하고 정죄하는 마음을 가진 것에 대해 경고하는 것을 의미할 수도 있다. 또 그것은 현재의 문화가 우리 이익을 지켜 준다는 이유로 기독교 운동이 무시하는 경향이 있는 상당수의 것들에 청중의 주의를 집중시키는 것을 의미할 수도 있다.

교회 자체 내에서 쓴소리는, 성경적인 거울을 붙들고 그리스도의 순결함과 더 거룩한 삶으로 부르심의 시각에서 스스로를 점검해 보라는 도전을 의미할 수도 있다. 또 그것은 그들 회심의 진정성 혹은 다른 사람의 기분을 상하게 하고 분열시키는 행동들에 대해 눈감아 주는 것에 대해 사람들에게 도전하는 것을 의미할 수도 있다.

말해야 하는 것을 말하라

나는 어떤 이슈에 대한 양극화된 입장이 커져 가는 것에 대해 설교를 하지 않을 수 없다고 생각한 적이 있다. 사람들은 서로간의 관계를 상하게 하는 입장들에 동조하며 너무 많은 말을 하고 있었다. 불필요한 상처를 주는 말들을 하고 있었고, 선한 사람들이 분노를 느껴 각자 제 갈 길을 가기 직전이었다.

나는 두 가지 개인적인 이야기로 설교를 시작했다. 먼저 다른 사람에 대해 부당한 분노의 감정을 가졌던 때에 대해 나누었다. 용서하기 위해 거쳐야 했던 그 전투를 자세히 묘사했다. 그리고 나서 누군가 나에게 분노했던 때에 대한 두 번째 이야기를 했다. 여기서는 반대편 쪽에서는 어떻게 느꼈는지에 대해 자세히 묘사했다.

회중이 집중하고 있을 때 나는 조용히 말했다. "저는 이 두 경험을 통해 오늘 여러분 각자에 대해 깊이 기도하는 마음으로 염려합니다."
여기서부터 나는 우리가 직면한 문제에 대한 성경의 본에 대해 설명하기 시작했다.

그 가르침의 또 다른 끝에서 현재의 이슈에 정면으로 직면했다. "저는 오늘 보고 들은 것으로 인해 심히 실망했습니다. (목소리를 낮추어서) 이는 당장…그만…두어야…할…일입니다! 저는 제가 살면서 할 필요가 없는 일을 여러분에게 하라고 하는 것이 아닙니다. 서로에게 상처 주는 일을 멈추십시오. 서로를 용서하십시오. 이런 일이 일어나는 것을 본 다음에, 저는 여러분에게 정면으로 다가가 그 문제를 개인적인 차원에서 제기할 것입니다."

나는 디모데와 아주 비슷하기 때문에 이 일은 매우 어려운 일이었다. 그러나 그 다음 며칠 동안 문제의 상당 부분이 해결되었다.

아버지께서 내게 자주 하셨던 말씀이 있다. 어린 내가 못된 짓을 할 때면 벌을 주지 않을 수 없다고 하시며, "너보다 내 마음이 훨씬 더 아프다"고 하셨던 말씀이다. 어릴 때는 이것이 말도 안 되는 소리라 생각했다.

그러나 오늘날은 그 말을 이해한다. 그것은 설교자의 마음을 잘 담아낸 말이다. "쓴소리를 할 때, 부드럽지만 솔직하게 말해야 하는 강단 위에 있는 영혼은 더 많이 아프다."

이것이 디모데가 분투한 일이었다. 또 나의 분투이기도 하다. 아마 당신의 분투이기도 하리라.

❖ **더 깊은 묵상을 위하여**

1. 당신은 당신 자신을 디모데 같다고 말하겠는가, 아니면 바울 같다고 하겠는가?

2. 누군가에게 '쓴소리'를 해야만 했던 때를 돌이켜 생각해 보라. 당신은 그 문제에 어떻게 접근했는가? 그 결과는 어떠했는가?

3. 쓴소리를 해야 할 때 당신이 견고한 토대 위에 서 있음을 어떻게 확신할 수 있는가? 성경을 연구하고, 기도하고, 과거와 현재의 깊이 있는 그리스도인 사상가들의 글을 읽는 데 어느 정도의 시간을 할애하고 있는가?

16
중도 포기

그런즉 선 줄로 생각하는 자는 넘어질까 조심하라.
고린도전서 10:12

자동차 경주든, 운동 경기든, 동물의 경주든 간에 어떤 경주의 결과를 보다 보면 일부 출전자의 이름에 중도 포기(DNF: Did Not Finish)라는 글자가 붙어 있는 모습을 자주 본다. 다 끝내지 못했음을 나타내는 그 글자는 경기를 그만둘 수밖에 없었던 이들을 가리킨다. 간혹 그 이유가 표시되기도 한다. 예를 들어, 엔진이 망가졌다든가, 근육이 긴장했다든가, 다리를 절뚝거린다든가 하는 것들이다.

만약 DNF와 똑같은 것이, 신학교를 졸업했지만 한때 자신의 부르심이라 생각했던 사역이 아닌 다른 일을 하고 있는 이들의 이름 옆에 기록된다면 어떨 것 같은가? 그렇게 도중하차한 이들에 대한 연구를 보면, 그 명단은 상당한 듯하다.

이유가 덧붙여져 있다면 아마 스트레스, 탈진, 갈등, 대인 관계 기술 부족, 리더십 역량 부족, 형편없는 업무 습관, 가족의 불행, 성질이 좋지 않은 회중 같은 것이 있을 것이다. 물론 다른 것들도 많다.

그중에서 아마도 당신의 시선을 가장 빨리 사로잡는 것이 하나 있을 것이다. 바로 도덕적인 실패다. 이 표현은 자연스럽게 많은 호기심을 유발할 뿐 염려의 기색은 거의 나타나지 않는다. 사람들은 궁금해한다. '무슨 일이 있었던 거지? 왜 그랬을까? 어떻게 발각되었지? 연루된 사람들에게 어떤 일이 있었던 걸까? 나한테도 이런 일이 일어날 수 있을까?'

도덕적 실패라는 말은 상당히 넓은 스펙트럼에 해당하는 비극적인 행위들을 가리킨다. 어떤 사람은 포르노물에 끌렸다고 인정하고, 또 어떤 사람은 부적절한 관계(성별에 상관없이)에 연루된 것이 발각되고, 또 다른 사람은 성추행 이력이 밝혀지기도 한다. 이 정도로 충분할지 모르겠다.

간음에 대한 예수님의 포괄적인 정의를 보건대(마음의 의지), 우리 모두는 어떻게든 도덕적 실패를 하는 이들인 것 같다. 살인도 마찬가지다. 일부 그리스도인 리더들은 마음의 의지를 넘어 그것을 실행하기도 한다. 그로 인해 거의 매번 많은 이들의 삶에 말할 수 없이 큰 슬픔의 파문을 일으킨다. 그러한 죄에는 믿음의 상실, 환멸, 경멸이 늘 따라다닌다. 이렇듯 육체적인 죄는 심히 해로우며 대개 중도 포기로 귀결된다.

나는 **도덕적 실패**라는 말을 무척 싫어하는 만큼 여기서 그것에 대해 계속 다루려 한다. 그리고 지금 당장, 도덕적 실패는 용납할 수 없으며, 심히 해로우며, 수치스럽고, 치욕적인 일이며, 완벽한 죄임을 규정하려 한다. 우리들 대부분이 이에 동의하리라 생각한다.

지금까지 내가 쓴 것들 중에서 이 주제는 가장 어렵다. 정말 피하고 싶은 주제이기도 하다. 내가 이에 대해 너무 많이 알기 때문이다. 몇 년 전 나는 도덕적 실패의 죄를 지었고, 마찬가지 죄를 지은 많은 다른 이들에게 아내와 함께 그 이야기를 나누었다. 이 문제와 그 원인과 해결책은 단 몇 단락으로 충분히 다룰 수 없다는 것을 안다. 수박 겉핥기만 할 뿐이다. 상황은 모두 고유하므로, 모든 상황은 다르게 다루어야 마땅하다.

만연한 유혹들

몇 년 전 뉴욕에서 살면서 재계에서 일하는 사람들이 아주 많았던 교회에서 목회를 하고 있을 당시, 돈을 다루는 사람들 사이에서는 **탐욕**이 주요한 문제임을 알게 되었다. 돈, 절대 충분하지 않고, 더 많이 가지기 위해 규칙도 전부 악용하는 돈.

워싱턴 시에서 소위 정치인들과 섞여 살게 되었을 때는 **권력**이 비슷한 문제인 것을 보았다. 워싱턴에는 충분한 권력이란 없었고 많은 사람들이 권력에 대한 강한 욕망을 드러내며 권력을 얻기 위해 원칙은 쉽게 무시했다.

성인이 된 이후 대부분의 시간 동안 살았던 뉴잉글랜드에서는 **지식**의 죄, 지적인 오만의 죄를 보았다. 아이비리그에 사는 명석한 사람들은 모두 부자거나(재산) 아주 힘이 많은 것(정치)은 아니었을지 모르지만, 이들은 가장 교만한 축에 속해 있었다. 잔인할 정도로 말이다.

내 요점은 이렇다. 재계에 있는 사람들에게는 돈, 정치인들에게는 권력, 그리고 지식인들에게는 지식이 그렇듯이, 사람과 관계된 일을 하는 우리들(목사, 영적 지도자, 심리 치료사, 심리학자, 상담가)에게는 사람들과 깊은 관계를 맺는 **친밀함**이 그런 역할을 한다.

목회자가 되고자 하는 우리 같은 이들 상당수는, 다른 사람들과 관계를 맺고자 하는 욕구가 평균을 넘어선다. 우리는 사람들의 외적인 삶을 넘어 그 안으로 들어가는 것을 좋아한다. 그들의 꿈과 그들의 짐을 이해하고 싶고, 그들이 더 고귀한 가능성들을 바라보도록 격려해 주고 싶고, 그들의 감정과 두려움에 공감하고 싶고, 그들이 실패할 때 은혜와 자비를 보이고 싶다. **친밀함**이라는 단어가 여기서 작동 중이다.

이렇게 사람들과 '친밀하고 인격적인' 관계를 맺다 보면, 경계를 넘어 부적절한 데로 나아가는 행동이 가능한 지경 안에 이르게 된다. 그런 상황 아래서는 그리고 친밀함의 세계에서 일하는 사람들 사이에서는, 소위 육체적인 유혹이 두드러지게 나타난다.

리더십에 있는 이들이 성숙하고, 균형을 잡고 있고, 자신을 잘 알고 있고, 겸손하고, 죄에 민감한 사람들로서, 건강하고 열린 공동체 속에서 사는 사람들이라면, 이것은 문제가 되지 않는다. 그러나 우리 모두가 그렇다고 누가 말하겠는가?

사역을 하는 우리에게는 종종 멋진 특권과 자유가 주어진다. 그러나 그것은 위험한 것이기도 하다. 우리에게는 또, 회중이라 불리는 (혹은 회중보다 작은 단위) 그 소규모의 사회 단위 안에서 분에 넘치는 칭찬을 얻고, 영향력과 권력을 행사하는 책임이 주어진다. 사람들은 소수의 사람들에게만 허락하는 존경과 주목을 우리에게 부여한다. 그들은 우리 존재에 대해 어떤 환상을 갖는다. 경건하고, 영적으로 성숙하고, 긍휼의 마음을 갖고 있고, 민감하고, 거의 완벽하다는! 아, 그들이 조만간 이런 시각을 버리고 우리를 한순간에 떨어뜨릴 수 있음을 알아야 할 텐데.

리더가 아주 (정말 아주!) 조심하지 않는다면, 이는 실재를 왜곡하고 수많은 방식으로 마음에 혼란을 일으키는 환경이 될 수 있다. 예를 들어, 그 상황은 외로움을 강화시킨다. 리더는 묻는다. '누가 내 진짜 친구지? 왜 나는 마치 모든 사람이 나를 소유하고 있어 나에게 남은 것은 아무것도 없는 것처럼 느끼는 걸까? 진짜 나를 아는 사람은 누구일까? 나한테서 아무것도 바라지 않는 사람은 누굴까? 나는 왜 늘 다른 사람들이 어떻게 생각하는지에 대해 염려할까?'

리더가 심각하게 오해받고 있다거나 인정받지 못하고 있다고 느끼면, 이런 생각들은 더 심화된다. 또 그 리더가 가정이나 결혼 생활에서 인정받지 못하거나 존경받지 못하거나 오해받고 있다고 느끼면, 상황은 더 심각하다.

교회 내의 인간관계가 인위적인 친밀함으로 이루어져 있는 경향은 이런 비현실적인 환경에 도움이 되지 못한다. 이곳은 기도 요청이나 상담을 가장해서 비밀을 공유하는 장소가 될 수 있다. 서로 잘 모르는 사람들이 접촉하기도 쉽고("옆 사람 손을 잡고 기도합시다"), 일반적으로 우정이 자라는 데 필요한 몇 개월, 몇 년의 시간 없이도 서로에게 무언가를 말하기도 쉽다. 우리는 서로를 칭찬하고 서로에게 감사한다(그것을 '인정'이라 부르며). 우리는 일반적으로 세상에서는 하지 않는 방식으로 개인적인 경계를 쉽게 넘어선다. 이런 방식으로, 리더와 그 리더를 따르는 이들은 서로의 의향에 대해 잘못된 생각을 갖게 된다.

기도를 위해 서로 손을 잡는 데서부터, 부적절한 행동으로 넘어가는 일이 시작되는 그 지점, 즉 두 사람이 커피 한 잔을 하는 데 이르는 길은 그리 멀지 않다. 불현듯 좀더 적절한 관계나 환경에서는 받지 못하는 이해를 받고 있다고, 인정을 받고 있다고, 존경을 받고 있다고 느낀다. **느낀다**는 단어에 강조점이 있음을 주목하라. 이런 말들로 시작되는 이야기들을 들어 보았을 것이다. "우리는 공원에서 함께 조깅을 했어요.""그녀가 내 파워포인트 발표를 잘 할 수 있도록 도와주었어요.""그 사람이 우리 난로를 고쳐 주었어요."

요약하면 투명하고, 연약하고, 진정성 있는 모습을 강조하는 교회는, 특히 리더들에게는 쉽게 도덕적 실패의 모판이 될 수 있다. 무시하려는 말로 들리지 않기를 바란다. 그 가능성을 축소해서 말하기보다는 과장해서 말하는 편이 훨씬 더 낫다.

친밀함에서 성관계로

대부분의 목사에게 사람들과의 친밀한 관계를 향한 더 강한 본능이 있다고 한다면, 일부 (주로 남성) 목사들이 다양한 포르노물에 끌릴 것이라는 사실은 내게 놀랍지 않다. 친밀함이 있는 척하며, 잠시 동안은 진정한 친밀함이 제공할 수 있는 내적인 만족감 같은 것이 있으니 말이다.

알코올이나 마약이 잠시 행복, 개인적인 자유, 통증이 사라졌다는 가짜 느낌을 가져다줄 수 있듯이, 음란물은 두 연인 사이에 진짜 친밀함이 있을 때에만 경험할 수 있는 것과 다르지 않은 순간적인 황홀감을 줄 수 있다.

거의 모든 사람이 알듯이, 서서히 잠식해 들어오는 음란물은 대부분의 경우 사적인 것으로 은밀하게 다루어진다. 이 일은 누군가 그 행동을 보고 놀랐을 때나 죄책감을 느껴 그 일을 고백하고 도움을 구해야겠다고 생각하고 그것을 극복하게 되었을 때에야 노출된다. 이 지점까지 이르면 그 문제는 중독적인 성향에까지 이르고 그 문제를 다루는 일은 상당히 어려워진다.

어떤 사역자들은 음란물이 아니라 결혼 서약이나 성경적인 기준을 깨는 관계를 맺음으로써 중도 포기에 이르기도 한다.

걸려들었다는 것(enmeshment)은 누구보다도 내가 가장 두려워하는 그것을 가리키는 표현이다. 이 단어는 두 사람(결혼을 하지 않았거나, 다른 사람과 결혼한)이 함께 사역하면서 서로에게 감정적으로 의지하게 되는 관계에 이른 것을 나타낸다. 이런 행위(리더와 비서, 사역팀 동료, 리더와 자원 봉사자, 목사와 피상담자)의 특성상 이는 두 사람의 대화와 팀워크가, 일반적으로 서로를 분리시키는 건전한 경계를 깨뜨리는 수준에까지 이른 상황이다.

이런 가능성은 한 사람이든 둘 다든 가정 내의 관계가 불안정할 때 더 커진다. 서로에 대한 지원이 부족하거나 관심을 잃어 서로 거들떠 보지도 않는 결혼 관계처럼 말이다. 내 아내는 종종 이렇게 말한다. 최고의 격려가 있고, 이해받고 있다는 느낌이 강하게 드는 곳, 그런 사람들에게 가까이 가고 싶은 것은 인간의 본성이라고.

나는 도덕적인 실패를 경험한 많은 사역자들과 이야기를 나누었다.

그들은 내게 이렇게 말했다. "성관계를 목적으로 이런 관계를 맺은 건 절대 아닙니다. 단지 이 사람과의 우정이 배우자와의 관계보다 더 만족스럽다는 것을 알게 되었습니다." 성적인 부분은 뒤따라오는 경우가 많다.⋯인간의 마음속으로부터 나오는 덫처럼 말이다. 그 관계는 성관계로 출발하지 않는다. 아주 순수한 것 같은 다른 무언가로 시작된다.

다윗과 밧세바의 이야기에 잘 드러나 있는 또 다른 영역에 대해 생각해 보자. 리더십의 자리에 오르는 많은 사람들처럼 다윗 왕은 점점 다른 사람들이 따라야 하는 규칙을 넘어서는 삶을 살기 시작했을 것이다. 리더의 책임과 압박감은 종종 리더의 마음에 악영향을 미친다. 그래서 리더는 "나는 이 조직과 이 일에 너무도 귀중한 사람"이기 때문에 주어져야 하는(소유하고 있지 않다면) 특권과 자유가 있다고 점점 확신하게 된다.

처음에는 이 특권들이 리더의 삶을 더 쉽고 더 효율적으로 해주기 때문에 이를 옹호한다. 개인 주차 공간이 좋은 예다. 그것은 시간을 절약해 주고, 리더를 존경하는 것이며, 업무상의 특전이며, 권위의 상징이다. 더 넓은 사무실, 개인 화장실, 휴가를 좀더 늘리는 것은 어떤가? 대규모 기관이나 교회를 인도하는 이들에게 이 모든 것이 상당히 적절하리라 여겨지지만, 이는 없어서는 안 될 것이라 생각하는 묘약이 될 수 있다.

이 모든 것이, 영혼의 경계를 무너뜨리고 리더가 도덕적인 규칙과 경계를 한 쪽으로 제쳐 두도록(아마도 스스로를 기만하는 사람들은 딱 한 번이라고 말할 것이다) 유혹하기 시작한다. 우리의 자기 정당화 능력은 실로 놀랄 만하며 매우 무섭다.

다윗은 죄를 지은 여파로 밧세바에게 일어난 일의 심각성을 의식하지 못하는 듯 보인다. 그는 특별한 일이 일어나지 않은 것처럼 계속 그 나라를 다스리고 있었다. 그녀의 남편이 문제라면? 일을 무마시킬 길을 찾으면 된다. 설사 그것이 그의 죽음을 뜻할지라도. 나단과 대면했을 때에도 다윗은 처음에는 진리에 직면할 수 없었던 것이 분명하다. 그가 그것을 자기 이야기로 인식할 수 있도록, 그것은 이야기 형태로 제시되어야 했다.

종종 리더는 외롭다는 말을 하곤 한다. 물론 이 말은 맞는 면이 있지만, 리더가 외롭다면 그것은 사실 리더의 잘못일 수 있다. 리더가 어떤 특별한 책임을 맡는 동안 리더가 해야 할 일 중 하나는, 가정이나 결혼 생활의 우선순위를 위해 그리고 동성 친구와의 인격적인 우정을 누리기 위해 적절한 시간을 떼어 놓는 것이다.

리더가 배우자와의 사이에 거리를 경험하는 것은 흔한 일이다(여기서 남성 중심의 어휘를 사용하는 것을 양해 바란다). 그가 그녀보다 다양한 면에서 성장하고 있다면 그것은 지적인 거리일 수 있다. 또 그가 자기 일에 더 많은 시간과 에너지를 투자하고 그녀는 (다양한 이유로) 덜 그럴 때 생겨나는 거리일 수도 있다. 혹은 그가 성공으로 인해 점점 더 많은 칭찬을 받고 그녀는 개인적인 생활의 그늘로 빠져들기 시작할 때 생겨나는 거리일 수 있다.

동시에 다른 여성이 그와 더 가까워질 수 있다. 업무상으로 그와 좀더 가까이 연결되어 있기 때문이다. 새로운 '함께함'이 생겨날 수 있는데, 이는 그들이 그 능력이 최고점에 이른, 혹은 함께 비전과 성취에 도취되어 있는 황금 시간대를 공유하기 때문이다. 새로운 그리고 아마도 건전하지 못한 관계의 힘줄이, 결혼 관계라는 본래의 힘줄이 약화되는 것과 동시에 형성된다. 그로 인해 일어날 일은 상상하기 어렵지 않다.

내면의 전쟁

내가 직관적으로 깨달은 바를 객관적인 말로 표현하기는 쉽지 않다. 간단히 말해서, 나는 그러한 특권과 부담들에도 불구하고 공적 사역에 입문하는 많은 젊은이들이 그 직무의 이면에 있는 미묘한 인간관계들에 정서적으로(그리고 영적으로도?) 직면할 준비가 되어 있지 않다고 자신한다.

또 많은 중년들이 그들을 향해 돌진해 오는 그 모든 압력들을 인식하지 못하리라고 확신한다. 속에서 커져 가는 불안감을 마비시키기 위해 쉽게 불법적인 길을 찾게 하는 그 압력들 말이다. 아이들과 작별하고, 이제 아이들이 떠난 결혼 생활에 적응하고, 나이 드신 부모님을 보살피고, 건강 문제와 함께 나이가 들어가는 냉혹한 과정에 직면하는… 압력, 압력, 압력! 경계를 늦추는 이들에게는 좀더 단순한 것, 좀더 흥분되는 것, 좀더 재미있어 보이는 것 속으로 피하는 일이 아주 매력적일 수 있다.

다른 여타 직업과 비교해 볼 때 목사의 일은 적절한 책임 체제 아래에 있지 않다. 어떤 의미에서 우리는 마치 병사들을 전쟁에 내보내는 것과 다름없이 남녀를 불문하고 일에 내보내고 있다. 이라크 전쟁에 참전한 군사들의 부적절한 보호장비가 뉴스거리가 되었던 적이 있었다. 사역 현장에 나가 있는 많은 이들도 이처럼 부적절한 보호장비를 갖고 있다.

우리는 인간 마음의 어두운 측면을 중요하게 여기지 않는다. 사실 가장 훌륭한 리더들도 하룻밤 사이에 그들 스스로가 무력하다 생각했던 유혹에 굴복할 수 있는 것이다.

나는 「무너진 세계를 재건하라」는 책에서 수련회에서 만난 한 남자 이야기를 했다. 그는 내게 "사탄이 어떻게 하면 당신을 완전 박살낼 수 있다고 생각하십니까?" 하고 물으며 나와 대화를 하려 했다. 나는 당시 젊은 청년이었고 바로 답을 하지 못했다. 그래서 "잘 모르겠지만 내 개인적인 관계들을 약화시키는 것으로는 나를 절대 무너뜨릴 수 없을 거라 확신합니다"라고 말했다. 이보다 더 어리석은 답을 할 수 있을까? 몇 년 후 나는 중도 포기의 위기에 처했고, 그때는 다시 '경기를 뛸 수 있을지' 질문해 봐야 하는 상황이었다. 왜냐고? 잠시 나에게 가장 중요한 관계에서 실패했기 때문이었다.

목사의 삶이 더 많은 요구 사항과 기대들로 점점 더 치열해지는 이때에 소위 리더들의 도덕적 실패가 진정되리라 생각하지 않는다. 오히려 더 많아질까 두렵고 더 훌륭한 리더들의 이름 옆에 중도 포기라는 표시가 생길까 두렵다. 이런 글을 쓰는 것만으로도 슬프다.

아마도 이런 변화들이 그 흐름을 저지할 수 있을 것 같다.

1. 도덕적 유혹의 숲을 어슬렁거리지 말고, 부대장이 전쟁터에 나갈 때의 위험에 대해 이야기하듯 그것에 대해 이야기하자. 부대장은 어느 누구도 총알을 피할 수 없다고 전제하고 모두에게 주의를 준다.

2. 이성과 함께 격식 없는 저녁 식사 하지 않기, 이성과 어떤 여행도 같이 하지 않기, 세 명 이상의 사람이 함께하지 않는 팀 관계는 갖지 않기. 이 같은 행동 규약을 만드는 동료 그룹에 모든 그리스도인 리더들이 속하도록 요청하자.

3. 모든 목회자 부부가 그들을 멘토링해 주는 부부를 반드시 두도록 하자. 멘토 부부는 가정생활과 결혼 생활을 살피며 계속 지켜보고, 건강한 관계가 깨어지고 있다고 생각될 때 개입하여 도와주는 역할을 한다.

4. 대형 교회 사역의 위험성에 대해 좀더 정직해지자. 결혼 생활, 정신적 정서적 건강, 영적 활기에 어떤 일이 일어나는지에 대해 주의하자. 우리는 비전 제시, 외부 봉사 활동, 경영, 리더십에 대해 가르치는 면에서 크게 이바지하고 있다. 그러나 가능한 한 솔직하게 말해서, 우리는 비참하게도 젊은이들이 그들의 노력에 꼭 필요한 영혼의 능력을 함양하도록 돕지 못하고 있다.

5. 오늘날 우리의 기독교 문화에서 우리들 대부분은 모든 면에서 건강한 친밀함을 갈망하고 있으며, 그것을 경험하지 못할 때 그것을 찾기 위해 성적인 쪽으로 향하기 쉽다는 사실을 솔직하게 인정하자. 우리는 이 문제를 표면으로 끌고 나와 충동과 욕망을 밝히는 방법을 찾은 다음, 어떻게 그것을 막을 수 있을지 이야기를 나누어야 한다.

중도 포기, 이는 리더들의 묘비명 중 가장 슬픈 것이다. 도덕적 실패, 이는 그 이유 중 가장 심각하고 비극적인 것이다. 우리는 이것에 대해 더 많이 이야기하고, 이를 예방하기 위해 해야 할 일에 대해 더 많이 논의해야 할 것이다.

❖ **더 깊은 묵상을 위하여**

1. 당신이 속해 있던 조직이나 교회에서 리더가 스캔들에 휘말린 적이 있는가? 그 일은 어떻게 처리되었는가?
2. 당신은 당신의 교회나 조직에 있는 누군가와 연루된 도덕적 실패의 경험이 있는가? 만약 있다면 그 상황을 바로잡기 위해 어떤 조치를 취했는가?
3. 만약 없다면, 당신은 무심코 유혹의 길로 가지 않도록 하기 위해 어떤 조치를 취하고 있는가?

17
영혼 깊숙이 닿다

> 오 나의 형제여, 여러분을 향한 내 마음은 더 커져 갑니다.
> 여러분에게 설교를 하는 동안, 나는 보이지 않지만
> 강력한 그리스도의 임재를 느낍니다.
> 조지 휫필드

"바울이 어디를 가든 그곳에서는 혁명이 일어났다. 하지만 나는 어디를 가든 그곳에서 차를 대접받는다." 사람들을 향한 영향력이 부족함을 깨닫고 애통해하던 한 성공회 주교가 한 말이다.

우리는 모두 그의 말이 무슨 뜻인지 안다. 특히 설교 영역에서 그렇다. 당신은 영적으로 또 학문적으로 많은 시간 동안 설교 준비를 할 것이다. 의미를 잘 드러나게 할 이야기와 예화들도 찾는다. 또 당신 자신이 가능한 한 투명하도록 스스로의 삶을 살핀다. 그러고 나서 설교 시간이 되면 정성을 다해 설교를 한다. 말이 유수같이 흐르고, 생각이 쌓이고, 이야기들은 웃음을 자아내거나 묵상으로 이어지고, 결단의 시간이 오고, 그리고 당신은 기대한다. 오순절을!

잠시 후 사람들은 "목사님, 설교 너무 좋았어요" "제게 생각할 거리들을 주셨어요" "오늘 정말 살아 있는 말씀이었어요"와 같은 두루뭉술한 찬사들을 늘어놓는다.

집으로 돌아오는 차 안에서 당신은 신경이 예민해진다. 사실 멋진 아침이었다. 그러나 무슨 일이 있어났는가? 이를테면 혁명 같은 것이? 아니면 우리는 그저 늘 대접하던 차를 대접한 것인가?

그런 마음으로 집에 돌아온 적이 수없이 많다. 강대상에 올라갈 때는 존 웨슬리의 심장을 가졌다고 느낀다. 그러나 강대상을 내려올 때는 마치 연예인처럼 느껴진다. 우울한 순간이다.

영향력 있는 설교자들

언뜻 보기에 성경으로 설교를 하면 늘 강력한 반향을 불러일으킬 것 같다. 예를 들어, 에스라와 레위 족속들이 백성에게 율법을 가르쳤을 때 무리는 울음을 멈출 수 없었다. 무리가 "그러면 우리가 무엇을 하리이까?"라고 부르짖을 때 세례 요한이 되어 있는 모습을 상상해 보라. 그리고 오순절에 설교를 했던 베드로도 있다. 그때 청중은 "마음이 찔렸다." 바울이 빌립보에서 설교를 하자 "주께서 루디아의 마음을 여셨다." 이는 모두 감동적인 순간이다. 이로 인해 모든 설교자는 높은 기대감을 갖는다.

어떤 사람들은 설교의 능력이 어디서 나오는지를 성찰하면서 '기름부음을 받은' 혹은 '성령 충만한' 설교에 대해 말한다. 혹은 말씀을 듣는 청중 중심으로 보기도 하는데, 나는 그것을 **영혼 깊숙이 닿는 설교**라고 표현하려 한다.

영혼 깊숙이 닿는 설교는, 뇌에 들어가는 설교나 감정에 들어가는 설교 혹은 죄책감을 갖게 하는 설교를 넘어 몇 단계 더 나아간다. 영혼 깊숙이 닿는 설교는 죄를 깨닫고 회심하여 용기 있게 새로운 행동을 하게 하는 반면, 나머지는 잠깐 동안 좋은 감정을 경험하게 하거나 잘 만들어진 견고한 요점을 지적으로 이해하게 할 뿐 그 이상은 아니다.

어떤 오래된 만화에서, 한 설교자가 다른 설교자에게 하는 말을 표현한 적이 있다. "잘 살펴보면, 내 설교는 그저 상투적인 문구 모음집일 뿐이야. 하지만 그것들을 아주 흥미롭게 잘 엮었다고 생각해." 아마 영혼 깊숙이 닿는 설교를 하는 설교자는 이렇게 말하지 않을 것이다.

영혼 깊숙이 닿는 설교는 히브리서 4:12에 나오는 '하나님의 말씀'에 대한 묘사와 딱 들어맞는다. "혼과 영과 및 관절과 골수를 찔러 쪼개기까지 하며 또 마음의 생각과 뜻을 판단하나니." 이보다 더 깊이 들어갈 수는 없다.

성경적인 설교가 모두 다 영혼에 가 닿는 것은 아님을 아는 것이 중요하다. 하나님이 에스겔에서 하신 말씀을 보라. "네 민족이…너에 대하여 말하며 각각 그 형제와 더불어 말하여 이르기를 자, 가서 여호와께로부터 무슨 말씀이 나오는가 들어 보자 하고 백성이 모이는 것같이 네게 나아오며 내 백성처럼 네 앞에 앉아서 네 말을 들으나 그대로 행하지 아니하니 이는 그 입으로는 사랑을 나타내어도 마음으로는 이익을 따름이라. 그들은 네가 고운 음성으로 사랑의 노래를 하며 음악을 잘하는 자같이 여겼나니 네 말을 듣고도 행하지 아니하였거니와"(겔 33:30-32).

이들은 내게 반항하는 무리처럼 보인다. '죄를 깨닫는 능력'(convictability, 내가 만든 단어)을 넘어서는 사람들.

설교로 부름받은 우리 사역자들은 영혼 깊숙이 닿는 설교를 하기를 갈망한다. 수많은 사람들이 설교를 듣고 예수 그리스도께 반응하거나 하나님의 사랑에 그들의 삶을 드리는 일이 있었다고 말한다. 우리는 하나님이 우리도 동일하게 사용하시기를 바란다.

물론 그런 설교, 즉 영혼 깊숙이 닿는 설교를 했다고 해서 우리 사아를 만족시키는 칭찬을 듣게 되는 것은 아니다. 하지만 그 설교는 여러 종류의 혁명을 일으킬 수 있다. 마음의 변화, 생각의 변화, 태도의 변화, 관계의 변화, 행동의 변화 같은. 그런 설교는 예배, 회개, 감사, 순종을 이끌어낸다. 또 성도들로 하여금 함께 하나님 나라의 목적을 새롭게 의식하고 새로운 방향으로 나아가게 할 수 있다.

영혼을 위한 우리의 역할

영혼 깊숙이 닿는 설교에 대해 듣고, 그런 설교를 하는 모습을 보고, 또 감히 그런 설교를 (몇 번) 해 보면서, 나는 그 설교에 대한 몇 가지 생각이 떠올랐다.

분명한 것부터 시작해 보자. **영혼 깊숙이 닿는 설교는 하나님이 하시는 일이다.** 그것은 어떤 기법이나 기술로 축소되어서는 안 된다(그리고 아마 그럴 수 없을 것이다). 하나님은 어린 예레미야에게 "일어나 내가 네게 명령한 바를 다 그들에게 말하라"고 말씀하셨다(렘 1:17).

영혼 깊숙이 닿는 설교는, 좀 모자라고 더듬거리고 제대로 교육받지 못한 사람이 할 수도 있고, 로즈 장학생(매년 세계 각국의 대학생 90명을 선발해 영국 옥스퍼드 대학교에서 무료로 공부하는 로즈 장학 제도의 학생—편집자 주)의 마음과 머리에서 나올 수도 있다. 하나님은 그분의 메시지를 전할 사람을 심사하실 때 제한을 두지 않으신다. 지적인 면에서 보면, 바울은 반에서 1등이었고, 베드로는 노동자였다. 그러나 둘 다 영혼 깊숙이 닿는 설교 분야에서는 최고였다. 참 이상하다.

그러나 사람은 중요하다. 우리가 살고 있는 시대는 어떤 한 사람이 무리에서 따로 떨어져 살거나 설교 시간에 배우 같은 모습을 하고 있을 수 있는 시대가 아니다. 우리는 개인적인 거룩함과 실제적인 신앙이 실제 삶의 구석구석에서 분명히 보이는 믿을 만한 사람에 대해 이야기하는 것이다.

제럴드 케네디(Gerald Kennedy)는 루터의 말을 인용하여 말했다. "나는 교회에서 설교를 할 때 허리를 굽힌다. 내 청중 가운데 40명쯤 되는 석박사들을 우러러보지 않고, 수백 명의 청년들, 아이들, 종들을 바라본다. 나는 그들에게 설교한다. 그들에게 나 자신을 맞춘다. 그들에게는 그것이 필요하다. 박사들이 그런 설교를 듣고 싶어 하지 않는다면 떠날 문은 열려 있다."

내가 미네소타의 세인트폴에 있는 한 침례교회에서 설교를 해 달라고 부탁받은 것은 스물일곱 살의 신학교 졸업반 때였다. 강대상에 올라가기 약간 전에 그 교회 목사가 문득 내게 기대며 속삭였다. "두 번째, 세 번째 줄에 앉은 사람들 보이시죠? 대부분 베델 신학교 교수님들입니다."

나는 뱃속이 뒤죽박죽되는 것을 느꼈다. 두 번째, 세 번째 줄에 있는 사람들은 어마어마하고 근엄해 보이는 사람들이었기 때문이다. 나는 스스로에게 물었다. '내가 도대체 어떻게 그런 그룹이 집중할 만한 말을 할 수 있을까?' 그 순간 루터의 말이 내게 도움이 되었다.

그리고 나서 나는 하늘에서 직접 오는 메시지 같은 것을 들었다. "설교를 하지 마라. 네 마음속에서 네가 들은 것만을 그들에게 말해라. 너는 준비가 되어 있다. 준비는 다 갖추었다. 그저 그들에게 말해라."

잠시 후 나는 일어서서 조용히, 한 인간으로서, 가능한 한 진심으로 이야기했다. 나는 성경이 말하는 바에 붙잡힌 스물일곱 살 청년에 지나지 않는 모습을 보였다.

"그들에게 말해라." 이후로 나는 계속 그렇게 하려고 노력한다. 멋진 목소리를 내려 하지도 않고, 세탁된 어휘를 사용하지도 않고, 던킨 도넛에서 만났을 때와는 전혀 다른 모습이 되려 하지도 않는다.

토저(A. W. Tozer)는 50년 전에 이렇게 썼다.

신탁을 전하는 사제들처럼 성도들이 떠받드는 설교자들이 있다. 그러나 그들은 하루 종일 가볍고 시시한 말들만 쉴 새 없이 지껄이다가, 강대상에 올라가기 전에…짧은 기도로 마지막 순간에 집행유예를 구한다. 그렇게 함으로써 예언자의 영이 그들에게 내리기를 소망한다. 그들은 감정적인 열기에 대처할 준비를 함으로써 그럭저럭 잘 해낼 수 있을지도 모르고, 말씀을 선포할 자유가 있다는 사실에 기쁨을 느낄 수도 있다. 그러나 그들은 스스로를 속이고 있다. 사실 그들이 하루 종일, 한 주 내내 지녔던 모습이, 그들이 회중에게 말씀을 선포하기 위해 성경책을 펼 때의 모습이다.

말씀이 신선해지다

영혼 깊숙이 닿는 설교는 성경의 진리를 확실히 붙잡고 그것을 21세기의 틀 안에 집어 넣는 것과 관련이 있다. 도전적인 일이지만 불가능하지는 않다. 설교자와 함께 본문 속으로 들어가 이 말씀이 왜 그리고 어떻게 기록되었는지, 또 저자가 성령의 감동하심에 반응하여 말하고자 한 바가 무엇인지 알고자 하는 마음이 생기도록, 회중의 호기심을 불러일으키기 위해서는 학문적인 작업과 상상이 함께 어우러져 있어야 한다.

그렇게 하기 위해서는, 옛 진리는 문화를 넘나드는 것이라는 사실을 전제해야 한다. 그 진리는 오늘날의 시대를 향해서도 말씀하신다. 그렇다면 무슨 말을 하는가? 그 진리는 직업 현장에서, 가정에서, 혹은 학교에서 보내는 평일의 삶에 어떻게 적용될 것인가? 그 진리는 어떤 변화를 일으킬 것인가? 성경적인 사람은 어떤 모습일까?

나는 밴딧(Bandit)이라는 이름의 흰담비에 대한 이야기를 즐겨 한다. 그 흰담비는 대학생 아들 녀석이 몇 년 전 우리 집에 가져온 것이다. 몇 달 후 우리는 밴딧을 내보내야 했다(말썽을 부려서). 하지만 어느 누구도 밴딧을 잘 쫓아내는 법을 알지 못했다. 애완동물 가게에 가서 밴딧을 뉴햄프셔 숲에 풀어 놓겠다고 하자, 아이들은 몸서리쳤다.

애들은 "밴딧은 스스로를 방어할 수도 없고 살아남지도 못할 거예요. 우리 안에서 살도록 길러졌으니까요"라고 말했다.

우리는 성도들이 교회와 기독교화 된 사람들끼리만 거하는 안전한 새장 안에서만 살아남도록 가르치는 설교를 경계해야 한다. 영혼 깊숙이 닿는 설교는 영향력 있는 복음을 취하여 그것을, 고달픈 인생살이에 용기와 지혜를 필요로 하는 사람들이 사는 이 세상의 거리라는 상황 속으로 가져간다.

영혼 깊숙이 닿는 설교에 대해 생각할 때 떠오르는 흥미로운 단어로, '절박함'(오늘날 우리는 열정이라는 단어를 더 선호하는 것 같다)이라는 단어가 있다. 이는 인간의 영원한 운명이 설교가 다루는 주제들에 달려 있다고 정말로 믿는 설교자들을 묘사할 때 사용된다. 두려운 생각이다. 사실이 그러한가? 나는 대부분의 설교자들이 그들이 설교할 때 영원의 문제가 저울 위에 올라와 있다고 정말로 믿는다는 느낌은 들지 않는다.

준비된 무리

회중이 영혼 깊숙한 데서 들을 준비가 되어 있을 때 영혼 깊숙이 닿는 설교가 될 가능성이 있다. 아우구스티누스, 루터, 칼뱅, 웨슬리, 스펄전, 그레이엄은 묘하게도 청중이 준비되어 있었을 때 성공적인 설교를 했다. 그러나 여기 정반대 경우가 있다. "[예수께서] 거기서는 아무 권능도 행하실 수 없어 다만 소수의 병자에게 안수하여 고치실 뿐이었고 그들이 믿지 않음을 이상히 여기셨더라"(막 6:5-6). 그래서 마가는 예수님의 생애에서 설교하신 날에 대해 삼진 아웃이라는 라벨을 붙인다(주님, 용서하소서).

나는 여기서 기묘하게 준비되어 있는 상태를 말하는 것이다. 우리는 그 이유를 알 수 없지만, 하나님이 딱딱한 영혼을 뚫고 들어가셔서 설교 말씀을 속 깊은 곳에 보내시는 때들이 있기 때문이다. 사람들이 회개한다. 그리고 변화된다. 사람들이…훌륭한 사람들이 된다. 회중을 준비시키는 것은 무엇인가? 이런 순간들은 종종 오랜 시간의 기도에 의해 시작된다.

1859년 웨일스 교회의 한 예배자는 그러한 순간에 대해 쓴 적이 있다. 성도들은 그때 일상적인 예배에서 깊은 만족을 경험했다.

[목사님은 성경을 읽으신 후] 그 구절에 대해 짧게 말씀하셨다. [그러고 나서] 참석한 모든 사람이 어떤 영향력을 느꼈다. 이전에는 결코 경험해 보지 못한 방식이었다. 그 거룩한 말씀이 너무도 아름답고 사랑스러웠다. 그것은 우리가 지금까지 한 번도 감지하지 못한 것이었다. 새로운 빛이 임하는 것 같았다. 우리는 흥분했고 기쁨의 눈물이 흘렀다. 우리 모두의 전반적인 느낌이었다. 모든 참석자가 그 영향력 아래 있었다. 아주 견고했던 마음도 무릎을 꿇지 않을 수 없었다.…그리고 우리는 찬양을 드렸다. 성령과 함께 찬양을 드렸고 계속해서 찬양을 되풀이했다. 멈출 수가 없었다. 모두가 계속하고자 하는 마음인 듯했다. 우리는 15분 동안 마지막 두 행을 불렀다.

휴! 두 번째 웨일스 부흥이 진행 중이었다.

영혼 깊숙이 닿는 설교의 결실

영혼 깊숙이 닿는 설교라는 이 개념에 지나치게 부담을 주어서는 안

되지만, 다음과 같은 독특한 특징들이 분명하게 나타나야 한다. 하나님의 거룩하심과 위엄에 대한 인식이 하나의 표지일 것이다. 하나님은 우리가 하찮게 여겨서는 안 되는 분이시다. 그분은 존경받아야 하고 우리는 그분의 말씀을 들어야 한다.

그때 우리는 예수님의 깊고 깊은 사랑을 인식하기를 소망한다. 실로 저항할 수 없는 그 사랑, 굳은 영혼의 모든 장벽을 넘어서는 그 사랑. 예수님과 관계 맺지 않고 사는 것은 상상할 수도 없도록 예수님은 그렇게 선포되어야 한다.

그리고 회개하라는 명령이 더해진다. 어떻게 영혼 깊숙이 닿는 설교를 듣고, 자신의 불의함과 하나님과의 관계를 바로잡아야 할 필요를 느끼지 않을 수 있겠는가? 이 외에도 변화하고자 하는 의지가 있다. 이는 이런 태도나 저런 행동은 성령의 인도와 능력 주심 아래서 바뀌어야 한다는 깨달음이다.

한 가지 열매가 더 있다. 청중은 이제 문밖으로 나가 예수님의 이름으로 어떤 변화를 일으킬지 생각하게 된다. 다른 사람을 섬기는 것, 누군가에게 예수를 소개하는 것, 잘못된 것을 바로잡는 것, 연약한 사람을 보호해 주는 것 등에 대해서 말이다.

이뿐만 아니라 영혼 깊숙이 닿는 설교에는 설득력 있는 마무리라는 특징도 있는 것 같다. 판매원들은 고객에게 상품을 사라고 요청하는 순간을 가리킬 때 '마무리'(close)라는 단어를 사용한다. 설교자들에게는 터무니없는 단어지만, 설교에는 잘 정리된 마무리, 하나님이 기대하신다고 생각하는 반응에 대한 분명한 묘사가 있어야 한다. 어느 누구도 그 도전을 피해 갈 수 없도록 그렇게 설명해야 한다.

여호수아는 마무리를 잘 하는 사람이었다. "너희가 섬길 자를 오늘 택하라. 오직 나와 내 집은 여호와를 섬기겠노라"(수 24:15). 그리고 좋은 반응을 얻었다.

마무리에는 어떤 스펙트럼이 있다. 어떤 마무리는 즉각적인 반응을 이끌어낸다. 간혹 설교자가 초청으로 설교를 끝낼 때 그런 반응이 나온다. 나는 가끔 이렇게 하기를 좋아하지만, 늘 미리 경고한다. 설교를 시작할 때 이렇게 말한다. "이 설교의 끝 부분에 초청할 예정이라는 걸 여러분이 아셨으면 합니다. 하나님이 여러분을 향해 말씀하신다면 자리에서 일어나 앞으로 나와서 무릎을 꿇고 다른 성도들이 여러분을 위해 기도할 수 있도록, 여러분을 초청할 것이라는 의미입니다. 따라서 이 설교를 들으실 때 제가 여러분 모두에게 하나님이 말씀하고 계신지 아닌지 생각해 보라고, 여러분이 저의 초청에 응답해야 하는 사람인지 생각해 보라고 도전할 것임을 명심하십시오."

그런 초청을 했을 때 반응이 없었던 적은 없었다. 그렇게 경고를 받아들인 사람들은 아주 진지하게 생각하는 사람들이었다. 그들은 앞으로 나왔고, 종종 그 시간은 그들 영적 여정의 이정표가 되곤 했다.

다른 마무리로는, 사람들이 다가오는 한 주 동안 경험할 일과 진리를 연결시키도록 반응에 대해 열어 두는 것이다. 여기서 중요한 것은 사람들의 마음에 남아 있는 도전적인 질문이나 개념이다.

얼마 전 나는 인내에 대한 설교를 한 적이 있는데, 그때 "끝날 때까지는 끝난 것이 아니다"라는 요기 베라(Yogi Berra)의 말을 인용하고 몇 가지 적절한 적용을 했다. 몇 주 후에 한 부부가 찾아와서 자기 가정에서 일어난 이야기를 해주었다.

"저희 열 살짜리 딸아이가 이번 주에 축구 경기를 했는데, 5분을 남겨 놓고 골을 허용해서 지고 있었어요. 그때 상대팀 코치가 아이들에게 하는 말을 들었대요. '거의 끝나간다. 너희가 이길 거야.'"

경기는 결국 동점으로 끝났다. 경기가 끝나고 그 아이는 부모에게 이렇게 말했다. "그 코치가 경기가 거의 끝났다고 말하는 것을 들었을 때, 맥 목사님이 '다 끝날 때까지는 아직 끝난 것이 아니다'라고 말씀하셨던 것이 기억났어요. 그래서 더 열심히 해야겠다고 생각했어요." 그 아이가 결국 동점골을 넣은 것이다.

정확히 영혼 깊숙이 닿는 설교에 대한 좋은 예는 아닐지도 모른다. 하지만 열 살짜리 아이가 며칠 후에 직접적인 적용을 할 수 있었다면 무엇이든 가능하다.

당신이 왜 거기 있는지 기억하라

퀘이커 운동의 창시자 조지 폭스(George Fox)는 영혼 깊숙이 닿는 설교를 하는 설교자였다. 그는 무엇이 그를 이 길로 가게 했는지 곰곰이 생각하더니 단순하게 이렇게 대답했다. "나는 사람들을 예수 그리스도에게로 데리고 왔고 그들을 거기 있게 했습니다."

몇 년 전 설교가 조금 지겨워졌던 적이 있었다(이 사실은 인정하기가 창피하다). 좋은 설교를 하는 것이 내게 중요한 일이었음에도 불구하고, 그 배후에 어떤 목적이 있다는 사실, 어떤 결실을 찾아야 한다는 사실을 잊어버리기 시작했다.

"내가 전한 말씀으로 인해 누군가가 변화되려 할지 확신이 없어요.

변화를 일으키기 위해 설교한다는 사실을 기억해야겠어요"라고 아내에게 말했다.

아내는 내 말을 알아들었다. 그 순간부터 아내의 옆자리에서 일어나 강대상으로 갈 때마다, 게일은 내가 일어서는 순간 내 팔을 붙잡고 반쯤 속삭이는 말로 말한다. "당신은 하나님이 보내신 사람이에요. 변화를 일으키기 위해 설교하세요!"

그녀는 내가 설교의 목적을 기억하도록 확실히 해준 것이다.

❖ 더 깊은 묵상을 위하여
1. 평범한 설교와 영혼 깊숙이 닿는 설교의 차이에 대해 당신의 말로 묘사해 보라.
2. 설교의 '마무리'는 얼마나 중요한가? 청중에게 행동하도록 요청하기 위해 당신이 사용하는 창의적인 전략은 어떤 것이 있는가?
3. 사역자든 기업가든 영혼의 깊이를 가진 당신이 존경하는 누군가를 생각해 보라. 그들의 생활방식은 어떤 특징이 있는가? 또 소통하는 방식에는 어떤 특징이 있는가?

18
위대한 교회는 다 어디로 갔을까

아무리 위대한 기관이라도 모든 기관은 몰락에 취약하다.
누구나 넘어질 수 있고 결국 대부분이 그렇게 된다.
그러나 결국 밝혀지는 사실이 있다. 몰락은 대개 자초한 것이며
회복의 길은 대개 우리 손에 달려 있다는 것이다.
우리의 환경, 우리의 역사, 우리의 충격적인 실패까지도 우리를 가두어 둘 수 없다.
경주에서 완전히 떨어져 나가지 않는 한 희망은 늘 있다.
강한 이들도 넘어질 수 있다. 하지만 다시 일어설 수 있다.
짐 콜린스

나는 신학교를 졸업하자마자 일리노이 남부에 있는 한 교회의 목사로 청빙을 받았다. 목회 리더십의 현실에 대해 처음으로 큰 깨달음을 얻은 시간이었지만 불편한 경험이었다.

그 교회에서 나를 그들의 영적 지도자로 청빙하게 된 것은, 아마도 나의 열정, 나의 설교 그리고 젊은 나이에도 불구하고 사람들에게 관심을 보이고 그들이 돌봄을 받는다는 느낌을 갖게 해주는 분명한 내 능력(혹은 은사) 때문이었을 것이다.

내게 주어진 역할은 우선 집사들로 구성된 한 위원회에 보고를 하는 일이었다. 그 위원회는 좋은 의도를 가지고 있긴 했지만 조직의 리더 경험은 거의 없는 이들로 구성되어 있었다. 또 내가 책임져야 할 일은, 비서와 교육부서 책임자, 두 명의 일일학교 교사, 파트타임 지휘자,

관리인으로 구성된 직원들을 이끄는 것이었다.

직무 기술서에 나와 있지 않았던 것은, 전임 목사가 백 명의 성도를 설득하여 이 교회를 떠나 자신과 함께 새로운 교회를 세우자고 하여 험악한 분열이 일어난 탓에 회중이 심각하게 나뉘어 있고 환멸을 느끼고 있었다는 것이다.

나는 겨우 두 달여 만에, 그런 규모와 복잡함과 상처를 지닌 조직을 어떻게 이끌어야 할지에 대해 아는 바가 없다는 사실을 깨달았다. 스물일곱 살 나이에 내 능력 밖의 일을 하고 있었다. 신학교에서는 우리가 할 일은 눈부신 설교자이자 열정적인 비전가가 되는 것뿐이며 그렇게 되면 교회 생활의 다른 부분은 자리를 잡을 것이라 믿고 어떻게든 과정을 잘 마쳤다. 관리를 해야 하는 직원들, 결과를 원하는 운영위원회, 치유가 필요한 회중에 대해서 내게 이야기해 준 사람은 아무도 없었다.

나는 이것을 갓 결혼한 부부가 신혼여행이 끝날 무렵 깨닫게 되는 현실에 비유한다. 그들에게는 애정과 재미뿐만 아니라, 지불해야 할 청구서들, 할당된 일들, 해결해야 할 성격 차이가 있다. 그들이 미처 깨닫지 못했던 이 모든 것이 결혼 패키지에 포함되어 있었다.

교회와 결혼에는 공통점이 있다. 둘 다 조직이라는 점이다. 우리는 이를 경영하는 법을 잘 알아야 한다. 나는 그렇지 못했다.

조직의 리더십

바로 이 '깨달음'의 시기에, 조직의 리더십에 대한 책을 처음으로 소개받았다. 그때 소개받은 책이 피터 드러커의 「자기 경영 노트」였고, 이 책은 내게 가장 중요한 책 중 하나가 되었다. 이 책은 다른 방법으로는 도달할 수 없는 목표에 이르도록 사람들에게 힘을 부여하는 법을 깨달을 수 있도록 내 눈을 열어 주었다. 이 책이 목사로서 사는 삶의 첫 라운드에 녹아웃 되는 상황에서 나를 구해 주었던 것 같다.

40여 년 전 그때로부터 수많은 다른 저자들이 드러커의 통찰을 뛰어넘으려고 애썼다. 내 생각에 「좋은 기업을 넘어 위대한 기업으로」(*Good to Great*, 김영사 역간)와 「성공하는 기업들의 8가지 습관」(*Built to Last*, 김영사 역간)이라는 책을 남긴 짐 콜린스(Jim Collins)만큼 성공한 사람은 없는 것 같다. 그가 이 책들을 쓸 때에 나 같은 독자를 염두에 두었을지는 잘 모르겠지만, 신앙에 기반을 두고 목회 리더십의 자리에 있는 우리들 대부분이 그에게서 많은 것을 배우고 있다.

콜린스와 그의 연구 조사팀은 「위대한 기업은 다 어디로 갔을까」(*How the Mighty Fall*, 김영사 역간)라는 제목의 좀 작은 책을 출판하기도 했다. 짧은 기고글로 시작했던 것이 책이 되었다고 그는 말한다. 설교자인(동시에 작가이기도 한) 나는 그 말을 이해한다.

「위대한 기업은 다 어디로 갔을까」라는 책은, 육군사관학교에서 열린 한 세미나에서 나눈 대화를 통해 영감을 얻었다고 콜린스는 말한다. 군대, 기업 그리고 사회 여러 부문에서 온 수십 명의 리더들이 공동 관심사에 대해 탐구하기 위해 모인 세미나였다. 그는 그 그룹에 이런 질문을 제기했다. "미국은 그 위대함이 다시 살아나고 있습니까, 아니면 위대한 데서 괜찮은 정도로 떨어지려는 찰나에 있습니까?"

쉬는 시간 어떤 회사의 대표 한 명이 콜린스에게 다가와 말을 걸면서 그 대화가 시작되었다. "토론은 아주 흥미롭습니다. 그런데 저는 오전 내내 우리 회사 상황에서 당신이 제기한 질문에 대해 생각하고 있었습니다. 우리 회사는 최근 몇 년간 괄목할 만한 성공을 거두었는데 저는 그것이 염려가 됩니다."

그 대표는 계속해서 그 두려움을 표현했다. 성공 자체가 몰락의 경고 신호를 가리는 경향이 있다는 것이다. 다음 질문이 계속 그를 괴롭혔다. '겉으로는 모든 것이 아주 좋아 보이는 상황에서 당신의 조직이 곤경을 향해 가고 있다는 것을 어떻게 알 수 있을까?'

그 대표는 이제 「위대한 기업은 다 어디로 갔을까」에서 답을 얻었다. 콜린스는 그 책이 제시하는 요점의 실례가 되는 개인적인 이야기로 글을 시작한다. 그는 아내 조안과 콜로라도의 아스펜 근처 산길을 달렸던 날에 대해 이야기한다. 컨디션이 아주 좋았던 그의 아내는 곧 그를 앞질러서 해발 약 4,000미터 고지에 이르러서야 멈춰 섰다.

그러나 두 달여가 지난 후 그녀는 암 진단을 받고 유방절제술을 받아야 할 상황이 되었다고 콜린스는 말한다. 콜린스의 요점은 이것이다. 달리기를 한 그날, 그의 아내는 지극히 건강해 보였지만, 속에서는 이미 병이 커져 가고 있었다는 것이다.

"나는 어떤 기관의 몰락이 질병처럼 진행되는 것을 알게 되었다. 초기 단계에는 발견하기는 어렵지만 치료하기는 더 쉽고, 후기 단계에서는 발견하기는 쉽지만 치료하기는 더 어렵다"라고 콜린스는 쓴다. "어떤 기관이 겉으로는 강해 보일 수 있지만 이미 안에서는 병들어 있을 수 있다. 위험하게도 가파른 폭포 정상에 있을 수 있다."

나는 이 글을 읽으며 라오디게아 교회에 주어진 말씀이 떠올랐다.

"네가 말하기를 나는 부자라 부요하여 부족한 것이 없다 하나 네 곤고한 것과 가련한 것과 가난한 것과 눈 먼 것과 벌거벗은 것을 알지 못하는도다"(계 3:17).

몰락의 다섯 단계

콜린스는 그 책에서 조직이 몰락하는 과정을 다섯 단계로 정리했다. 그의 주장에 따르면, 각 단계는 시간이 지남에 따라 점점 더 위험해지는 그 유명한 위험한 비탈길에 자리잡고 있으며, 대부분의 경우 리더들이 일이 어떻게 되고 있는지 분명하게(혹은 의도적으로) 의식하지 못함으로 인해 문제가 더 커진다.

사려 깊은 조직의 리더라면 콜린스의 다섯 단계를 잘 알고 싶을 것이고 또 조직의 다른 리더들도 그것을 반드시 인지하도록 하고 싶을 것이다. 리더십 수련회의 다섯 가지 토론 주제로도 아주 좋은 메뉴 아닌가! 나는 처음 그 내용을 읽었을 때 이 관찰의 상당 부분이 리더십과 조직 생활에 대한 성경의 묘사와 상당히 잘 맞아떨어진다는 사실에 깊은 인상을 받았다.

1. 성공이 낳은 오만

예를 들어, 조직 몰락의 첫 단계를 보자. 콜린스는 그것을 '성공이 낳은 오만'이라 부른다.

"성공에 대해서만 연구하는 것은 우리 자신에게 해가 된다"고 콜린스는 쓴다. 기업의 리더십에 대한 자료들 그리고 교회의 리더십에 대한 자료조차도 면밀히 살펴보면, 실패의 근원을 탐구하는 책이 거의 없다. 대부분이 성공에 대한 약속에만 맹목적으로 매달린다.

그러나 흥미롭게도 성경 저자들은 실패에 대해 쓰는 것을 두려워하지 않았다. 구약 성경과 신약 성경의 위대한 성공 이야기들 사이에는 개인의 실패와 공동체의 실패에 대한 기사들이 많이 섞여 있다.

오만(hubris)은 실패와 그 결말에 이르는 길을 만드는 거만한 자만심을 가리키는 말(콜린스는 이를 '과도한 자신감'이라 부른다)로, 이는 성경 전체에서 발견된다. 겸손에서 피어오르는 성공 이야기보다는 오만으로 인한 실패 이야기가 더 많은 것 같다고 말하고 싶다.

예를 들어, 골리앗과 그의 동료 블레셋 사람들은 이 거인이 목동 다윗과 대결할 때 오만으로 가득 차 있었다. 다윗 자신도 후에 밧세바와의 사이가 문제가 되었을 때 오만에 사로잡혀 있었다. 50년 이상 이스라엘의 왕이었던 웃시야는, 성경이 "그의 마음이 교만하여 악을 행하여"(대하 26:16)라고 말할 때 오만이 하늘을 찔렀다. 이 각각의 경우에, 어느 누구도 자신의 통제 아래 있는 무엇이 잘못되리라고 생각할 수 없었다. 자신은 성공을 누릴 만하다는 전제만이 있었다. 부정적인 결과는 전혀 고려하지 않았다.

이스라엘이라는 나라의 이야기에도 수치와 고난을 향한 문을 열어 준 오만한 행위들의 흔터가 있다. 예를 들어, 아이 성이라는 작은 사거리 성읍에서 패배한 충격은 여리고에서 엄청나게 큰 승리를 거두고 얼마 지나지 않은 시기에 일어났다. 여리고 전쟁 전에는 어느 누구도 이스라엘의 성공을 예측하지 못했고, 아이 성 전투 전에는 어느 누구도 이스라엘의 패배를 예측하지 못했다. 겸손이 여리고를 이겼고, 오만으로 인해 아이 성에서 졌다(참고 수 8장).

우리 자신, 우리의 제도, 우리의 성공에 대한 과신 상태인 오만으로 인해, 리더들은 종종 이미 조직 내에서 끓어오르고 있는 약점을 보지 못한다.

아이 성의 경우가 그랬다. 정탐꾼들은 이 보잘것없는 성읍을 정탐하고 나서 여호수아에게 돌아와서 이렇게 말했다. "백성을 다 올라가게 하지 말고 이삼천 명만 올라가서 아이를 치게 하소서. 그들은 소수이니 모든 백성을 그리로 보내어 수고롭게 하지 마소서"(수 7:3).

그것은 고밀도의 오만이었다. 문제는 축소하고, 완수할 수 있는 자신의 능력은 과장한 것이다.

이와 대조적인 사도행전 6:1이 있다. "이 시기에 제자들이 점점 불어났다. 그런데…불평을 터뜨렸다"(새번역). 이 구절은 표면적인 성공이 일어나는 동안, 그 아래에서는 분열의 조짐을 보이는 문제가 끓어오르고 있었음을 보여 준다. 상황을 알아차리고 사태가 더 나빠지기 전에 문제 해결 과정을 밟기 시작했다는 점에서 사도들을 칭찬할 만하다.

몇 년 전 무시무시한 쓰나미가 태평양 연안의 수많은 나라들을 파괴시킨 이후, 과학자들은 쓰나미를 유발하는 지진에 대해 초기 경고를 해줄 수 있는 센서를 해저에 설치하기 시작했다. 아마도 이것이 조직의 리더들이 해야 하는 일일 것이다. 사람을 찾고, 구체적인 지표를 설계하고, 문제가 태동하고 있다는 신호를 보내는 영적 '풍향'을 확인하라. 지금은 작지만 그 문제를 다루지 않으면 분명 확대될 것이다.

2. 자제하지 않고 더 많이 추구하는 것

콜린스는 조직의 몰락에 대한 연구를 시작할 때 대부분의 문제의 뿌리에는 자기만족이 있으리라 예상했다고 했다. 그러나 그는 자신이 틀렸음을 깨달았다. 도를 넘는 것(어떤 면에서 자기만족의 반대)이 진짜 문제임이 드러난 것이다.

도를 넘는 것이란, 조직이 처음 세워질 때 가졌던 핵심 원리들을 무시한 채 자제하지 않고 성장을 추구하는 것이다. 조직의 영혼을 팔더라도 점점 더 크고, 점점 더 넓어지려는 것이다.

나는 이것이 고린도교회의 문제들을 설명해 주는 게 아닌가 하는 생각이 들었다. 이 조직에 대한 바울의 도전에는 아이러니의 기운이 느껴진다. 그는 자기 비하를 하고 대조적인 용어로 말하면서 도를 넘은 그들의 모습을 들추어낸다. "너희가 이미 배부르며…왕이 되었도다.…너희는…지혜롭고…너희는 강하고 너희는 존귀하나"(참고. 고전 4:8-10).

도를 넘는 일은, 우리가 지금 하고 있는 일을 잘한다면 다른 어떤 것도 성공적으로 해낼 수 있다고 생각하는 유혹에서 생겨난다. 이것이 고린도의 상황이었다.

기업이건 기독교 공동체건 어떤 리더들은 확장이라는 묘약에 눈이 먼다. 이는 늘 자신의 가치를 증명하고자 하는 욕구에서 나오는 경우가 아주 많다. 그들은 결과가 어떻게 되든지 더 큰 공간을 짓는 것 외에 다른 방법을 알지 못한다.

모든 것은 확장해야 하고, 더 커져야 하고, 더 인상적이어야 한다고 끊임없이 생각한다. 아주 젊은 나이에 아버지 다윗을 이어 왕좌에 오른 솔로몬을 생각해 보라. 초기에 그는 '지혜'가 필요함을 인식할 정도로 '똑똑했고' 그래서 그것을 위해 기도했다. 하나님은 그 요구를 받아들이셨고, 솔로몬 이야기의 첫 장은 놀라운 성공으로 가득하다.

그러나 시간이 흐르면서 도를 넘는 모습을 보이기 시작했다. 더 많은 말과 더 많은 마차, 더 많은 돈, 더 많은 아내…이전에 모세가 이스라엘의 왕은 이 세 가지를 피해야 하고 매일 그 위험을 기억해야 한다고 경고했음에도 불구하고 말이다.

단도직입적으로 말해서, 솔로몬은 '좀더 많은' 쪽을 향해 이동했고 '지혜'에서는 떠났다. 짐작컨대, 우리 중 하나가 솔로몬이 절정에 있었을 때 그와 인터뷰를 했다면, 그는 그의 확장의 이유에 대해 말할 때 전혀 빈틈이 없고 아마도 신학적이기까지 했을 것이다. 그의 이론적 설명을 들었다면 우리 중 실력이 제일 나은 사람도 말문이 막혔을 것이다. 그러나 결국 그의 도를 넘는 행동은 몰락으로 이어진다. 궁금하다. 왜 이 지혜로운 사람이 더 많이, 좀더 많이 가져야 했을까? 그리고 그 결과로 왜 이스라엘이 고통을 겪어야 했을까?

우리 시대에도 솔로몬같이 도를 넘는 모습이 있을까?

예수님이 사도들에게 맡기신 일이 더 큰 조직을 세우는 것이기보다는, 제자 삼는 일과 더 관련이 많았다는 사실에, 나는 깊은 감동을 받는다. 그분은 모든 도시와 마을에 제대로 훈련받은 제자들 소대가 있다면 그 운동을 잘 관리하고 깔끔하게 유지하리라는 것을 아셨던 것 같다. 예수님이 우려하셨던 것은 수세기에 걸쳐 몇 번이고 다시 시도되는 바로 그것이었다. 기독교 운동을 조직화하고, 중앙집권화하고, 감명을 주기 위해 그것을 부풀리는 것 말이다.

3. 위험과 유해 요소를 부인함

콜린스가 말하는 몰락의 세 번째 단계는, 리더나 조직이 비판적인 정보를 무시하거나 축소하고, 또 듣기 싫은 말에 귀 기울이려 하지 않을 때 나타난다. 그 결과는 제대로 가늠하지 못한 위험과 후에 조직 생활을 심각하게 좀먹을 위험을 감수하는 것이다. 내가 좋아하는 성경 이야기 중 아합 왕과 여호사밧의 대화로 이루어진 이야기가 있다. 이 두 사람은 길르앗 라못과의 전쟁을 선포하는 것에 대해 검토하기 위해 만난다. 신중한 여호사밧은 "먼저 여호와의 말씀이 어떠하신지 물어 보소서"라고 말한다.

아합은 의무감에서 선지자 400명을 모으고 그들의 의견을 구하려 한다. 만장일치의 답은 전쟁을 하는 것이 영리한 결정이라는 것이다. 그러나 아합은 거짓 선지자들을 데려옴으로써 의견이 한쪽으로 기울어지게 했다.

이상한 낌새를 챈 여호사밧이 묻는다. "이 외에 우리가 물을 만한 여호와의 선지자가 여기 있지 아니하니이까?"

아합의 대답은 놀랍다. "미가야 한 사람이 있으니 그로 말미암아 여호와께 물을 수 있으나 그는 내게 대하여 길한 일은 예언하지 아니하고 흉한 일만 예언하기로 내가 그를 미워하나이다"(왕상 22:8).

미가야는 그 왕들 앞에 나아와서는 아합이 예상한 그대로 행동한다. 그는 아합과 여호사밧이 전쟁을 하게 되면 일어날 일을 명확하게 설명한다. 그리고 그것은 정확하게 맞아떨어졌다. 결국 아합은 그 전투에서 죽는다.

콜린스는 불충분하거나 그릇된 정보를 토대로 결정을 내리려는 조직들에 대해 염려한다. 아마도 그는 자료를 모으기 싫어하고 대신 소문이나 느낌에 의존하는 교회 조직들에 대해 훨씬 더 염려할 것 같다.

나는 리더가 되고 얼마 되지 않아서 "사람들이 그러는데요…" "지난번에 들었는데요…" 혹은 "많은 사람이 느끼는…" 등으로 시작되는 말에 귀 기울이는 일의 위험성을 배웠다. 이런 '자료'들은 신빙성이 없다는 사실을 인식하게 된 것이다.

가장 소중한 정보는 신뢰받는 지혜로운 사람들에게서 나오는 정보였다. 이들은 사전에 준비된 질문으로 질서정연하게 공동체를 대화에 참여시키는 권한을 위임받은 사람들이었다. 이를 통해 우리 리더십 팀은, 우리 조직이 나아갈 다음 단계들에 대해 점검할 때마다 성도들의 의지, 믿음, 지지를 가늠하는 일을 할 수 있었다. 물론 내게는 각 개인들과, 또 소그룹들과 얼굴을 맞대고 나눈 대화에서 얻은 정보보다 더 유용한 정보는 없었다.

4. 구원에 매달림

네 번째 단계는 "조직이 어떤 몰락 조짐에 대해 묘책만을 추구함으로써 대응할 때" 시작된다고 콜린스는 쓴다. 그러고 나서 입증되지 않은 상품으로 막대한 모험을 감행하는 것, 이미지 변신에 투자하는 것, 장래성 위주의 컨설턴트를 고용하는 것, 백마를 타고 와서 한 손으로 실패를 막을 수 있는 새로운 영웅 같은 리더를 찾는 것 등의 예를 든다.

나는 이 원리에 대한 성경의 선례를 찾으려 하다가 사울 왕에게로 이끌렸다. 다른 나라들처럼 되고자 간절히 왕을 원했던 이스라엘이 한 사람을 뽑았다. 그는 유력한 가문 출신에 잘 생긴 외모를 지닌 데다 말도 잘 했기 때문이다. 그 백성은 마치 전문가 팀이 슈퍼스타를 얻어 이제 우승이 거의 가까이 왔음을 확신할 때처럼 기뻐 날뛰었다.

그들의 말로 하자면 이렇다. "우리도 우리의 왕이 있어야 하리니 우리도 다른 나라들같이 되어 우리의 왕이 우리를 다스리며 우리 앞에 나가서 우리의 싸움을 싸워야 할 것이니이다"(삼상 8:19-20). 내게는 어떤 묘약을 일컫는 것처럼 들린다. 때로는 묘약이 실제로 잘 듣긴 하지만, 짐 콜린스가 말하는 것처럼 아마 대부분의 경우는 그렇지 않을 것이다.

묘약 사울은 단기간에 번창했지만, 사실 그는 이스라엘을 안정된 왕국으로 세워 그 잠재적 위대함을 끌어낼 수 있는 리더가 되기 위한 내적인 성품을 갖고 있지는 못했다. 압박이 커지자 감추어져 있는 사울의 진짜 모습이 드러나기 시작했다. 하나님이 그를 지원하시는 일을 중단하는 상황까지 이르렀다. 사울이 승리를 간절히 원했던 전장에서의 그의 죽음은 참으로 애처롭다.

교회가 뒤로 미끄러지는 듯한 그 흐름을 저지하기 위해 돌파구를 간절히 원했던 때가 기억난다. 당시 나는 우리 회중이 그리스도의 주 되심에 초점을 맞춘 종 같은 성도가 되기 위해 기본적인 훈련들을 어떻게 하고 있는지 살피는 대신, 하룻밤 사이의 부흥, 특별 프로그램, 업무 수행 능력이 뛰어난 사역자 등을 추구하려는 유혹을 받았다. 그때 나는 하룻밤 사이에 모든 것을 재조정해 줄 완벽하고 열정적인 설교를 준비하려고 했던 기억이 난다. 이제 나는 그것이, 어떤 프레젠테이션이든, 사람이든, 프로그램이든, 어떤 술책으로 구원을 추구하려 했던 것임을 안다.

감사하게도 나는 내 주위의 사람들이 그랬듯이, 술책들은 거의 작동하지 않는다는 사실을 배웠다. 사람들을 돌보는 일, 가르칠 수 있는 리더들을 길러내는 일, 사람들에게 예수님을 소개하는 일, 진심어린 심령으로 예배하는 일로 돌아갈 때에만 사태가 정상으로 돌아왔다.

이 모든 과정은 이제 5단계로 이어진다고 콜린스는 쓴다.

5. 항복

기업들은 현금이 동이 난다면, 교회와 같은 조직은 믿음과 영이 바닥난다.

나는 예루살렘 성전이 "다시 나를 보지 못할 것이다"라고 예수님이 예루살렘에서 나오시며 말씀하셨을 때와 거의 같은 상황이 되었던 때를 생각하고 있다. 그분은 그 성전이 돌무더기에 지나지 않을 곧 다가올 미래를 내다보고 계셨다.

얼마 전 나는 웨일스에 있는 한 교회 건물 앞에 서 있었다. 그 문에는 '팝니다'라는 표시가 압정으로 붙어 있었다. 모퉁잇돌을 보니 이 건물은 웨일스 부흥이 최고조에 이르렀을 때 지어진 것이었다. 그런데 지금은 잡초들 사이에 자리잡고 있는 것으로 보아 분명 여러 해 동안 사용되지 않은 상태였다.

어떤 지점에서 이 교회는 조직이 죽음으로 치닫는 비탈로 내려가기 시작했을까? 누가 그 숨겨진 표지를 놓쳤을까? 누가 그 핵심적인 신념을 무시했을까? 누가 그 정보를 잘못 해석했을까? 누가 스윙하여 놓쳐 버린 홈런 공에 매달렸을까?

중요한 질문들이다. 무시하면 위대한 조직도 무너진다.

❖ **더 깊은 묵상을 위하여**

1. 조직의 정신은 보지 못하고 규모를 키우는 데만 초점을 맞추는 조직에 속해 있었던 적이 있는가? 그것을 막기 위해 당신은 무엇을 했는가?

2. 당신은 왜 솔로몬이 지혜를 제쳐두고 점점 더 물질적인 것을 추구했다고 생각하는가? 이에 대한 오늘날의 예를 생각할 수 있겠는가?

3. 당신이 속해 있는 조직에서, 혹시 놓치고 있는 숨겨진 표지가 있는가? 경시되고 있는 핵심 신념이 있는가? 당신은 그것을 어떻게 다룰 수 있겠는가?

19
교회의 갈등을 다루는 올바른 방법

> 그렇다면 우리는 예루살렘 회의가
> 이중적인 승리를 얻었다고 말할 수 있다.
> 은혜의 복음을 확정함으로써 진리의 승리를 이루었고,
> 유대인의 양심의 가책을 신중하게 배려하여
> 교제를 지속시킴으로써 사랑의 승리를 이루었다.
> **존 스토트**

나는 타고난 이상주의자다. 인생의 거의 모든 일을 시작할 때 최상의 시나리오를 생각한다. 젊었을 때는 내 결혼 생활에 대한 최상의 시나리오를 가지고 있었다. 아버지가 되었을 때는 자녀 교육에 대한 최상의 시나리오를 가지고 있었다. 목사가 되었을 때는 늘 모든 일을 하기 전에 최상의 가능성을 생각한다.

그러나 당신이 모든 면에서 이상주의적인 사람이라면 실망과 더불어 살아야 한다는 사실을 알게 될 것이다. 어떤 일도 당신이 마음속에 품고 있는 이상의 수준까지 이르지 못할 것이기 때문이다. 나 같은 이들은 내가 무슨 말을 하는지 정확히 이해할 수 있을 것이다. 그리고 나 같지 않은 이들은 그것이 참 어리석다고 생각할 것이다. 그러나 사실 상당히 많은 이들이 실망과 더불어 살아간다.

우리 중 많은 이들이 교회에 대한 이상주의적 시각을 갖고 있다. 우리는 신약 성경, 특히 사도행전을 통해 천하를 뒤흔들었던 교회를 본다. 그러한 교회의 일원이 되면 얼마나 멋질까 하고 생각한다. 모든 것이 그렇게 바르게만 되었을 것 같다. 그러나 믿지 말라. 신약 성경의 교회에도 어려운 순간들이 있었다. 그리고 성경 저자들에게 영감을 주셨던 성령께서 우리에게 때 묻은 일들도 알려 주셨다는 것이 인상적이다. 때때로 성령님은 우리에게 최악의 상황에 있는 사람들을 보여 주신다.

나의 이상주의적 성향 중 하나는 모든 가능한 공동체에 대한 최상의 모습을 생각하는 것이다. 나는 여러 해 동안 배워야 했다, 우리가 죄인과 결혼을 한다는 사실을. 그리고 죄인인 당신 자신도 가끔 마찬가지로 작은 죄를 짓는다는 사실에도 놀라지 말라.

어떤 교회에 속하는 일도 마찬가지다. 당신이 어떤 교회에 속하게 되었다면, 죄악을 목도하게 되고 사람들이 당신을 실망시키는 때가 있을 것이다. 나는 두세 사람이 모여 공동체를 이룰 때마다 늘 다소 골치 아픈 상황이 생긴다는 사실을 깨달아야 했다. 사람들이 함께 모일 때면, 이상주의는 조만간 현실을 접하면서 박살날 것이다. 우리는 소통하고 이해하려고 애를 쓴다. 그러나 우리는 타고난 이기주의자들이기 때문에 곧 골치 아픈 상황이 생겨날 것이다.

초대교회의 골칫거리

우리는 사도행전 15장에서 그런 상황을 선명하게 본다. 내 생각에 이

장은 신약 성경 전체에서 가장 중요한 이야기 중 하나를 담고 있는 것 같다. 이것이 중요한 이야기인 이유는, 이 사건이 초대교회의 종착역이 될 수도 있었기 때문이다. 주의 백성들이 성령의 능력 아래서 이 순간을 제대로 다루지 않았다면, 사도행전 1장부터 14장까지에 담겨 있는 놀라운 이야기들이 다 날아가 버릴 수도 있었고 사라져 버릴 수도 있었다.

먼저 이야기의 전후 문맥, 즉 배경을 살펴보자. 사도행전 14:26은 바울과 바나바의 제1차 선교여행의 결말에 대한 요약이다. "앗달리아로 내려가서 거기서 배 타고 안디옥에 이르니 이곳은 두 사도가 이룬 그 일을 위하여 전에 하나님의 은혜에 부탁하던 곳이라." 이는 지나치기 쉬운 문장이지만, 숙고해 볼 만한 구절이다. 바울과 바나바는 성령의 부르심으로 사도행전 13장에서 이 여행을 시작했고, 엄청난 도전을 받았다. 이 제1차 선교여행에 관련된 본문들을 모두 연구해 보면, 바울이 돌에 맞아 죽은 줄로 여겨져 내쳐지기도 했음을 알 수 있다. 또 죽을 만큼 아팠던 순간도 있었다. 바울과 바나바는 끔찍한 비방에 직면했지만 이 여행을 잘 마쳤다. 그들은 하나님의 영의 부르심을 따라 임무를 완벽하게 해냈고, 미진한 부분은 없었다.

우리는 사도행전 14:27에서, 그들이 안디옥으로 돌아와 그들의 고향 교회, 그들에게 사명을 주어 파송한 그 교회로 돌아왔음을 알게 된다. 익숙한 땅으로, 익숙한 문화와 관습과 그들이 몹시 사랑했던 친구들에게로 돌아왔으니 얼마나 기뻤겠는가! 따뜻한 환영을 받았다. 바울과 바나바가 집에 도착했을 때 그들은 교회를 모으고 하나님이 그들을 통하여 하신 일, 그분이 어떻게 이방인들에게 믿음의 문을 여셨는지 보고했다. 그것은 전례가 없는 일이었다. 이 일이 있기 전에 안디옥에 있던 사람들은 여기저기서 아주 적은 수의 이방인들만이 구원받았음을 알고 있었다. 그러나 이제 교회는 이방인들이 믿음으로 나아오는 일이 쇄도하고 있다는 소식을 듣고 있었다. 부흥과 대각성이 진행되고 있었던 것이다.

안디옥에 있던 사람들이 경험했을 흥분을 생각해 보라. 하나님이 하고 계신 일에 대한 이야기를 듣고 또 들었을 때 무리가 얼마나 전율했을지 생각해 보라. 그 교회를 가득 채웠을 열정을 생각해 보라. 만약 당신이 오랫동안 그리스도를 따르는 사람이라면, 이런 순간들에 익숙하리라. 하나님의 영이 일하심으로 사람들의 삶이 변화되고 있는 그런 곳에 들어가는 순간 말이다. 그때 당신은 거기에 사로잡힐 것이다.

그런데 불행하게도 사도행전 15:1이 시작되면서 분위기가 바뀐다. "어떤 사람들이 유대로부터 내려와서 형제들을 가르치되 너희가 모세의 법대로 할례를 받지 아니하면 능히 구원을 받지 못하리라 하니."

놀라운 일이 일어나 승승장구하고 있는데 그 순간 공동체 전체에 찬물을 끼얹은 누군가가 들어오는 상황, 우리가 자주 경험하는 것 아닌가? 그들은 당신에게 주의 축복이 분명히 임하고 있음을 보고, 그것을 다른 방향으로 끌고 가서 어떻게든 모든 상황을 흐리게 만든다. 안디옥에서 일어난 일이 바로 그것이었다. 이 모든 열정과 흥분의 한 가운데로, 어떤 사람들이 유대로부터 내려와서 그들의 기쁨의 결을 가로질러 갈라 놓는다. 바울과 바나바는 "무언가 잘못되었다"고 말한다.

잘못된 것은 이것이었다. 이 사람들은 유대교적인 것, 즉 기독교 신앙에 대한 바리새주의적 관점을 견지하고 있었다. 이에 따르면 특히 이방인은 할례를 받지 않고 모세의 율법을 다 지지하지 않으면 구원을 받을 수 없다.

오늘날의 사회에서는 할례라는 단어와 그 의미에 대해 논의하는 것이 다소 껄끄럽다. 그러나 당시 사람들은 그 단어를 정기적으로 그리고 부끄러워하지도 않으면서 사용했다. 유대 전통에서는 하나님과 유대 공동체 사이에 수세기 동안 이어져 내려온 언약의 표시로, 남자아이가 난 지 8일 만에 할례를 받아야 했다는 것을 우리 모두 안다. 그들은 이 육체적인 상징을 통해 그들이 여호와의 택하신 백성으로서 유대 관계에 있음을 기억했다.

갈등은 선의를 가진 사람들 사이에서도 생겨난다. 우리는 안디옥에 갔던 이 사람들에 대해 공정해야 한다. 이들을 몰아붙여서는 안 된다. 그들 역시 신자들이었다. 그러나 그들에게는 몇 천 년 동안 전해져 내려오는 전통이 있었다. 그들은 어떤 사람이 모세의 율법을 지지하지 않는다면, 그가 할례를 받지 않는다면 하나님의 자녀일 수 없다는 믿음을 오랫동안 견지하고 있었다. 이것은 이 사람들에게 당연한 문제였다. 이방인들이 교회로 들어와 하나님 백성 운동의 일원이 되었다면—이는 그 자체로 성가신 생각이었지만—그들은 유대 남자들이 할례받는 것과 똑같이 해야 할 것이다.

나는 이 본문을 읽고 자연스럽게 '이 남자들 제정신이 아닌 것 같아. 이건 바보 같은 짓이야' 하고 생각한다. 그렇게 생각하기가 쉬운 까닭은, 신자가 되는 데 할례가 필수조건이 아닌 20세기에 신약 성경의 가르침을 들은 사람이기 때문이다. 이것이 내게는 터무니없어 보였지만, 그들에게는 그렇게 보이지 않았다.

그러므로 변화에 저항하는 사람들이 있는 곳에 들어가는 사람이면 누구든 이를 통해 중요한 교훈을 얻을 수 있다. 우리는 자신들이 옹호하는 것을 심각하게 믿는 사람들이 있다는 사실, 그리고 그들을 경멸하거나 등을 돌리기 전에 그들이 어디에서 왔는지 이해해야 한다는 사실을 기억해야 한다.

이 사람들은 좋은 의도를 가지고 있었다. 그렇다 하더라도 그들은 그 교회의 기쁨에 찬물을 끼얹었고 그 교회는 갑자기 문제가 시작되고 있음을 깨달았다. 사도행전 15:2은 "바울 및 바나바와 그들 사이에 적지 아니한 다툼과 변론이 일어난지라"라고 말한다. 온유한 말들이 아니었다. 이 말들을 정화하여 이것이 어느 정도 조용하고 공손한 대화였다고 생각하지 말라. 이 사람들은 서로에게 화가 나 있었다. 이 교회는 갑자기 곤경에 처했다. 그리고 그 교회 사람들은 이 변론을 다룰 수 없었다. 제어할 수 없는 상황이 되었다.

신약 교회에는 이런 논쟁의 예가 몇 가지 있다. 예를 들어, 언젠가 바울은 빌립보 교인들에게 편지를 쓰면서 실제로는 이렇게 말하고 있었다. "교회여, 유오디아와 순두게[두 명의 여성 리더]와 함께하기를 간청합니다. 그들은 같은 마음을 품고 있으니 통제할 수 없는 상황이 되지는 않을 것입니다."

공동체들은 사실 엉망이다. 겉으로는 좋아 보이지만 그 안에는 엄청난 싸움이 있을 수 있다. 안디옥 교회도 겉으로는 좋아 보였지만 표면 아래에는 골치 아픈 일이 있었다. 이것은 어떻게 해결되었을까? 당신은 이렇게 생각할지도 모르겠다. '왜 내가 1,900년도 더 된 이야기에 신경을 써야 하지? 이 이야기가 내게 무엇을 가르쳐 주는 거지?' 그러나 당신은 곧 안디옥 교회가 어떻게 갈등을 해결했는지를 통해 우리에게 많은 것을 가르쳐 준다는 사실을 알게 될 것이다.

교회는 갈등을 **조정할 수 있다**. 안디옥 교회는 "보십시오. 이것은 우리가 해결하기에는 너무 큰 문제입니다" 하고 말했다. 그래서 우리는 3절에서 그 교회가 바울과 바나바와 다른 신자들을 예루살렘으로 돌려보내며 본 교회에 이 갈등을 해결해 주기를 청하는 모습을 본다.

사도행전 15:3-4은 말한다. "그들이 교회의 전송을 받고 베니게와 사마리아로 다니며 이방인들이 주께 돌아온 일을 말하여 형제들을 다 크게 기쁘게 하더라. 예루살렘에 이르러 교회와 사도와 장로들에게 영접을 받고 하나님이 자기들과 함께 계셔 행하신 모든 일을 말하매."

그러나 그 보고들을 했을 때 논쟁은 새롭게 타올랐다. 바리새파에 속한 몇몇 신자들, 즉 바리새인 그리스도인들이 일어나서 그 주장을 되풀이했다. "이방인에게 할례를 행하고 모세의 율법을 지키라 명하는 것이 마땅합니다." 다시 말해 "밖에서 온 이 사람들이 들어와서 우리 운동의 일원이 되려면 우리가 하는 정확히 그대로 해야 합니다." 이 사람들은 우리의 존경을 받을 만한 좋은 사람들이었다. 이들은 수백, 수천 년 된 전통으로 말하고 있었다.

그래서 교회에 회의가 시작되었다. 이 회의가 잘 진행되지 못했다면, 아마 초기에 그리스도를 따르는 이들의 운동은 분열되거나 마비되었을 것이고(혹은 적어도 제 성격을 잃어버렸을 것이고), 우리가 수세기 동안 알고 있는 교회는 절대 존재하지 않았을 것이다.

나는 이때가 루터의 종교개혁보다 더 중요한 순간이었다고 믿는다.

이 사건은 어떻게 그리스도인들이 서로 상반된 의도를 가지고 의견 충돌을 일으키다가 그것을 잘 다루었는지를 보여 준다. 우리는 교회 역사를 통해 다른 상황들도 보아 왔다. 그리스도인들이 의견 충돌을 제대로 다루지 못해서 다음 세대가 끔찍한 대가를 치러야 했던 그런 상황들 말이다.

논쟁 해결

이야기는 사도행전 15:6에서 계속된다. "사도와 장로들이 이 일을 의논하러 모여." 누가가 기록하듯이, 이 회의에서는 많은 변론이 있었고 아마도 회의는 일주일 동안 계속되었을 것이다. 그러나 우리가 가지고 있는 것은 적어도 세 번의 변론에서 나온 약간의 압축된 발췌문이 전부다.

사도 베드로가 첫 변론을 했다. 그는 이렇게 말했다. "형제들아 너희도 알거니와 하나님이 이방인들로 내 입에서 복음의 말씀을 들어 믿게 하시려고 오래 전부터 너희 가운데서 나를 택하시고 또 마음을 아시는 하나님이 우리에게와 같이 그들에게도 성령을 주어 증언하시고"(7-8절). 베드로는 물론 사도행전 10장에 나오는 고넬료를 암시하고 있었다.

베드로는 그 순간 모든 유대 그리스도인들이 익숙해지기 위해 분투하고 있었던 그것을 배웠고 받아들였다. 그것은 바로 이방인들도 구원받을 수 있고 성령 충만할 수 있다는 것이었다. 당시에는 오로지 유대인만이 구원받을 수 있다고 모든 사람이 생각했다. 이는 현대 그리스도인들에게는 말도 안 되는 일인 듯하지만, 1세기 유대인들에게는 목숨을 걸 정도로 심각했다.

베드로가 전하려 한 기본적인 요점은, 신자들은 하나님이 위대한 일을 하고 계심을 이해해야 한다는 것, 그리고 그는 유대인들을 받아들이듯이 이방인들을 받아들였다는 것이었다. 바울과 바나바가 선교 사역을 했던 터키 남부와 시리아 지역에서 어떤 일이 일어나고 있었는지 보라.

그런데 갈라디아서 2장으로 가 보면 이 말이 베드로에게 쉽지 않았음을 발견하게 될 것이다. 그는 안디옥에 있었을 때 이 같은 문제에 대해 말을 얼버무리고 있었다. 베드로는 쉽게 바뀌지 않았다. 바울은 갈라디아서 2:11에서 교회 전체 앞에서 베드로를 책망해야 했다고 말한다. 우리는 오늘날 그렇게 하지 않을 것이지만, 바울은 그렇게 했다. 바울은 모든 사람 앞에서 "베드로, 당신이 잘못했습니다" 하고 말하며 그의 면전에서 그를 반박했다.

베드로는 유대인 친구들 몇 명이 올 때까지 잠시 동안 이방인들과 함께 식사를 했다. 그러나 유대인 친구들이 오고 나서는 유대인들과만 식사를 하는 것으로 스스로를 제한했다. 바울은 그가 외식을 했다고 분명하게 말했다. 그러나 베드로는 결국 바울이 옳았다고 겸손하게 인정했다.

이 때문에 베드로는 예루살렘 회의 앞에서 일어서서 말할 수 있었다. "[하나님이] 믿음으로 그들의 마음을 깨끗이 하사 그들이나 우리나 차별하지 아니하셨느니라. 그런데 지금 너희가 어찌하여 하나님을 시험하여 우리 조상과 우리도 능히 메지 못하는 멍에를 제자들의 목

19장 교회의 갈등을 다루는 올바른 방법 **249**

에 두려느냐"(행 15:9-10). 베드로가 말을 마쳤을 때, 온 무리는 침묵하고 바나바와 바울의 말을 들었다.

듣는 것이 부족함

우리 현 세대의 문제점 가운데 하나는, 보통 서로에게 귀 기울이는 일을 잘 하지 못한다는 것이다. 경제든 정치든 신학이든 우리는 자신의 입장을 확고부동하게 견지한다. 우리들 대부분은 '나는 무엇이 옳은지 알아. 당신이 어떻게 생각하든 그건 바뀌지 않을 거야'라고 생각하며 토론에 들어간다. 그리하여 점점 냉담해지고 융통성이 없어져 간다. 교회와 그 너머 어디에서든 이런 현상이 퍼져 가고 있다. 한 사회의 일원으로서 우리는 이 본문에 나오는 회중처럼 잠잠히 있는 법을 배워야 한다. 오늘날의 삶의 정황 중 어디에서 하나님이 말씀하고 계신지 귀 기울이고 의식하려고 애써야 한다.

다시 예루살렘으로 돌아와 보자. 리더들은 잠잠히 앉아 바나바와 바울이 자신들을 통해 하나님이 이방인들에게 행하신 표적과 기사에 대해 말하는 것을 듣고 있다. 바울과 바나바가 말을 마치자 야고보가 분명하게 말했다. 아무런 설명도 없지만 어쨌든 야고보는 표면적으로 리더의 자리, 교회의 대변인 자리에 올라 있다. 야고보는 말했다. "형제들아 내 말을 들으라. 하나님이 처음으로 이방인 중에서 자기 이름을 위할 백성을 취하시려고 그들을 돌보신 것을 시므온이 말하였으니 선지자들의 말씀이 이와 일치하도다"(행 15:13-15). 그러고 나서 그는 수세기 전에 이방인들이 하나님의 백성에 속하게 되리라고 예언했던 선지자 아모스의 말씀을 인용했다.

야고보는 19절에서 이 문제에 대한 그의 의견을 대담하게 주장한다. 그는 "이에 대해 투표를 합시다"라고 말하지 않았다. 대신 "이것은 내 의견입니다"라고 말하며, 이천 년 교회 역사상 가장 심각한 신학적 결정 중 하나를 공표했다.

"그러므로 내 의견에는 이방인 중에서 하나님께로 돌아오는 자들을 괴롭게 하지 말고." 야고보는 이렇게 말하고 있었다. "우리는 바깥 세상 전체를 설복시키려 하고 있으며, 우리와는 다른 십자가 밖에 있는 사람들도 가능한 한 환영받는다고 느끼도록 최선을 다하려 합니다. 우리는 복음의 핵심이 되는 신념들은 고수하면서도, 꼭 필요하지 않은 것은 아주 조금이라도 덧붙이지 않을 것입니다. 이를 통해 유대인이든 이방인이든 환영받는다고 느낄 수 있을 것입니다."

오늘날 우리는 19절을 암송해야 할 것 같다. 오늘날 아주 많은 지역 교회들이 믿음 밖에 있는 사람들이 복음을 듣는 일을 점점 더 어렵게 만들고 있다. 그런 의도는 아니었지만, 우리는 젊은이들이 헌신하는 일을 어렵게 만들고 있다. 또한 포스트모던적인 사고방식을 지닌 사람들이 복음을 듣는 일을 어렵게 만들고 있다.

야고보는 그들에게 편지를 쓰도록 제안한다(24-28절).

우리 가운데서 어떤 사람들이 우리의 지시도 없이 나가서 말로 너희를 괴롭게 하고 마음을 혼란하게 한다 하기로 사람을 택하여 우리 주 예수 그리스도의 이름을 위하여 생명을 아끼지 아니하는 자인 우리가 사랑하는 바나바와 바울을 함께 너희에게 보내기를 만장일치로 결정하였노라.···성령과 우리는 이 요긴한 것들 외에는 아무 짐도 너희에게 지우지 아니하는 것이 옳은 줄 알았노니.

다시 말해 그 편지는 이렇게 말했다. "여기 여러분 이방인들이 고려해 주었으면 하는 두세 가지가 있습니다. 할례는 필수적인 것이 아닙니다. 하지만 일반적으로 우리 유대 형제들에게 심히 역겨운 몇 가지 것들은 삼가 주시기를 바랍니다."

사랑의 법칙이 작동하고 있었다. 그들은 타협을 하고 있었다. 그들은 이방인 남자들에게 할례를 받으라고 요구하지는 않는 한편, 그들의 유대 영적 선조들에 대한 존경의 마음으로 유대인들이 수세기 동안 중요하게 여겼던 몇 가지 것들을 행하는 것은 삼가 달라고 요청하고 있었다. 이는 다르게 말하면 이런 것이다. "불필요하게 유대인들의 마음을 상하게 하지는 마십시오. 하지만 그리스도 안에서 여러분의 자유를 찾고 바울과 바나바가 가르치는 대로 계속해 나가십시오."

그런데 그 편지가 그렇게 기록되어 손으로 전달되었다는 사실에 주목하라. 그것은 이메일 문화에서 나온 편지가 아니었다. 오늘날도 가끔은 얼굴을 대면하고 말할 필요가 있다. 예루살렘 교회는 그곳에 있는 교회들이 이 결정 배후에 있었던 온유함, 확고함, 신념, 거룩함을 들을 수 있도록 몇몇 신실한 이들 편에 그 편지를 보냈다.

두 가지 중요한 교훈

우리는 이 이야기에서 무엇을 배울 수 있는가? 첫째, 예루살렘 교회는 복음의 본질, 핵심적인 신념은 절대 타협할 수 없다는 점을 분명히 했다. 이 논쟁이 진행되는 내내, 그리스도의 십자가, 우리 죄를 위해 흘리신 주님의 보혈, 회개의 요청은 전혀 타협되지 않았다. 그 교회는 유대인이든 이방인이든 사람이 구원받기 위해 해야 할 일이 무엇인지 잘 알고 있었다.

당시는 구원의 복음이 심하게 혼란스러워질 수도 있고, 교회가 교회를 오해하여 나뉘고 분열될 수도 있는 상황이었다. 그러나 그 교회는 바울이 고린도전서 1장에서 말한 바를 지키고 있었다. 거기서 바울은 누구든 어떤 식으로든, 어떤 모양으로든, 어떤 형태로든 복음에서 십자가를 제거하려 한다면, 그들은 옳지 않다고 말했다. 이렇게 심한 논쟁 가운데서도 구원의 복음이 보존되었다.

둘째, 그들은 그리스도의 몸의 하나됨을 지켰다. 어느 누구도 제외되지 않았다. 그러나 오늘날의 사회에서는 항상 그렇지는 않다. 우리는 모든 사람이 모든 것을 자기 방식대로 하기를 원하는 개개인의 요구에 맞추어진 사회에 많이 동화되어 가고 있다. 사업이든 옷 입는 것이든 직업에 대해서 이야기하든, 그것이 우리 방식으로 되기를 점점 더 기대한다. 만약 그렇지 않다면 우리는 다른 길을 간다. 오늘날 교회에서도 그런 태도를 종종 볼 수 있다. "내 방식대로 해. 안 그러면 나는 나간다."

사도행전의 이 장의 아름다움은, 사람들이 서로에게 완전히 동의하지는 않았지만 그들이 몸의 하나됨과 통합을 지켰다는 것이다. 나는 모든 사람에게 그 회의가 행복하지는 않았을 거라 생각한다. 어떤 사람은 심히 혼란스러워했을 것임에 틀림없다. 하지만 그들은 그곳에서 견디었다. 하나님의 영이 말씀하셨기 때문에 교회는 그 사명대로 앞으로 나아갔다.

이는 공동체들이 혼란스러울 때 사람들이 어떻게 행동해야 하는가에 대한 중요한 이야기다. 선한 뜻을 가진 사람들이 상황을 다른 방식으로 본다 할지라도 복음은 통합적이며 하나됨은 유지된다. 그것이 갈등을 다루는 방식이다.

❖ **더 깊은 묵상을 위하여**

1. 어떤 상황이나 사람이 당신에게 실망을 가져다주었던 때를 생각해 보라. 그 실망은 당신의 삶에 정서적으로 어떤 영향을 미쳤는가?
2. 당신이 속한 그룹이 조화롭고 화합이 잘되다가 견해 차이로 나뉘게 되었던 때를 생각해 보라. 그 문제는 어떻게 해결되었는가? 그 일에 대해 당신은 어떻게 느꼈고 당신은 어떤 역할을 담당했는가?
3. 기업이든 교회 상황이든 리더로서 당신은 어떻게 하나됨과 조화를 유지하면서도 핵심이 되는 본질적인 요소는 타협하지 않을 수 있겠는가?

20
잠시 사라지는 시간이 필요한 순간

가끔씩은 떠나 잠시 휴식을 취하라.
일터로 다시 돌아오면 당신의 판단은 더 확고해질 것이다.

레오나르도 다빈치

언젠가 게일과 함께 버몬트에서 만났던 여관 주인이 종종 생각난다. 그는 모든 것이 특이했던 것 같다. 그의 옷, 사용하는 언어, 여관 분위기 등이 그랬다. 그에 대해 호기심이 생겨 이런저런 질문들을 하기 시작했다. 여관 주인 잭 콜맨(Jack Coleman)은 펜실베이니아의 유명한 대학인 해버포드의 학장이었다고 한다. 그 후에는 명망 있는 교육 재단의 책임자가 되었다가, 지금은 비상근으로 일하며 여관을 운영하고 있었다. 나는 또 그가 평생 짧은 기간 규칙적으로 사라지는 습관을 갖고 있다는 사실도 알게 되었다. 그는 그저 시야에서 사라졌다. 추측컨대 일부 직원(혹은 가족)은 그가 어디 있는지 알았겠지만, 나머지 주변 사람들은 알지 못했다.

다시 그가 나타나면(보통 열흘쯤 후에), 그는 기차역에서 구두닦이로 일했던 것 혹은 쓰레기 수거팀에서 일했던 것에 대해 이야기하곤 했다. 패스트푸드 가게에서 테이블 치우는 일을 한 적도 있었다. 왜 그랬을까?

"나같이 경영 부서에 있으면 보통 사람들이 있는 넓고 더 실제적인 세상과 접촉이 끊기기가 쉬워요. 그런데 리더가 그런 접촉을 하지 못하면 점점 더 비효율적이 되죠. 실제적인 삶이 있는 곳을 잊게 되니까 말입니다"라고 그가 말했다.

나는 사역을 막 시작했을 때 6개월 동안 주말마다 여러 교회들을 다니며 창의적인 전도 방식에 대한 세미나를 인도했다. 그때마다 시간을 절약하려다 보니 어쩔 수 없이 교회 성도들의 집에 머물게 되었다. 그러면 (특히) 남자들은 신앙과 교회에 대한 자신들의 입장에 대해 아주 솔직하게 이야기를 나누곤 했다. 저녁 식사를 마치고 커피를 손에 들고 나누는 대화는 곧잘 그들의 목사에 대한 이야기로 이어졌다.

내가 듣곤 했던 말이다. "우리는 우리 목사를 사랑합니다. 하지만 솔직히 말하면, 목사님은 저같이 월요일부터 금요일까지 일하는 사람들의 삶이 어떤지 거의 이해하지 못하십니다. 설교에서 그리고 사람들에게 질문을 하실 때 그것이 드러납니다."

어떤 남성은 내게 이렇게 말했다. "주일날 목사님이 축도를 하실 때면 우리 세상에 대한 목사님의 시각이 드러납니다. 목사님은 '주님, 우리가 당신의 축복을 받고 물러갔다가 수요일 기도회 시간에 다시 돌아오게 해주소서. 다음 금요일 저녁에 있을 청년회 수련회에 청년들과 함께해 주소서. 주일학교 교사들이 더 많아지도록 도와주소서. 아멘' 하고 기도하십니다." 내가 잠시 머문 그 집의 주인은 계속해서 이렇게 말했다. "우리 목사님은 내가 직장에 다닌다는 사실을 모르시는 것 같아요. 목사님의 시각은 전적으로 교회 중심적이에요."

거의 40년 전에 있었던 그 주말의 대화에 감사한다. 그들로 인해 나의 목회 방식이 바뀌었다. 그들은 목회란 (마음을 단단히 먹으라!) 교회에 대한 것이 아니라 주중의 삶, 가정에서, 일터에서, 학교에서 지내는 삶을 위해 사람들을 구비시키고 격려하는 것임을 확실히 해주었다.

몇 년 후 한 성도가 내게 이렇게 말했다. "저는 목사님이 주중에 매일 이 교회에서 먹고 잠자고 마시고 하신다는 것을 압니다. 목사님은 그러셔야죠. 하지만 저는 이곳을 떠나면 며칠을 살아도 교회에 대해 한 번도 생각하지 않는다는 사실을 아셔야 합니다. 일, 가정, 삶의 압박으로 인해 너무 힘들고 바쁘거든요." 그는 모든 사람이 나처럼 교회에 사로잡혀 있다고 감히 전제할 수 없음을 일깨워 주었다.

목사들은 적어도 설교를 책임지고 있고, 어떻게 예수님을 따를지에 대해 새로운 생각들로 사람들의 마음을 변화시킬 책임이 있다. 그런 목사들이 나의 대학 학장 친구처럼 가끔씩 모습을 감춘다면 어떨까? 우리는 무엇을 배우게 될까?

검증되지 않은 거룩함

내가 좋아하는 이야기들 중에 동유럽에서 전해 내려오는 200년 된 이야기가 있다.

아주 명석한 젊은 유대인 학자가 잔뜩 주름진 랍비를 찾아와 물었다. "사람들은 내가 누구보다 거룩한 사람이라고 말합니다. 그 말이 사실이라 생각하십니까?" 처음에 그 랍비는 대답하지 않으려 했다. 그러나 그 집요한 학자가 계속 졸라대자 이렇게 대답했다. "자네는 우리 세대에 가장 경건한 사람이지. 속세를 버리고, 무수한 책들과 법궤와 독실한 학자들에게 둘러싸여 밤낮으로 연구를 하지. 자네는 최고의 거룩함에 이른 사람이네. 하지만 자네는 어떻게 거기에 이르게 되었나? 다른 유대인들이 있는 삶의 현장으로 내려가 보게. 그들의 일, 그들의 중압감, 그들의 혼란스러움을 견디어 보게. 세상과 어우러져서, 그들이 듣는 회의와 반(反)종교를 들어 보게. 그들이 맞는 바람을 맞아 보게. 그러고 나서도 자네가 누구보다 더 거룩한 사람으로 남아 있을지 보여 주게."

나는 목사로 지내면서 이것과 싸웠다. 교회의 속성 자체가 나를 그 중심으로 빨려 들어가도록, 프로그램과 문제에 초점을 맞춘 대화 속으로 들어가도록 했다. 그러다 보니 주중의 삶의 실제적인 이슈나 아이디어들에 대해서는 거의 신경을 쓰지 못하게 되었다. "삶의 현장으로 내려가세요! 사라지세요!"라고 말하는 사람은 거의 아무도 없었다. 내가 책임을 지고 있는 위원회들조차 내 책상과 행정 업무들에서 떠나는 것을 중요하게 여기지 않았다.

만약 그들이 그랬다면, 정말이지, 내 설교는 훨씬 더 다채로워지고, 훨씬 더 유용한 적용을 하고, 훨씬 더 현실적이었을 것이다. 아마 내 리더십이 더 성숙한 리더십이 되었을 텐데.

내가 그런 시스템을 만들기 위해 했던 일이 있다. 모든 교회 리더들이 일하는 현장에서(그리고 가능한 수준 이상으로) 그들을 만나는 것을 목표로 삼았다. 점심과 저녁 약속은 사람들이 생계를 위해 일하는 곳의 근처로 잡았다. 사무실, 건설 현장, 상품 매장으로 초대받기도 했고, 그곳에서 상사, 동료, 점원들을 만나기도 했다.

그러나 무엇보다 중요한 것은, 성도들이 그들의 능력을 최대한 발휘하고 있는 순간에 그들과 만났다는 것이다. 그들은 주일날 내가 최상의 상태일 때 나를 본다. 나도 그들의 홈구장에서 그들을 봐야 하지 않겠는가?

사실 그러한 심방 이후 모든 관계가 더 좋게 바뀌었다. 그런 만남들에서 설교 예화도 많이 얻었고, 설교 자체에 대한 아이디어들도 적잖이 얻었다. 그러나 무엇보다 거기에서 목회자와의 관계에 새로운 신뢰를 쌓았다.

나는 예수님도 이와 비슷하게 사명을 감당하셨다고 생각한다. 복음서의 기록에 따르면 그분의 사역 대부분은 종교 시설에서 이루어지지 않았다. 그분은 사람들이 일하고 장사하는 곳에서, 그들이 고통당하며 생존하는 곳에서 사람들과 관계를 맺으셨다. 그분의 은유와 이야기들은 바로 그분이 사람들과 대화를 나누셨던 그 상황에서 끌어온 것으로 보인다. "씨를 뿌리는 자가 뿌리러 나가서…어떤 여자가 온 집안을 쓸며…한 남자가 보던 일을 셈하더라." 이것들은 거기 있었던 누군가의 이야기다.

나는 가끔 최근의 목회 사역이 장기적인 하락세로 돌아선 것은 아닐까 두렵다. 요즘의 목사들에게는 사람들이 약속을 하고 찾아오는 고급 사무실이 있다. 그리고 보통 사람들은 좀처럼 그 문을 통과하지 못한다. 이메일 소통이 점점 더 널리 퍼져 간다.

더욱이 목사들은 보통 설교자로 고용되고 프로그램 운영자로 평가 받는다. 이는 수많은 미팅과 실무 회의, 예산 책정을 포함한다. 이는 사람들과의 접촉을 극대화하고 영적(행정적이 아닌) 효율성을 극대화 하는 일반적인 목회 활동에서 멀어져 간다는 의미다.

나는 종종 그러한 덫에 빠졌기 때문에 그것을 안다. 그 시스템으로 인해 우선순위를 조정하게 된 적도 아주 많다. 밖에서 인격적인 만남을 하는 것보다 '조직의 대화'가 더 중요하다는 믿음에 빠진 것이었다.

현실 세상 전략

느헤미야는 적들이 그에게 다가갈 수 없도록 재건된 성전 안에서 나오지 말라는 '친구들'의 조언을 받은 적이 있었다. 그러나 그는 현명하게도 자기 자리는 어떤 제도라는 인위적인 세계가 아니라 화살들이 날아다니는 성벽에서 일하는 일꾼들 가운데 있었음을 인식했다.

당신은 어떻게 이러한 제도화된 시스템과 싸울 수 있겠는가? 나는 전투 중이었을 때 다음과 같은 일반 원리를 따랐다.

현실 세상과 접할 수 있는 약속을 미리 잡으라. 나는 적어도 한 주에 네다섯 번의 만남을 미리 잡아 놓으려고 노력했다. 이는 어떤 문제나 프로그램이 아닌 '현실 세상에서의 삶', 그 삶이 예수님으로 인해 어떻게 좀더 영향력 있는 삶이 될 수 있는지와 관련하여 교회의 성도들을 만나는 것이었다. 이런 만남을 이 사람들이 일하는 곳에서 혹은 그 근처에서 가지려고 노력했다.

질문들을 확대하라. 나는 나 자신보다는 다른 사람들의 삶에서 가장 절박한 것들을 대화의 초점으로 삼으려고 최선을 다했다. 그들의 꿈, 그들의 두려움, 그들에게 가장 큰 도전들이 되는 것에 대해 창의적인 질문을 하려고 노력했다. 나는 그들의 가족이나(결혼한 경우) 친구들(결혼하지 않은 경우)에 대해 질문했다. 시간이 허락되면 우리 교회 공동체의 일원으로서 필요한 것이 무엇인지에 대해 질문했다. 내가 그들에게 '팔아야' 하는 것에 대해서가 아니다. 내가 받을 수 있는 최고의 칭찬은 "와, 대단한 질문이시네요. 그런 질문을 한 사람은 아무도 없었어요"였다.

중요한 행사들을 기억하라. 나는 가능한 한 달력에 사람들이 그들의 업무에서 직면하고 있는 행사들과 마감 시한들을 기록해 놓았다. 또 그 즈음에 내가 기도하고 있다고 말하면서 적당한 시간에 카드를 보내려고 노력했다. 그리고 일이 어떻게 진행되었는지 알기 위해 후속 작업도 하려고 애썼다.

독서의 폭을 넓히고 그것을 나누라. 나는 지금까지도 매주 내 설교를 듣는 사람들이 직면하는 도전들을 알려 주는 주제에 대한 독서의 폭을 넓히려고 애를 쓴다. 그리고 가능할 때마다 사람들에게 격려가 된다는 생각이 들면 그들에게 어떤 책의 일부나 기사들을 보낸다.

직업 현장을 위해 기도하라. 나는 늘 사람들의 일터라는 맥락에서 그들을 위해 기도하려고 노력했다. "주님, 내 친구가 일할 때 이 사무실에 당신의 임재에 대한 강력한 의식이 가득하기를 구합니다…" "아버지, 오늘 누군가 내 친구의 앞길을 막을 때 그리스도의 사랑이 임하기를 구합니다…" "성령 하나님, 오늘 오후 내 친구가 이러한 업무 사안들에 직면할 때 지혜를 주십시오."

삶의 현장 어휘를 사용하라. 나는 여전히 설교를 할 때 현실 세상의 어휘를 사용하려고 노력한다. 가끔 "목사님은 설교하실 때 상업 용어를 너무 많이 사용하십니다"라는 말을 듣는다. 사실 내가 지나치게 많이 쓸 수도 있다. 그러나 나는 바울의 글들에 상업 용어, 운동에 관한 유비, 군사적인 용어가 아주 많았다는 사실을 주목한다. 그는 그 모든 것 한가운데 있었다!

피트 크루에게서 얻은 교훈

최근에 손자인 루카스와 같이 앉아서, 텔레비전으로 개조 자동차 경주 대회를 보았다. 루카스는 속도를 아주 좋아하고 나는 팀워크를 좋아한다. 나는 자동차 경주차를 점검하는 스태프인 피트 크루(pit crews)의 작업에 완전 매료되었다. **훌륭한 피트 크루는 네 개의 타이어를 교환하고, 연료 탱크를 채우고, 앞 유리창을 닦고, 운전자에게 마실 것을 주는 일을(그리고 아마도 완충장치까지 교체하는 데) 15.8초 만에 할 수 있다는 사실을 아는가? 훌륭한 피트 크루는 말이다!**

그들의 목표는 무엇일까? 운전자와 자동차를 완벽하게 가동시켜 경주를 잘 마치게 하는 것이다. 경주가 가장 중요하기 때문이다. 피트(pit)에서 시간을 너무 많이 쓰면 경주에서 이기지 못한다.

우리 교회들은 이 사실을 아는가? 나는 아는가? 운전자를 경주 레인으로 재빨리 돌려보내야 하는데 우두커니 서 있는 크루를 상상해 보라. 피트 크루가 거기서 해야 할 일을 잊고 (15.8초를 떠나서) 피트에 있지 않다면 어떤 일이 일어날까? 나는 피트 크루가 운전자의 차를 준비시키기 위해 함께 일하는 것을 지켜보면서 목사들과 그 동료들의 비전을 보았다. 연료를 보급하고, 고치고, 사람들을 다시 경기장으로 되밀어 주는 모습을.

현실 세상의 경주

목사로서 나는 예배를 마칠 때 드리는 축도가 매우 중요하다는 사실을 확신하게 되었다. 그것은 성도들에게 그들이 현실의 삶의 '경주'로 돌아간다는 사실을 상기시키는 수단이었다. 나는 손을 들고 그들 위로 십자가 성호를 그으며 다음의 축도를 해줄 것이다.

> 이 세상의 거리로 나가십시오. 하나님과 그분의 백성의 임재 가운데서 여러분의 영혼이 새로워진 이 시간을 기억하며 나가십시오. 예수님께 신실하겠다는 마음으로 나가십시오. 여러분이 그분의 사랑을 품고, 그 사랑을 여러분의 가족과 친구들에게, 당신이 만나는 어려움에 처한 사람들에게 베풀겠다는 소망을 품고 나가십시오. 죄를 짓지 않겠다고 결단하고 용기를 품고 나가십시오. 어떤 순간에도 예수님이 다시 오실 수 있다는 사실을 기억하고 나가십시오. 성부와 성자와 성령의 이름으로 여러분에게 작별 인사를 드립니다.

❖ **더 깊은 묵상을 위하여**

1. 당신은 '현실의 삶'과 접하기 위하여 매일의 활동에서 떠나는 경우가 얼마나 자주 있는가? 회중이 매일 직면하는 일을 이해하기 위해 당신은 어디로 가고자 하는가?
2. 당신이 섬기는 사람들의 삶과 관심사들에 몰두함으로써 생겨난 긍정적인 결과들을 말해 보라.
3. 교회에 속한 사람들과 단지 영적으로만이 아니라 한 인간으로서 관계를 맺기 위해 당신이 개발한 중요한 방법은 무엇인가?

21
교회 성장의 10가지 조건

교회의 성장은 교회의 건강에서 비롯된다.
성장에만 초점을 맞추면 핵심을 놓치게 된다.
교회가 건강하면 하나님이 뜻하시는 대로 성장한다.
건강한 교회는 성장을 위한 장치가 필요 없다.
그 교회는 자연스럽게 성장한다.
릭 워렌

교회가 성장하는 이유는 무엇인가? 이 주제에 대한 회의와 세미나와 책들을 보면서, 그리스도인 리더들이 아주 중요한 문제를 간과하고 있다는 사실을 감지했다. 우리가 어떤 필수불가결한 조건들을 계속해서 무시한다면, 그 결과는 단기간의 인위적인 교회 성장일 것이고 이는 팽팽한 풍선처럼 곧 터질 것이다. 장기간의 진정한 교회 성장을 이루려면, 어떤 사람이나 방법보다 하나님의 백성을 더 오래 지속하도록 해주는, 교회 생활의 토대가 되는 측면을 붙잡고 싸워야 한다.

내가 열거하려는 조건들은 교회가 성장 정체기에 이를 때면 논의와 위기의 문제들로 늘 수면으로 떠오른다. 그러한 정체기를 다른 말로 하면 '성장의 상한점'이라 할 수 있다. 이는 교회가 어떤 주요한 노력을 하지 않으면 더 이상 성장하지 않는 지점을 가리킨다.

교회는 종종 수적으로 정체되는 듯 보인다. 다음 성장 단계로 돌파해 나가는 것의 현실성과 바람직함을 놓고 싸우는 때가 그런 때다. 이러한 교회의 침체기에는 종종 회의가 우울하고, 가정이나 교회 복도에서 "우리 교회가 뭘 잘못한 거지?" "모든 것이 아주 잘되어 가는 듯했을 때가 생각 나. 우리는 매주 성장하고 있었지"와 같은 조용한 대화들이 오간다.

그러나 실제로 일어나고 있는 일은, 교회가 자연적인 성장 상한점을 돌파해 나갈 믿음과 에너지가 있느냐 하는 문제에 직면해 있다는 것이다. 많은 교회들이 필요한 단계들을 밟지 못하면 그 정체기는 길게 지속된다. 그러다 그 후에는 숫자와 생명력이 서서히 쇠퇴하는 상태로 나아갈 수 있다.

첫 번째 정체기는 대예배에 정기적으로 출석하는 교인이 150명이 될 때다. 두 번째 정체기는 출석 교인이 450-500명에 도달할 때이고, 세 번째 정체기는 그 수가 950-1,000명 가량일 때 나타난다.

이러한 세 번의 정체기에는 몇몇 실제적인 이유들이 있는 듯하고, 각 단계가 상당히 흡사해 보인다. 규모만 다를 뿐이다. 상한점을 돌파하기 위해서는 회중이 어떤 결단을 해야 한다. 보통 그러한 결단은 공간을 더 확보하는 것이나, 목회 인력을 충원하는 것이나, 인격적으로 알 수 있는 수준보다 더 많은 사람들을 교회 공동체 속으로 들어오게 하고자 하는 마음과 관련이 있다. 그 가운데 하나든 아니면 세 가지의 조합이든, 이는 교회 구성원인 우리가 누리는 최상의 상태를 위협하는 성향이 있다. 이는 돈을 좀더 쓰는 것, 통제권을 내주는 것, 우리를 불편하게 하는, 사실상 '낯선 사람'과 거의 다를 바 없는 이들과 관계 맺는 것을 은근히 꺼리는 우리에게 위협이 된다.

따라서 우리는 극적인 결정을 연기하는 경향이 있다. 그러나 어쨌든 결정들은 내려진다. 결정을 내리지 않는 것은 사실 침체를 결정하는 것이기 때문이다. 심히 붐비는 공간, 업무가 과부하된 목사들, 성도들이 새로운 관계 형성을 꺼리는 모습은 다른 무엇보다 교회를 더 **빨리 죽이는 현상들이다.**

교회가 정체기나 상한점을 돌파해 내면, 보통 그 다음 상한점을 향해 꾸준히 성장하는 흐름을 시작한다. 그러다 성도들이 자신에 대한 확신을 갖고 하나님의 인도하심을 확신하기까지 같은 종류의 트라우마가 다시 시작된다. 일단 교회가 세 번 연이은 상한점을 돌파하는 용기 있는 결단을 내리면 규칙적으로 무한한 성장이 일어나는 경향이 있는 것 같다.

나는 다음 조건들 중 상당 부분이 교회 안에 작동되고 있어야 한다고 확신한다. 그렇지 않다면 어떠한 성장이든 강요당할 것이고 그 성장 역시 아마 일시적일 것이다. 분명 교회는 카리스마 넘치는 한 개인의 힘만으로, 혹은 그 공동체 속으로의 유입이 가능한 지역 상황에서, 혹은 일종의 순간적인 유행 프로그램으로 성장할 수 있다. 그러나 그것이 우리가 바라는 성장인가? 절대 아니다! 우리는 제자들이 예수 그리스도의 형상으로 빚어지는, 정직하고 장기적인 성장을 추구한다.

조건 1: 성장을 대비한 준비 작업

성장하는 교회는 어쨌든 현재에 초점을 맞추지 않고 미래를 기반으로

한 사역 계획을 세우는 결정을 내린다. 이는 실제 성장이 아닌 예상 성장에 기초하여 프로그램을 시행하고, 목회자들을 영입하며, 건물을 짓는 것을 의미한다.

실제 성장을 기초로 프로그램을 짜면, 적어도 한두 해는 뒤처질 것이다. 예를 들어, 불행히도 대부분의 교회는 아마도 유치부, 유초등부 아이들이 클 때까지 청년부 사역자 영입을 미룬다. 그러다 갑자기 청년들을 위한 전문적인 사역이 필요함을 깨닫게 되면 리더십은 공황상태에 빠진다. 그러나 사람을 어디서 찾을 것인가? 그것은 아마 6개월 프로젝트일 것이다. 그리고 그 사람이 사역자로 적응하는 시간 4개월이 이어지고, 안정화되는 데 6-9개월의 기간이 걸린다. 실질적인 사역을 하기 위해 너무 많은 시간이 허비된다.

건물과 프로그램에 대해서도 같은 이야기를 할 수 있다. 사역자, 공간, 전략을 고려할 때 성장을 염두에 두고 준비를 하는 것은 믿음의 행위다. 물고기를 잡은 기적에서처럼 예수님은 배 밖으로 던져 물속에 담근 그물에만 물고기를 채우신다. 성장을 바라는 교회는 내일의 필요를 위해 공간, 사역자, 전략을 마련한다.

조건 2: 구조적 갱신

제트기가 음속 장벽을 깨면, 공기 저항의 압박이 생겨난다. 엔지니어들에 따르면 그들은 이런 가능성을 두고 비행기를 설계해야 한다고 한다. 많은 교회들이 현재 크기의 5분의 1일 때 만든 구조와 프로그램을 기반으로 하고 있다. 그들은 왜 성장이 일어나지 않는지 의아해하는데, 그 답은 어제의 구조가 성장 장벽을 뚫고 지나갈 수 없게 한다는 사실에 있을 수 있다. 대형 교회는 중앙집권화된 정책도 필요하지만 분권화된 정책 실행도 필요하다.

중요한 사역에 대한 책임을 공유하기를 싫어하는 최고 위치의 소그룹으로 인해, 교회의 변화 능력이 발현되지 못할 수도 있다. 존 가드너(John Gardner)는 조직의 갱신에 대한 글에서, 성장하는 조직은 성장과 효율성을 제한하는 것은 무엇이든 실제로 바꿀 목적으로 매년 조직적 전략적 구조를 점검한다고 말했다.

오늘날 교회는 교리적 독특성을 제외하고는 무엇이든 기꺼이 바꾸어야 한다. 어떤 프로그램이 기대치에 이르지 못할 때는 곧바로 그 프로그램을 중단할 준비를 해야 한다. 그리고 지혜로운 리더들이 신자들의 영적 건강을 위한 성경적 목적을 성취하기 위해 할 수 있다고 느끼는 일은 무엇이든 행동으로 옮길 준비를 해야 한다.

조건 3: 하위 그룹

교회가 150명의 상한선을 통과하면 곧 바로 적어도 두 개 이상의 하위 그룹이 조직된다. 이는 지리적 위치나 교회 안에서 같은 일을 한다거나, 나이, 교육, 직업적 관심사가 유사한 경우 등 어떤 관련성을 가진 그룹이다.

교회 성가대도 하위 그룹의 하나일 수 있다. 주일학교 교사들, 청년부 간사들, 복음 전도 팀도 하위 그룹이다. 신혼부부 그룹과 장년층 그룹도 마찬가지다. 요점은 이것이다. 교회가 더 커질수록 하위 그룹이 더 많이 생겨날 것이라는 점이다. 이 그룹들은 각 신자들의 교제의 기초가 된다. 누군가가 "교회가 너무 커져서 모든 사람을 알 수 없어요"라고 말할 때 답은 간단하다. "누구든 모든 사람을 다 알 필요는 없다. 단지 반드시 하위 그룹에 속하면 된다. 누구도 40-50명 이상의 사람과 관계를 맺을 수는 없으므로, 큰 교회 내의 인간관계를 위해서는 하위 그룹 구조가 필요하다." 예루살렘 교회도 분명 큰 교회였고, 하위 그룹이 "집집에서" 만났다.

하위 그룹이 있으면 교회의 크기는 상관없어진다. 작은 교회와 큰 교회의 장점에 대한 오랜 논쟁은 거의 의미가 없다. 누구든 속할 수 있는 하위 그룹이 있느냐 없느냐에 주의를 기울이면 된다.

조건 4: 다양한 사역자 영입

성장하는 교회는 다수의 사역자 개념에 진지하게 주의를 기울여야 한다. 많은 교회들이 지나치게 오래 기다리다가 이를 시행한다. 목사가 간청하고 회유한 다음에야, 목사가 탈진할 때까지 일하고 나서야 회중은 반응하려 한다.

다수의 사역자에 대한 좋은 공식은 이것이다. 선임 목사 외에, 일종의 부목사를 출석 교인 200명당 한 명씩 임명하는 것이다. 부목사들은 교회의 전문 사역 분야에서, 즉 청년부, 아동부, 음악사역부, 행정부 등에서 일하게 된다. 대개 교회들은 겉으로 보기에 아주 결정적인 필요가 있을 때 반응한다. 청년 사역이 한 예다. 또 잘 드러나지 않지만 행정 분야에 사역자가 필요한 교회들도 많이 있다. 세심하게 살피며 늘 기도하는 리더들은 목사와 협력하여 사역자들에 대한 필요를 결정하고 공황 상태에 이르기 전에 사역자들을 세울 것이다.

다섯 개의 작은 교회에는 각 교회마다 목사에게 요구되는 다양한 일들을 하는 설교하는 목회자가 있어야 한다. 마찬가지로 하나의 큰 교회는, 교회 가족의 대규모 단위에 맞는 특별한 섬김을 제공하는 다섯 명의 전문 목회자를 영입할 수 있다. 이 사실은 쉽게 간과되어서는 안 된다. 이 공식을 따른다면 오늘날 많은 필요들을 다루는 일이 크게 달라질 것이다.

조건 5: 탁월함 추구

교회가 점점 커져 감에 따라, 교회는 대예배 참석자들이 가능한 한 최고 수준에서 찬양하고 예배를 드릴 수 있도록 해야 한다. 단지 '모든 사람에게 기회를 주어야 하기 때문에' 자격 없는 사람들에게 리더십 기능을 하도록 하는 것은 대형 교회에서는 영향력이 없다. 적정한 탁월함을 보일 수 없다면, 그 사람에게는 자신의 은사가 더 잘 사용되고 인정받을 수 있는 다른 기회가 주어져야 한다.

탁월함의 문제는 종종 할리우드주의와 혼동된다. 나는 이 문제와 관련하여 모든 회의론자들을 절대 납득시킬 수 없음을 안다. 하지만 성장하는 교회에는 매주 새로이 오는 사람들이 있고 이들은 그 교회에 대한 첫인상으로 장기간 지속될 결정을 하게 되는 것이 사실이다. 그들은 주중에 매일 오락물, 기업, 지역 사회에서 탁월한 문화를 접한다. 그런데 하나님의 일이 그들에게 익숙한 문화의 수준보다 떨어지는 형태로 표현되어서야 되겠는가! 설교, 음악, 경영, 프로그램이 허접하다면, 성장하는 교회의 탄력은 금세 사그라질 것이다.

조건 6: 체계적인 설교 사역

장기적인 교회 성장은 상당 부분 사람들을 먹이는 체계적인 설교 사역에 달려 있다. 기본적으로 이는 설교자 **한 명**의 사역이다. 오랜 시간 동안 그 사역은 설교 팀이 공유할 수 없었다(그 반대 경우인 몇몇 흔치 않은 예들이 있긴 하지만). 나는 대부분의 미국 교회가 하나님의 말씀을 체계적으로 가르치는 한 사람이 전담하는 설교 사역을 바란다고 확신한다.

교회는 사실 매력적인 프로그램을 기초로 일정 기간 성장할 수 있고, 특별한 역할을 위해 들어온 전문가들의 사역으로 잠시 유익을 얻을 수도 있다. 그러나 장기적인 성장은 담임목사가 예배자들의 내적인 심령을 충분히 먹일 만큼 설교를 잘 하느냐 못하느냐에 달려 있다.

설교는 성경에 기초해야 하고, 삶에 적용할 수 있어야 하며, 개인적인 삶의 기준 그리고 관계와 관련하여 계속 결정들을 하게 만드는 도전적인 것이어야 한다. 사람들은 그들이 어떻게 살아야 하고, 어떻게 매주 그들을 누르는 압력들에 대처해야 하는지를 깨달아야 한다. 실제적인 삶의 질문들에 대해 하나님의 말씀에서 나온 강해에 기초하여 정직하게 답을 주는 설교가 있다면, 거기에 성장이 있을 것이다.

조건 7: 전방위 교육

수적인 성장은 교회 교육에 대한 전적인 헌신과 같이 가야 한다. 이는 주일학교로 시작되기는 하지만 단지 주일학교에 국한되지는 않는다. 유아 교육을 포함하지만 아이들만을 목표로 한 교육이 아니다. 이는 교회에 속한 모든 사람, 즉 교회에 대한 첫인상을 얻게 되는 따뜻하고 안락한 놀이방으로 오는 4주 된 갓난아이부터, 성경 강해반에 앉아 계신 가장 나이가 많은 어르신까지 모든 사람을 목표로 하는 교육이다.

전방위 교육이라 함은, 새신자는 물론 성숙한 그리스도인들을 위한 교육 과정도 포함한다. 여기에는 성경과 기독교 교리의 모든 부분을 고찰하는 과정도 있다. 그리고 윤리와 관념에 대한 실제적인 강좌도 있다. 여기서 기독교는 현대 세계관에 이의를 제기한다.

전방위 교육을 위해서는 좋은 가르침을 향한 엄청난 노력이 필요할 뿐 아니라, 가장 편안하고 효율적인 학습 시설을 제공하기 위해 타당한 비용을 들이는 일을 회피해서는 안 된다. 모든 사람이 기독교 교육에 관여하지 않으면 장기간의 진정한 성장은 일어날 수 없다.

조건 8: 교회 가족이 되기 위한 훈련

교회 가족이 되기 위한 훈련에 대해 말할 때 나는 적어도 두 가지를 염두에 두고 있다. 가볍지 않은 훈련과 참여하는 훈련이 그것이다.

성장하는 교회는 교회 가족이 되고자 하는 모든 사람에게 높은 기준을 제시한다. 그 사람이 하나님과, 또 하나님의 백성과 인격적인 관계를 맺고 있는지 확인하기 위해 온갖 지혜로운 노력을 다한다. 면담, 훈련 강좌는 물론, 교회의 필요들에 직면하게 함으로써 그들의 진실성을 점검하는 것이다. 교회 가족이 되기 위한 훈련을 단순하게 하면 단기간의 인위적인 성장만 이룰 수 있을 것이다. 하지만 장기간의 성장은 성숙한 멤버들이 없다면 일어날 수 없다.

공동체에 참여하는 것 역시 훈련의 한 부분이다. 구성원들은 적어도 네 가지에 기여하도록 요구된다. 교회의 대예배에 성실하게 참여하기, 요구가 있을 때 자신의 영적 은사를 기꺼이 사용하기, 그들의 삶에 주신 하나님의 축복에 비례하여 재정적인 은사를 사용하기, 교회 리더들을 적극적으로 격려하는 마음으로 지지하기가 그것들이다. 이것 없이는 성장이 일어날 수 없다.

조건 9: 관계에 대한 강조

관계가 냉랭한 교회는 아주 오랫동안 성장하지 못할 것이다. 이 조건은 성도를 향한 진실하고 솔직한 사랑을 보여 주어야 하는 목사로부터 시작된다. 목사가 진정한 사랑을 가지고 있고 그것을 표현할 수 있다면 그 사랑은 전염성이 있을 것이다. 착취하고 지배하려는 세상에서 사람들은 사랑을 갈구한다. 만약 그들이 교회 공동체 안에서 그것을 발견한다면 거기에 속하고 싶을 것이다.

작은 교회는 물론 큰 교회에서도 따뜻함이 쉽게 생겨날 수 있다. 그러나 그것은 리더십에서 시작된다. 사람들이 필요한 때에 지원을 받을 수 있는 의미 있는 우정 관계와 가정 구조에 대한 강조점, 관계에 대한 강조점이 교회 프로그램에 스며들어 있어야 한다.

성장하는 교회는 사람들을 더 작고 서로 돌보는 그룹으로 나누는 방법을 찾아야 한다. 아마 이는 하위 그룹과는 다를 것이다. 소그룹에서는 사람들이 질병, 죽음, 직업상의 어려움으로 야기되는 필요에 직면할 때 즉각적인 관심을 받을 수 있다. 이렇게 관계에 강조점을 두게 되면 어느 누구도 상실감, 불필요하다는 느낌, 사랑받지 못한다는 느낌을 갖지 않을 것이다. 성장을 위해서는 이것이 필요하다.

조건 10: 과감한 결정

궁극적으로 교회 성장은 믿음의 분위기에서 이루어진다. 교회가 명확하고 '안전한' 결정만을 내린다면 하나님의 영의 축복을 받지 못할 것이다. 믿음에는 기꺼이 위험을 감수하려는 마음이 필요하다(실제로는 위험이 아닌). 제자들이 물고기가 전혀 없어 보이는 바다 속으로 그물을 던졌듯이, 교회는 하나님의 능력과 지지에 응답하며 과감하게 나아가라는 하나님의 부르심을 받는다.

과감한 결정은 어리석은 결정이 아니다. 그것은 스스로를 위해 조직적인 기념물을 세우고자 하는 한 사람이 내리는 결정이 아니다. 오히려 위대한 일을 이루실 하나님을 신뢰하는 믿음을 가진 기도하는 리더십 팀이 내리는 믿음의 결정이다. 과감한 결정은 결과를 전혀 확신하지 못하는 사람들이 내리지만, 그들은 그들의 교회가 하나님의 것이며 그분이 인도하시는 곳에 그분의 뜻이 있을 것임을 안다. 그들이 믿음으로 한걸음 나아가면 하나님은 응답하신다.

이런 조건들이 널리 퍼져 있다면, 성장 정체기는 쉽게 지나간다. 사회가 점점 더 반 기독교적으로 되어 가는 이때에 교회 성장은 우리 모두에게 더 중요하다. 우리는 다른 때를 기다릴 수 없다. 우리는 좀더 많은 이들이 예수 그리스도를 들을 수 있도록, 좀더 많은 이들이 그리스도에게 굴복하도록, 모든 지역에 있는 교회가 성장하도록 이런 조건들을 들여와야 한다.

❖ **더 깊은 묵상을 위하여**

1. 당신이 속한 교회를 생각해 보라. 당신의 교회는 150명에서 500명까지 성장했는가? 혹은 500명에서 1,000명 이상까지 성장했는가? 이렇게 성장하는 과정에서 당신은 어떤 역할을 했는가?
2. 작은 교회에서는 어떤 도전들에 맞닥뜨리게 되는가? 중간 규모의 교회와 대형 교회는 또 어떤가? 이런 도전들이 교회의 규모와 상관관계가 있는가, 아니면 규모에 상관없이 교회가 받는 도전들은 비슷한 것인가?
3. 건강한 교회 성장의 핵심은 무엇인지 당신의 말로 표현해 보라.

22
가장 집중해야 할 것

> 예수님이 제자들을 준비시키기 위해 사용하신 방법은,
> 리더들과 평신도들이 섬김을 위해 훈련하고 구비되도록
> 의욕을 불어넣는 방법이다.…교회는 사람들이 가는 장소가 아니라
> 사람들이 있는 곳이며, 공동체와 신자 둘 다를 풍요롭게 하기 위해
> 사람들의 은사와 재능을 발견하고 활용하는 곳이다.
>
> 스튜어트 브리스코

내 사역의 초기를 떠올리면, '고든 맥도날드사(社)'라 부를 만한 것에 얼마나 많은 투자를 했는지 부끄럽기 그지없다. 그 사역은 상당 부분 나에 대한 것이었지, 예수님과 다른 사람들에 대한 것이 아니었다.

그러다 어느 순간 나 자신을 세우는 활동들은 조직, 즉 교회 조직을 세우는 일로 대체되었다. 그것은 팀을 구성하고, 리더들을 격려하며, 교회 성장을 위한(영적인 면과 수적인 면 둘 다에서) 전략을 구상하는 것을 의미했다. 목회가 아주 만족스러운 일이 되었고, 내 일을 대부분…정말 좋아했다.

그러나 조직을 세우는 일을 시작하고 몇 년이 지난 후 어느 주말, 나는 훨씬 더 중요한 것을 깨달았다. 이는 사역의 스위트 스폿(sweet spot), 즉 집중해야 할 가장 정확한 지점이라고 말할 수 있을 것이다.

그것은 바로 나를 세우거나 조직을 세우는 일 대신 사람을 세우는 일, 즉 잘 준비되어 하나님 나라의 어떤 부분에서 변화를 일으킬 수 있는 젊은 그리스도인들과 함께하는 사역을 깨달은 것이다.

이런 깨달음은 웨스트포인트에 있는 미국 육군사관학교의 사관후보생을 위한 채플의 설교자로 갔을 때 얻은 것이었다. 거기서 만난 사람들의 위엄과 탁월함에 나는 놀라지 않을 수 없다. 잊을 수 없는 일이었다.

미국 육군사관학교의 사명은 다음과 같다.

> 졸업생 각각이 직무, 영예, 국가에 헌신하며, 미국 육군 장교로서 국가를 위해 전문적이고 탁월한 봉사를 할 수 있는 자격을 갖춘 장교가 되도록 사관후보생들을 교육하고 훈련시키고 의욕을 고취시키는 것.

이것을 보며 궁금해졌다. '내가 목사로 있는 교회에서 이에 상응하는 것은 무엇일까? 우리는 어디에서 그리고 어떻게, 예수 그리스도를 위해 다른 사람들에게 영향을 끼칠 수 있는 리더들을 교육하고 훈련하고 의욕을 고취시키고 있는가?' 우리가 그렇게 하지 않았다는 것이 사실이었다.

우리 프로그램 중에 리더십 훈련 프로그램이 있는 것은 확실했다. 우리의 공고는 이런 식이다. "이런저런 활동에 대한 훈련을 원하시는 분은 수요일 저녁에 오십시오." 우리는 90분 동안의 훈련을 통해 당신을 리더로 만들겠다는 암시를 한다. "3개월 할부로 39.95달러를 내면, 당신을 부동산 재벌로 만들어 드리겠습니다"라고 하는 텔레비전에 나오는 거래처럼 말이다.

우리는 함께 섞이는 일, 아이디어들로 실험하는 일, 대화를 진행해 나가는 일을 두려워하지 않는 실제 '참여자들'을 원했다. 육군사관학교나 해군사관학교나 공군사관학교에서 하는 방식이 아니었다. 그런 학교들에서는 그것이 그렇게 간단하지가 않다.

새로운 리더들이 생겨나지 않는다

나는 집에 돌아와서 '웨스트포인트' 리더십 개발이라는 내 비전을 사역자들, 평신도 지도자들, 듣고 싶어 하는 모든 사람에게 납득시키려고 애를 썼다. 그러나 잘 해내지 못한 것 같았다. 사람들은 미소를 짓고 원칙에는 동의한다고 말하며, "언젠가…그것에 대해 생각해 봐야겠지요"라는 말을 했다. 인정하건대 당시의 나는 말뿐이었지 구체적인 것이 거의 없었다.

그러다 어느 날 길을 찾았다. 교회에 선례가 없는 비전은 대개 누군가(이 경우에는 나)가 혼자 그 일을 하는 것이 필요하다는 사실이었다.

내가 심각하다는 것을 알아차린 아내 게일이 "이 일은 당신과 내가 같이 할 수 있는 일이에요. 교회 건물이 아닌 우리 집에서 그 아이디어를 실천해 보는 것이 더 지혜로울 것 같다는 생각이 들어요"라고 말했을 때 돌파구가 생겼다. 그것은 이 시도와 관련한 그녀의 여러 명석한 아이디어 중 첫 번째 것이었다.

우리는 우리의 비전에 맞는 자료들을 뒤졌지만 만족할 만한 것을 찾지 못했다. 우리가 하려는 리더십 개발은 어떤 프로그램이 아니라는 사실을 깨달았다. 그것은 사람들이 하나님이 그들에게 의도하신 바대로 성장해 가는 깊은 관계의 문제다. 그것은 예수님이 자신과 함께 있게 하시려고 열두 명의 제자를 택하셨을 때 하셨던 일과 같은 것이다. 그분은, 아니 그분만이 이 열두 명에게서 리더십의(혹은 영향력의) 잠재력을 보셨다.

게일과 나는 열두 명에서 열네 명의 사람을 뽑은 다음 어떤 일이 가능할지 보기로 결정했다. 그때 사역자 중 한 명이 청년들로 이루어진 소그룹과 만나고 있다는 사실을 알게 되었다. 그러다 그가 다른 사역을 위해 사직했을 때 나는 그 그룹과 함께 앉아서 내 꿈에 대해 이야기하고, 한 주 후 우리 집에서 게일과 나를 만날 의향이 있는지 물었다. 그들은 모두 동의했다.

그 저녁이 되어 게일과 나는 그 꿈에 대해 상세하게 나누었다. 우리는 약 9개월 동안 수요일 저녁마다 갖는 모임을 제안했다.

"우리는 여러분에게 예수님을 따르는 일, 그분의 부르심을 듣는 것, 우리 개인의 은사를 발견하는 것, 성경적인 성품으로 자라나는 것이 어떤 의미인지에 대해 우리가 배웠던 모든 것을 이야기하려고 노력할 겁니다. 사람들에게 영향을 끼치는 법에 대해 우리가 배운 것은 무엇이든 여러분에게 이야기할 겁니다" 하고 우리가 말했다.

"그러나 주의할 점이 있습니다. 여러분은 40회, 수요일 저녁마다 여기에, 정각에, 끝까지 계속, 충분히 준비를 하고 올 수 있도록 시간을 비워 두어야 할 것입니다. 여러분이 죽어가거나 회사에서 여러분을 시외로 보내며 가지 않으면 해고당할 거라고 하지 않는 한 여러분은 빠질 수 없습니다."

우리는 그 그룹에게 "이에 대해 기도하고 생각해 보십시오. 그러고 나서 하나님이 여러분을 이 일로 인도하신다고 믿는다면 우리에게 연락하십시오"라고 말하며 첫 저녁 모임을 끝냈다. 며칠 만에 모두가 긍정의 대답을 전해 왔고 일정이 잡혔다.

벌써 10년도 넘은 일이다. 그 후 거의 매년 우리는 비슷한 그룹을 골라서 그 일을 시작했다. 이제 게일과 나는, 계속된 '웨스트포인트' 과정을 마치고 거의 예외 없이 하나님을 섬기는 일에서 중요한 기여를 하고 있는 백여 명의 사람에 대해 말할 수 있다. 몇몇은 신학교를 나와서 공식적인 사역을 하고 있으며, 대부분은 교회 안에서 혹은 세상에서 예수의 이름으로 선을 행하며 여러 형태의 평신도 리더로 일하고 있다.

우리가 한 일

내가 이 이야기를 할 때마다 사람들이 모여든다. 그들은 좀더 알고 싶어 한다. 또 교회의 장기적인 미래에 이것이 중요함을 깨닫는다. 당신은 내일의 그리스도인 리더들을 어떻게 훈련하는가?

우리는 우리의 활동을 리더십/제자도 계발(Leadership/Discipleship Initiative, 이하 LDI)라 불렀다. 이유는 정확히 기억나지 않는다. 웨스트포인트를 모든 사람이 좋아하지 않았던 것 외에는.

"커리큘럼이 있나요?"라는 질문을 종종 받는다.

그 답은 39.95달러 커리큘럼은 없다는 것이다. 예수님이 "나를 따르라…"라는 말씀의 후속 조치로 커리큘럼을 갖고 계셨을지 나는 궁금하다. 19세기에 살았던 영국인 브루스(A. B. Bruce)는 「열두 제자의 훈련」(The Training of the Twelve, 크리스챤다이제스트 역간)이라는 책을 썼는데, 그는 거기서 예수님이 따르셨던 커리큘럼을 추적하고자 했다. 이 책을 강력 추천하지만 경고도 한다. 읽기 쉬운 책이 아니라고.

LDI는 리더십 계발에 대한 직관적인 접근이다. 게일과 나는 우리가 어떤 결과를 원하는지도 알았고, 우리가 하고 싶어 하는 훈련들이 어떤 것인지도 인지하고 있었다. 우리가 알지 못했던 것은 한 주 한 주 그것이 어떻게 흘러갈 것인가 하는 것이었다.

십여 년이 지난 이제야 우리가 한 일과 우리가 배웠던 것을 설명할 수 있다. 각 그룹에 대한 우리의 목표는 이것이었다.

- 적절하게 코치를 받으면 다른 사람들에게 영향을 끼칠 수 있는 잠재력이 있는 사람들을 찾아, 그들의 잠재력을 찾아 주는 것.
- 사람들이 남은 생애 동안 신앙의 성숙을 추구하는, 강하고 자생력 있는 예수의 제자가 될 수 있도록 그들의 영적 성장의 속도를 높이는 것.
- 예수님이 우리를 사랑하시듯이 사람들이 진정으로 서로를 사랑할 때 그리스도인 공동체가 될 수 있음을 그들이 경험하게 하는 것.
- 부름받고 은사를 부여받았다는 것이 어떤 의미인지를 실증하는 것, 그리고 특정 세대를 향한 하나님의 뜻에 사로잡히는 것보다 더 큰 기쁨은 없다는 사실을 발견하는 것.

우리는 사실 "수요일 저녁이면 게일과 고든의 집으로 오세요. 리더가 되는 법을 가르쳐 드리겠습니다"라고 말하며 교회 소식란에 단순하게 광고를 하면, 우리가 감당 못할 정도로 사람들이 많이 오고 상당 부분은 옳지 못한 동기로 오지 않을까 하는 의심이 생겼다.

예수님도 자원자들을 받아들이지 않으려 하시는 모습이 있었다는 것이 종종 주목을 받지 않는가. 우리는 그것이 중요한 원리여야 한다고 믿고, LDI를 교회의 다른 훈련들과는 다르게 만들기로 결정했다. 우리는 조용히 그리고 신중하게 사람들을 살폈다.

LDI의 첫 해가 끝나갈 무렵 게일과 나는 우리의 다음 '열두 명'을 찾기 시작했다. 우리의 탐색 작업은 2월 초반에 시작되었다. 훈련을 시작할 9월과는 겨우 8개월 떨어져 있는 시점이었기 때문이다.

여러 교회 활동을 마치고 차를 타고 집으로 돌아올 때면 우리의 대화는 종종 우리가 관찰하고 있는 사람들에게로 초점이 맞추어졌다. 게일은 특히 사람들을 연구하고 직관적인 판단을 내리는 일을 잘 했기 때문에 나는 그녀의 통찰에 아주 많이 의지했다.

그녀는 "오늘 아침에 밥(Bob)을 지켜보았어요" 혹은 "크레이그와 로리에 대해 생각해 본 적이 있어요?"라고 말하곤 했다. 또 우리가 같이 살펴본 것에 대해서도 이야기하곤 했다.

그들에게 신실함, 영적 욕구, 섬길 방법을 찾는 모습이 있는가? 우리는 약속과 언약에 충실함을 보이지 못하는 사람들은 LDI에 초대하지 않으려 했다. 많은 성도들이 말과 약속은 잘하지만, 어떤 새롭고 흥분되는 일이 일상적인 일로 바뀌면 재빨리 그 일을 접어 버린다. 그들의 신실함에 대한 우리의 판단 기준은, 드러나는 일(정각에 오느냐, 준비를 하고 오느냐, 일반적으로 열정이 있느냐)에 대해 그들이 받고 있는 평판에서 시작되었다.

우리는 만성적인 문제들로 주목을 끄는 사람들에게는 관심이 없었다. LDI는 지지 그룹이나 치료 그룹이 되어서는 안 되었다. 교회에서 그런 모임을 할 수도 있겠지만 LDI는 그런 그룹이 아니었다.

그렇다. LDI는 그해 동안 고투를 벌인다. 누가 그러지 않겠는가? 누군가는 직장을 잃고, 어떤 배우자는 심각한 병에 걸리고, 아들이나 딸이 걱정스러운 문제가 있는 경우도 있다. 그런 상황 하에서 LDI 그룹은 서로 함께하는, 즉 서로를 위해 기도하고 서로를 돌보고 서로를 섬기는 기쁨을 경험했다. 우리는 모두 '목회를 하는' 법과 서로를 위해 기도하는 법을 배웠다.

우리가 기대했던 것

요약하면 우리는 다음과 같은 것들을 기대하고 있었다.

- 가르칠 수 있는 사람. 좋은 질문을 할 수 있는 사람, 그리스도를 따르는 삶을 진지하게 여기는 사람, 영적으로 성장하기 위해 애쓰는 사람.
- 필수적인 사회적 기량을 가진 사람. 따지기 좋아하거나 거칠거나 과민해서 다른 사람과 잘 어울리지 못하는 사람이 아닌, 다른 사람들을 향한 존중과 관심을 보이는 사람.
- 저녁 시간 내내 아무 말도 하지 않고 그냥 앉아만 있지 않는 사람. 우리는 함께 섞이는 것, 아이디어들로 실험하는 것, 대화를 진행

해 나가는 것, 의견을 말하는 것을 두려워하지 않는 실제 '참여자들'을 원했다.

우리는 보통 5월이나 6월까지 관찰하고 기도하고 조용히 약간의 시험을 해보며(그들이 알아채지 못하게) 20명의 목록을 만들었다. 그러고 나서 8월이나 9월에 그들 모두를 우리 집으로 저녁 식사 초대를 했다.

후식을 먹고 나면 그룹을 모으고 LDI 아이디어가 어떻게 진전되었는지에 대한 이야기를 했다. 또 우리의 목표와 하나님이 이전 그룹들 가운데서 행하신 일들에 대해 나누었다. 지금은 어떤 형태로든 리더가 되어 있는 다양한 참석자들에 대한 이야기를 하고(물론 그들의 허락 하에) LDI 수료자들 누구에게든 가서 그들의 경험에 대해 물어 볼 수 있다고 분명히 말했다.

또 그 저녁 시간 동안 해야 할 중요한 일은, 모든 사람에게 우리가 그들 속에서 본 것과 왜 그들을 초대해야겠다는 생각을 하게 되었는지에 대해 이야기해 주는 것이었다. 많은 이들에게 이 시간은 처음으로 그들의 특성을 알아준 사람을 만나는 시간이었다. 영향력 있는 사람이 될 잠재력을 암시하는 특성들 말이다.

끝날 무렵이 되면 우리는 '요청' 시간을 가졌다.

우리는 여러분 각자가 다음 해에 LDI를 고려해 보시기를 요청합니다. 그러나 며칠 동안 그 의미를 충분히 생각해 본 다음에 우리의 초청을 받아들이길 바랍니다. 그것은 약 40주 동안 매주 수요일 저녁(나중에는 월요일 저녁으로 바뀌었다) 시간을 떼어 놓는 것을 의미할 것입니다. 또 여기 일찍 와서 늦게까지 있고, 미리 준비하고, 망설임 없이 저녁 모임에 몰두하고, 도전적인 일들에 헌신하도록 요구할 것입니다.

여러분은 이에 대한 준비가 되어 있습니까? 여러분이 결정을 위해 기도하고 확신을 가질 때까지는 하겠다고 말하지 마십시오. 일단 참여하겠다고 하면 여러분은 게일과 고든만이 아니라 다른 열 명 남짓과도 언약 관계를 시작하게 되기 때문입니다. 여러분이 참여하겠다고 하든지 안 하든지, 여러분에 대한 우리의 애정은 변하지 않을 것입니다.

그러면 매년 초대받은 스무 명 중에서, 보통 12-14명이 참여하겠다고 말했다. 어떤 사람은 미혼이고 또 어떤 사람은 기혼이었다. 간혹 배우자 중 한 사람은 참여하겠다고 했고 다른 한 사람은 하지 않겠다고 했다. 참석자들의 나이는 23-50세 정도였고, 최근에 참여한 한 부부는 70대였다(마음은 40대였던). 나이, 성별, 결혼 상태는 약속을 지키는 것보다 중요하지 않았다.

인생의 한 해

모임은 매해 9월 중에 시작되었다. 그리고 첫 주에는 신문과 잡지의 기사나 책의 중요한 장들, 그리고 성경을 분석적으로 읽는 법을 가르쳤다. 우리는 그리스도를 따르는 많은 이들이 지성과 감성을 자극하는 도전적인 글 읽기를 두려워한다는 사실을 일찍이 발견했다. 또한 너무도 많은 이들이 실제로 저자가 말하려 하는 바를 알려 하지 않고 결론과 의견으로 건너뛰어 가 버린다는 사실을 감지했다. 우리는 그들에게 저자가 진정으로 말하는 바를 이해하는 시간을 가진 이후에야 그 말한 바를 평가할 수 있다고 가르쳤다.

또 할당된 자료를 한사람씩 한 단락 또는 두 단락씩 소리 내어 읽는 것이 중요함을 깨달았다. 소리 내어 읽는 것을 들음으로써 새로운 이해와 통찰을 얻게 되기도 하기 때문이다.

그 다음 게일은 각 그룹에게 MBTI를 가르쳤다. 이는 사람들이 서로 얼마나 다른지 이해하도록 도와주기 위함이다. 또 우리는 영성 훈련을 공부했고, 성품의 성경적 의미에 대해 연구했다. 그 다음에는 영적 은사에 대한 성경의 가르침을 완전히 익히기 위해 노력했다. 이 공부를 하는 내내 우리는 영향력과 리더십의 실제적인 기술을 가르치려고 애를 썼다. 본을 보이지 않고 지나간 적은 거의 없었다. 모임을 인도하는 방법이 한 가지 예다.

대부분은 강의 방식으로 진행되지 않았다. 그것이 나 같은 설교자의 일차적인 본능이긴 했지만 말이다. 배우고 성장하는 일은 그룹의 발견과 대화를 통해 온다는 사실을 우리는 확신하게 되었다. "단어, 구절, 반복들을 찾아보십시오. 저자가 말하고자 하는 핵심 개념을 찾아보십시오. 그리고 나서 그룹에서 나누면서, 당신이 얻은 진리들로 당신 스스로 개념을 정리하는 일을 해 보십시오." 이렇게 함으로써 LDI 그룹은 스스로 성장하고 배우는 법을 배웠다. 이는 영적으로 성장하는 일생을 살 수 있게 해주는 기술이다.

우리는 매년 그 그룹이 어떤 말을 할 때마다 동의를 얻기 위해 게

일이나 나를 바라보는 일을 그만두는 결정적인 순간이 있음을 알아챘다. 그들은 그들 자신을 학습자 팀으로 보게 되었다. 아름다웠다. 게일과 내가 있든 없든 열심히 지혜를 구하는 학습자들의 모습이.

우리가 읽는 글의 대부분은 성경 말씀이었다. 각 그룹은 성경에 나오는 20여 명의 리더들에 대해 공부했는데, 성경을 읽으며 이런 다양한 리더들이 어떤 모습이었는지를 발견했다. 후반기에는 기독교 운동의 위대한 리더들(성 패트릭, 성 프랜시스, 존 웨슬리, 사라 에드워즈, 캐서린 부스 등)에게로 옮겨 갔다. LDI 그룹의 각 사람은 이 사람들 중 하나의 전기를 읽고 어떻게 이 사람이 그들을 따르는 세대에 영향을 미쳤는지에 대해 발표를 했다.

매해의 중간쯤에는 모든 LDI 멤버가 자기 이야기를 쓰는 법을 배웠다. 참가자들에게 이것은 엄청난 도전이었다. 이것은 한 사람의 인생 여정(승리와 시험을 포함하여)을 연대순으로 정리하면서 한 사람의 삶에 하나님이 어떻게 간섭하시는지를 깨닫는 시간이었다.

어떤 사람에게는 이 훈련이 식은 죽 먹기였지만, 또 다른 사람에게는 일생의 업적 같은 것이기도 했다. 어떤 지점에 이르면 그룹의 구성원들이 자기 이야기를 읽는 기회가 주어졌다. 본이 되기 위해 게일과 내가 가장 먼저 읽었다. 그리고 우리는 연약함과 투명함이 무엇인지 실례로 보여 주기 위해, 하나님이 어떤 상황에서 개입하시고 인도하셨는지에 대해 생략하지 않고 있는 그대로 보여 주였다.

수년 동안 이런 이야기들을 들은 지금, 나는 이렇게 말할 수 있다. 모든 사람의 이야기에는 거의 예외 없이 깊은 슬픔과 비극의 흔적이 있다는 것이다. 이는 일상적인 교회 생활로는 결코 드러나지 않을 많은 것들이다.

이런 이야기를 나눈 후에는 어떻게 될까? 대형 교회 생활에서 지금까지 보았던 수준을 능가하는 깊은 유대 관계가 생겨났다. 이런 이야기들을 하지 않고서는 절대 생겨날 수 없는 수준의 우정과 사랑과 돌봄이 있었다.

이야기가 다 끝나면 질문과 대화의 시간을 가졌다. 그리고 마지막으로 그날 저녁에 이야기를 한 사람은 방 중앙으로 나오고 다른 사람들이 그를 둘러싼 다음(그 사람에게 손을 얹고) 30여 분 정도 내가 지금까지 들었던 가장 감동적인 기도를 드렸다. 많은 사람들이 이 기도 시간에 능력으로 기도하는 법을 배웠다.

우리가 바꾸지 않을 것은 무엇인가

LDI는 팀으로 배울 때 가장 효과가 컸다. 솔직히 말하건대, 게일이 나와 동역하지 않았다면 우리의 LDI에서는 거의 아무 일도 하지 못했을 것이다. 마지막 주가 되어 그룹 평가 시간을 가질 때마다 누군가가 말했고, 다른 이들도 동의했다. "고든 목사님, 올해 가장 좋았던 부분이 우리가 읽은 내용들이라고 말했으면 하신다는 것을 압니다. 하지만 우리는 목사님과 사모님이 동역하시는 모습을 지켜보면서 가장 많이 배웠습니다. 두 분이 서로를 보완하시는 모습, 기질과 스타일의 차이로 일을 해내시는 모습, 사모님이 환대의 분위기를 만들어 내시는 모습, 그리고 두 분이 서로를 지원하시며 일이 되게 하시는 모습을 보면서 말입니다." 함께 가르치는 파트너가 반드시 배우자일 필요는 없다. 핵심은 팀 리더십이다.

두 번째로, LDI가 우선순위임을 분명히 하는 것이 아주 중요했다. 우리는 "75퍼센트 참석할 수 있어요"라고 말하기보다는 우리 초청을 거절하기를 더 바랐다. 구성원 중 한 명이 다르게 행동하면 그룹은 항상(항상!) 고통을 겪는다.

세 번째로, 우리는 교회 안에서도 LDI를 시도해 봤고 또 집에서도 시도해 봤다. 집, 가급적이면 리더의 집이 확실히 이를 위한 가장 좋은 환경이다.

마지막으로, 우리는 처음부터 각 LDI 그룹에 종착점이 있는 것임을 알았다. 예수님이 제자들에게 "이제부터는 너희를 종이라 하지 않는다. 이제 너희는 내 친구다"(참고. 요 15:15)라고 말씀하신 것처럼, 사람들은 LDI가 기한이 있는 것임을 이해해야 했다. 어느 누구도, 어느 해에도(!) 특별히 게일과 나는 그 순간이 오지 않기를 바랐다. 정말 그랬다. LDI 멤버들은 내게 아들과 딸이 되었다. 우리의 온 마음과 온몸이 그들을 붙들고 싶어 했다. 우리가 그들에게 무언가를 주었다면, 그들도 똑같이 우리에게 되돌려 주었다. 그들은 절대 눈치 채지 못하겠지만 말이다.

때로 이 원칙대로 하지 않았다는 것을 인정해야겠다. LDI 그룹은 과정을 마친 이후 가끔 다시 모이기도 했다. 그들은 서로를 아주 많이 사랑한다. 그들이 이렇게 다시 모일 때면 보통 우리를 초대하고 우리는 가능한 한 참석한다. 그렇게 그 모임에 참석하고 나면 우리는 행복감이 넘치는 상태로 저녁 늦게 집으로 돌아온다.

바울은 갈라디아인들에게 자신의 강렬한 목회적 열정에 대해 쓴

적이 있다. "너희 속에 그리스도의 형상을 이루기까지"(갈 4:19)라고 말이다. LDI를 하기까지는 그의 말을 충분히 이해하지 못했다. 그러나 지금은 우리의 시도가 바로 그것임을 안다.

LDI와 관련하여 내가 가장 후회하는 것은 무엇일까? 그것은 목회 사역 초기에 그것을 시작할 지혜를 갖지 못했다는 것이다. LDI와 같은 것을 내 직무 기술서에 포함시켜야 한다고 주장했어야 했다. 매년 목회 사역 시간의 20퍼센트는 15-20명에게 투자해야 한다고 주장했어야 했다. 위원회 사역은 다른 사람에게 맡기면 된다. 매년 내게 열두 명쯤의 사람을 달라(게일과 나에게 그 사람들을 달라). 그러면 우리가 가지고 있는 것이 무엇이든 그들에게 쏟아 부을 것이다.

생각해 보라. 매년 열두 명에서 열네 명의 참석자와 함께 LDI를 40년 동안 했다면 어떤 일이 일어날까. 500명 이상의 '장교'가 배출될 것이다.

웨스트포인트에 좀더 일찍 갔어야 했는데.

❖ **더 깊은 묵상을 위하여**

1. LDI와 비슷한 소그룹에 속해 본 적이 있는가? 그 경험은 그리스도인으로서 또 리더로서, 당신의 삶에 어떻게 도움이 되었는가?
2. 당신 스스로 소그룹 모델을 만들고자 한다면, 어떤 요소를 포함시킬 것인가? LDI 형식을 따르겠는가, 아니면 당신만의 독특한 아이디어가 있는가?
3. LDI 모델은 어떤 유익이 있을까? 또 이런 그룹에 어떤 약점이 보이는가? 만약 그렇다면 그것을 어떻게 해결하겠는가?

23
목회역정

하나님도 통과하고 그리스도도 통과하여 나에게 곧바로
오기까지는 나를 건드릴 수 있는 환경이나 고난이나 시험은 없다.
만약 그렇다면 거기에는 어떤 대단한 목적이 있을 것이다.
내가 그 순간에는 이해할 수 없을지도 모르겠지만 말이다.
앨런 레드패스

"고든, 자네와 게일이 아주 암울한 순간을 지나고 있는데 자네에게 선택권이 있다면, 자네는 고통을 거부하고 거기서 도망치겠는가, 아니면 그 고통을 받아들이고 하나님이 자네를 위해 준비하신 모든 것을 얻어내겠는가?"

이 말을 해준 사람을 통해 우리 삶이 변화되었다.

그의 말은 우리가 암울한 순간의 그늘 아래서 자주 잃어버리는 신학을 다시 기억하게 해주었다. 하나님은 악도 사용하실 수 있으며, 우리가 그분이 그렇게 하시도록 한다면 그분은 어둠에서 빛과 아름다움을 끌어내실 수 있는 분이라는 것이다.

하나님이 축복하시는 삶에서조차 암울한 순간을 피해 갈 수 없다. 젊었을 때 나는 그렇게 말하지 않았다. 기독교 사역자의 삶에서 아픔과 고통은 심한 변칙이거나 죄의 결과라고 생각했다. 그러나 이제는 인생의 암울한 순간들을 아주 소중한 시간으로 보게 되었고, "지금이 하나님이 내게 말씀하실 수 있는 순간인가?"라고 질문하게 되었다.

내 인생을 돌아볼 때 마치 「천로역정」(*Pilgrim's Progress*)에 나오는 순례자처럼 느껴진다. 그 암울한 순간들에 하나님이 내 삶 속에서 선명하게 일하고 계셨음을 볼 수 있었기 때문이다. 각각의 순간에 고통 가운데서 어떤 메시지를 들었다. 여기서 여섯 가지를 이야기하겠다.

1. 피하는 것은 답이 아니다

나는 스물네 살에 첫 직장을 그만두었다. 당시 콜로라도 대학교의 졸업반 학생이자, 덴버 남쪽에 있는 한 교회의 청소년 담당 목사로 있었다. 사역을 시작하고 첫 14개월 동안은 많은 사랑을 받았다. 나는 잘못될 수가 없어 보였다. 담임목사님은 가끔씩 나를 강단에 세우시기도 하셨고, 그렇게 어리고 신학 훈련도 받지 않은 사람이 설교를 그렇게 잘 할 수 있다는 사실에 모두가 놀랐다.

그러다 내가 기억할 수 없는 어떤 이유로(혹은 기억하고 싶지 않은) 상황이 안 좋아졌다. 나는 "그는 잘못될 수가 없어"에서 "그는 잘될 수가 없어"로 바뀌었다. 십대들은 나타나지 않았고 청소년 프로그램에 대한 비난이 시작되었다.

어느 날 오후 교회 안을 걷다가 바닥에서 구겨진 종이를 발견했다. 나는 본능적으로 허리를 굽혀서 그 종이를 주워 펼쳐보았다. 청소년 중 하나가 친구에게 이런 말을 써 보낸 것이었다. "맥도날드 목사님이 청소년 담당 목사를 곧 그만두지 않으면 이 프로그램 전체가 연기 속으로 사라져 버릴 거야."

내 머릿속에서는, 주님을 섬기며 살아갈 나의 위대한 미래가 다 불에 타 버리는 영상이 보였다. 망연자실하여 사무실로 걸어 들어와서 게일에게 전화를 걸었다. 당시 자신에게 낙담해 있던 게일은 달리 나를 설득하지 않았고 나는 사직서를 타이핑했다. 그 구겨진 글을 읽고 15분 후에 담임목사님께 사직서를 제출했다.

이후 9개월 동안 과연 또 다른 사역 기회를 얻을 수 있을지 고민하며, 아내와 갓 태어난 아들을 부양하기 위해 화물 운송 회사에서 일했다. 이 기간 동안 내 인생 여정 동안 겪었던 사건들 중 첫 번째 '암울한 순간'이라 부를 수 있는 것을 경험했다. 돌아보건대 나의 사직은 그다지 중요하지 않았다고 말할 수 있지만 당시에는 두려움을 느꼈다.

많은 사람들이 가장 깊은 절망의 순간에 생명을 끊는 것에 대해 깊이 생각했다고 말할 것이다. 그러나 나는 그들이 자살을 하고 싶기보다는 오히려 그 고통을 피하고 싶었을 거라 생각한다. 그저 누워서 깨어나고 싶지 않았을 것이다. 사역을 하는 많은 이들 역시 갈등이나 힘든 시간이 찾아올 때 피하는 상상을 한다. 예수님의 부활 이후 다시 물고기를 잡으러 갔던 시몬 베드로를 생각해 보라. 혹은 고린도후서에서, 심한 좌절로 인해 살 소망을 잃었다고 한 사도 바울을 생각해 보라. 나는 베드로와 바울의 이야기에서 "그만두고 싶다"는 메시지를 듣는다.

돌아보건대, 나는 누군가 나를 한쪽으로 데리고 가서 이렇게 말하기를 바랐다. "고든, 기다려, 그렇게 덤비지 말고! 비행기가 추락했을 때 72시간 '활동 중지'를 하는 해군처럼, 3주 동안 그런 시간을 가져

보세. 사라지는 것은 아무것도 없어. 모든 과정을 평가해 보세. 지난 3개월 간 어떤 일이 있었지? 자네를 비판하는 이들과 얼굴을 맞대고 이야기해 보세."

그러나 내게는 그런 조언을 해줄 사람이 없었다. 나는 일을 그만두는 것을 통해 배워야 했다. 일이 잘못되어 갈 때마다 내 속에 일을 그만두는 쪽으로 방아쇠를 당기는 내면의 장치가 있음을 발견했다. 그 장치를 다시 맞추어야 했다. 이 암울한 순간은 내게 인생과 사역에 대해 중요한 교훈을 주었다. 일이 잘못되어 갈 때 그만두는 것은 결코 최우선순위가 아니라는 것 말이다.

2. 갈등은 해결하지 않고 그대로 둘 수 없다

미움이라는 단어는 참으로 강력한 단어다. 그래서 나는 이 단어를 쉽게 쓰지 않는다. 그러나 이런 느낌을 경험해 본 적은 있었다. 한참 전에 섬기던 교회의 누군가에게 그런 감정을 가졌던 적이 있었다. 그 상황을 자세히 설명할 수는 없지만 그 사람은 내게 한 약속을 지키지 않았다. 내 분노는 수개월이 지나면서 미움으로 쌓여 갔다.

이 사람에 대한 내 감정은 사실 삶의 모든 영역에 영향을 미쳤다. 기도하고 싶은 마음도 없었다. 이 사람을 난처하게 하고 수치스럽게 할 수 있는 방법들을 상상했다. 나의 미움은 게일과의 관계에조차 독이 되었다. 그녀가 내게 "그 사람에게 가서 이야기를 하고 상황을 바로잡아야 해요"라고 말했을 때, 이미 알고 있었지만 그렇게 할 용기는 나지 않았던 것에 대해 말하는 그녀에게 짜증을 냈다. 그 쓰라림의 뿌리는 영혼 깊숙이까지 내려갔고 목회 사역에 대한 동기까지 덮어 버렸다.

어느 날 오후 너무도 고통스러워 하나님께 울며 소리쳤다. "여기서 벗어나게 해주세요. 용서할 수 있도록 도와주세요." 그 후 15분 동안 일어난 일은 신비로운 체험이었다고 묘사할 수밖에 없다. 생애 처음이었다. 환상 같은 것이었지만 내 흉곽 속에 구멍이 생기는 신체적인 느낌이 있었다. 구멍이 난 후에는 걸쭉한 당밀 같은 것이 흘러나오는 것을 느꼈다. 그 물질은 흐르고 또 흘렀다. 그것이 내가 갖고 있던 증오였다. 하나님이 수술로 제거하고 계셨던 것이다. 그 흐름이 멈춘 후에 마치 20킬로그램쯤 빠진 것처럼 느껴졌다. 내가 갖고 있던 증오가 사라진 것이었다.

나는 하나님이 왜 이렇게 극적으로 간섭하셨는지 설명해 보려고 애를 썼지만, 배운 것은 암울한 순간이 다시는 관계를 그렇게까지 어긋나게 해서는 안 된다는 사실이었다. 바울과 바나바처럼 어떤 사람들은 그저 함께 일할 수가 없고, 이별이 미움보다 나으며, 치유의 엔진은 용서와 은혜임을 배웠다.

3. 감정은 반드시 처리해야 한다

목사 초년병 시절, 하버드의 신학자 하비 콕스(Harvey Cox)가 쓴 「세속 도시」(*The Secular City*, 문예출판사 역간)라는 책을 읽었다. 근본주의 세계관을 아주 잘 아는 저자의 책을 읽은 것은 처음이었다. 콕스는 근본주의 배경에서 성장했지만, 세속 도시에서 근본주의를 공격하고 해체시켰다. 이 책을 읽고 내 신앙 체계가 무너졌다.

바로 그 즈음 나는 두 주 동안 노숙자 두 명의 장례 예배를 집도했다. 내가 섬기고 있던 일리노이 남부의 도시에서 그 장의사는 한 사람당 30달러로 예배 집행을 요청했다. 두 경우 다 장례식장에 들어가서 본 것은 값싼 천으로 덮인 관에 고생한 흔적이 역력한 노인이 누워 있는 모습이었다. 첫 번째 장례식에는 아무도 오지 않았다. 두 번째 장례식에 온 유일한 사람은 시체만큼 상태가 좋지 않아 보이는 한 여인이었다. 그 여인은 거리에서 그 남자와 함께 살았었다. 그녀의 곤경은 내가 장례식을 집도했던 그 사람의 곤경만큼이나 나를 압도했다. 나는 그들의 삶이 너무도 무의미한 것에 마음이 짓눌렸다.

게다가 그 당시 나는 심히 바빴고, 육체적으로는 지쳐 있었고, 영적인 일을 할 시간도 없었다. 이는 앞의 장에서 언급했던 토요일 아침 붕괴 상황으로 이어졌다.

그리고 이 암울한 순간에 해결되지 않은 감정은 바람에 훨훨 날아가 버리는 것이 아님을 발견했다. 그 감정들은 우리 영혼의 지층들에 자리잡고 나갈 때를 기다리고 있었다. 분노, 절망, 염려, 걱정, 두려움 등이 다 거기에 있었다. 우리가 젊을 때는 그 감정들의 분출을 막을 에너지가 충분하지만, 나이가 들어가면서는 그것들을 바닥에 눌러 놓을 힘이 없어진다.

앞에서도 언급했듯이 나는 내 감정들을 기록으로 남기기로 결정했다. 일기 쓰기에 안전장치가 있는 것은 아니지만, 이 일은 하루에 한 번 지난 24시간을 세밀히 살피도록 해주었다. 이는 감정들이 문제를 일으킬 때까지 쌓아 두기보다는 그 감정에 다가가도록 도와주었다.

4. 고통은 우리를 우리의 진짜 크기로 축소시킨다

나는 30대 초반에 생애 처음으로 육체적인 고통을 경험했다. 거의 참을 수 없는 편두통이 자주 생겼다. 혹시 뇌종양 때문에 생기는 고통이 아닐까 걱정스러웠고 남은 생애 이 고통과 함께 살아야 할까 봐 두려웠다.

믿기 어려울지 모르겠지만 편두통이 생길 때마다 달력에 기록하고 그 발병 추이를 관찰했다. 그것은 짝수 년마다 5월에 발생했다. 그리고 보통 3주 동안 하루씩 걸러서 새벽 1시경에 왔다가 멈추곤 했다. 이 과정이 네 번 지속되었다.

결국 두통 전문가를 찾아갔다. 그는 "내 환자의 90퍼센트가 선생님 같습니다. 그분들은 어떤 조직의 대표이거나 조직의 대표가 되고자 하는 청년들입니다. 그분들은 자기 자신에 대해 편안해하지 못하고, 보통 해결되지 않은 관계에 있는 사람이었습니다."

그는 나를 만난 적도 없고 내 직업이 뭔지도 몰랐지만 나에 대해 정확히 묘사했다. 나는 그 의사가 말하던 해결되지 않은 관계가 어떤 것인지 정확히 알고 있었다. 우리를 괴롭히는 모든 것에 대해 부모님 탓을 하는 것에 나는 동의하지 않는다. 그분들이 우리에게 상처를 주었다면, 그분들의 부모님도 그분들에게 상처를 주었을 것이다. 각 가정은 그들의 삶의 방식을 자손 대대로 전수하는 경향이 있다. 우리들 각각은 가족이 서로와 어떻게 관계를 맺었느냐에 따라 우리 삶을 살고 있다. 또 모든 고통이 심리적인 문제라고 생각하지 않지만 내 경우는 밝혀진 대로 그러했다.

고통이 낳은 산물

역사를 보면, 하나님 나라의 몇몇 위대한 순간은 육체적인 고통의 시기에 찾아왔다. 예를 들어, 에이미 카마이클(Amy Carmichael)은 20세기의 가장 위대한 영성 작가 중 하나였지만 그의 글은 모두 고통 가운데서 쓴 것이었다. 그렇다면 우리의 질문은 '하나님은 내가 고통의 극장 안에 있는 동안 나에게 무엇을 가르치고자 하시는가?'가 된다. 고통은 우리를 겸손하게 하여 우리가 다른 사람들과 하나님께 의존하는 존재임을 인식하게 해준다. 그것은 우리를 우리의 진짜 크기로 축소시킨다.

이런 특별히 암울한 순간에 게일과 나는 결혼한 지 10년 만에 처음으로 함께 기도하는 법을 배웠다. 그것이 해결되지 않은 나의 관계를 해결하는 한 가지 방법이었다. 게일과 나는 그 후 9개월 동안 함께 기도하면서 단순히 형식적인 수준을 넘어서서 하나님을 구했고, 그로 인해 우리 삶이 변화되었다. 나는 그녀에게 "당신이 나를 위해 기도해 줘야겠어요"라고 말하는 것이 중요함을 깨달았다. 전에는 해 본 적이 없는 일이었다. 시간이 지나 게일과 내가 나의 가장 어두웠던 그 암울한 순간에 맞닥뜨렸을 때, 우리는 내 육체적인 고통의 기간에 배웠던 기도 훈련에 임할 준비가 되어 있었다.

5. 하나님은 상자 속에 가둘 수 없다

14년쯤 전 나는 주요 기독교 기관(IVF가 아닌)의 대표 후보가 될 마음이 있느냐는 제의를 받았다. 지혜로운 사람들은 하나님이 나를 세계적인 리더의 자리로 부르시는 것이므로 거절하지 말라고 조언했다. 사실 나는 하나님의 뜻을 찾는 것을 그리스도인의 삶의 가장 중요한 일로 여기는 전통에서 자랐다. 어머니는 "하나님이 너에게 어떤 일을 하라고 부르시는데 그것을 거부하면 남은 생애가 비참할 것이다"라고 말씀하시곤 했다. 나는 진지하게 하나님의 뜻을 찾으려 했다.

그 과정이 진행되면서 다른 리더들도 그 자리에 거론되고 있다는 것을 알게 되었다. 내 이름을 후보자로 제출하는 데 동의한다 해도, 게일과 내가 기대할 만한 것은 별로 없었다. 평가해 보건대 다른 후보들이 그 자리에 훨씬 적합했다.

그러나 그때 내게 그 자리를 제안했던 사람한테서 전화가 왔다. 그는 우리를 보러 보스턴으로 와도 되겠냐고 물었다. 우리 소망은 물거품이 되었다. 게일과 나는 전임 대표가 그 일 때문에 결혼 관계가 망가졌다는 사실을 알았기에 여전히 경계하고 있었다. 그러나 우리는 서서히 그 생각에 관심을 갖게 되었다. 그리고 당시 교회에서 게일과 내게 긴 휴가를 주었기 때문에 우리는 우리의 뉴햄프셔 집에서 5주 동안 은둔하며 기도해 보기로 결정했다. 게일도 나도 미래의 방향을 결정할 어떤 표시나 징표를 구하지는 않았지만 이 5주 동안 어떤 조짐이 이어지는 듯했다. 우리가 읽은 책, 우리가 나눈 대화, 우리가 드린 기도들, 우리 영혼에서 들은 하나님의 음성, 이 모든 것이 내게 이 자리를 수락하는 쪽을 가리켰다. 우리는 하나님이 "일이 그렇게 될 것이다"라고 말씀하신다고 느꼈다.

탐색 과정이 정점에 이르러, 두 명의 최종 후보는 그 조직의 이사회로부터 최종 면접을 하러 오라는 요청을 받았다. 두 명 중 하나가 나였다. 게일과 나는 금요일 아침에 이사회를 만난 다음 보스턴으로 날아왔다. 게일이 내게 말했다. "당신에게 차기 대표가 되라고 말할 것 같아요." 나는 무척 놀랐다. 게일은 그런 말을 잘 안 하는 사람이었기 때문이다.

일요일 오후에 결정이 날 것을 알고 토요일에 그레이스 채플 사역자들에게 말했다. "예배 후 일요일 밤에 여러분들을 만나고 싶습니다." 나는 그들에게 이유를 말하지 않았지만, 그때까지 그 기관의 이사장이 결정되었다는 전화를 할 것이었으므로 그들에게 나의 사임을 발표할 계획이었다.

일요일 오후가 되었지만 전화벨은 울리지 않았고, 저녁이 되어 사역자들이 우리 집에 모일 때까지 나는 심히 괴로웠다. 어떻게 해야 할지를 몰랐다. 결국 나는 그들에게 말했다. "왜 여러분들을 여기까지 오시라고 했는지 말해야겠네요. 지금까지 마무리가 되지 못한 이야기인데요."

그 다음 25분간 게일과 나는 지난 4개월 동안 어떤 일이 펼쳐졌는지, 그리고 하나님이 이 새로운 길로 우리를 인도하시는 것 같다는 이야기를 했다. 비록 아직도 최종 결정을 듣지는 못했지만 말이다. 모두가 충격에 빠졌다. 그런데 그렇게 이야기를 끝내자마자 전화벨이 울렸다. 그 기관의 이사장이었다. 다른 후보자가 뽑혔다는 것이었다.

나는 비틀거리며 거실로 걸어가서 이 소식을 사역자들에게 전했다. 나는 냉정하게 말했다. "여러분은 하나님이 긍정적으로 응답하신 많은 경우에 게일과 나와 함께 있었습니다. 이제 여러분은 하나님이 부정적으로 응답하실 때 우리가 거기 어떻게 대처하는지 보시게 될 겁니다."

사역자들이 떠난 후 다음 날 아침에 잡아 놓았던 장로들과의 만남(사임을 할 계획이었다)을 취소하고, 새 이사회가 되리라 생각했던 사람들과 만나기 위한 비행기 예약을 취소했다. 그리고 잠자리에 들었다. 다음 날 아침 나는 아무 일도 없었던 것처럼 오전 8시에 다시 일을 하러 갔다.

더 깊고 더 신비로우신 하나님께 항복함

열흘이 지난 후 그 일은 막강한 힘으로 나를 으스러뜨렸다. 나는 깊은 환멸에 빠졌다. 지하 저 깊은 곳에서 하나님께 이야기했다. "당신은 저를 완전히 바보로 만드셨어요. 저를 결승선까지 끌고 가서서 '미안'이라고 말씀하셨어요. 저는 더 이상 당신의 말씀을 알아들을 수가 없어요. 당신은 제가 지금까지 훈련한 것과는 다른 언어로 말씀하십니다." 나는 하나님께 이의를 제기했다. 실제로 전에는 해 본 적이 없는 일이었다. 하나님의 음성을 듣는 것이 가능할지 회의가 들었다.

이때 나는 탈진, 환멸, 당혹스러움으로 인해 그레이스 채플을 사임했다. 그 자리의 후보가 됨으로써 나는 그레이스 채플 리더들의 신뢰를 잃었다. 1984년의 일이었다. 내 세계가 다 허물어졌다.

그 암울한 순간으로부터 몇 십 년이 지난 지금에서야 말할 수 있지만, 그 순간까지 알아 왔던 것보다 훨씬 깊고 훨씬 신비로운 하나님께 항복해야 했다. 하나님을 아는 것에 대한 모든 편견과 전제들을 내려놓아야 했다. 이는 시간이 필요한 일이다. 하나님은 모세에 대해 서두르지 않으셨고(나는 종종 광야 40년 동안 그가 무슨 생각을 하고 있었을지 궁금하다), 나에 대해서도 분명 서두르지 않으셨다.

돌이켜 생각해 볼 때 그 기관의 이사회가 나를 선택했다면 나는 실패했을 것이라고 말할 수 있다. 나는 충분히 성숙하지 못했다. 그 일은 내가 갖지 못한 자질들을 필요로 했다. 그렇다 하더라도 그날로부터 얻은 교훈이 있다. 하나님을 너무 편안하게 생각지 말라는 것이다. 그분은 크신 하나님이며 그분의 길은 우리를 넘어서기 때문이다.

6. 열정이 한 가지 대안이다

나의 다섯 번째 암울한 순간은 아마 틀림없이 여섯 번째 암울한 순간의 원인이 되었을 것이다. 암울한 그 순간은 대부분 사람들의 삶을 망가뜨릴 위험이 있다. 그리고 나는 그 가장 어두웠던 암울한 순간에 도덕적 실패로 이어지는 선택을 했고 그 결과로 내 인생의 일을 잃었다.

IVF 대표직을 사임한 후 게일과 나는 우리 뉴햄프셔 집으로 옮겨가서 거의 2년 동안 그곳에서 지냈다. 어느 일요일 아침 침대 끝에 걸터앉아 텔레비전 스위치를 돌리던 중이었다. 그러다 로버트 슐러(Robert Schuller)가 나오는 프로그램에서 멈췄다. 그는 "오늘은 열정에 대해 이야기해 보려 합니다" 하고 말했다.

나는 '뭐 다른 말을 할 게 있는가?' 하고 투덜거렸다.

그러나 슐러의 말을 들으면서 내가 얼마나 열정이 없는지 깨달았다. 나는 삶에 대한 열의를 잃어버렸다. 열정은 우리 주위의 좋은 환경의 결과가 아니라 선택이라고 슐러는 말했다. 그것은 하나님이 우리 속에 계실 때 생성되는 에너지였다.

나는 슐러의 말을 충분히 이해하고 나서 하나님께 질문했다. "제가 잃어버렸던 열정과 비전을 되찾을 수 있을까요?"

나는 면도도 하지 않고 닳아빠진 목욕 가운을 걸치고 머리카락은 쭈뼛쭈뼛 선 채로 거실로 걸어와서 게일에게 말했다. "사과할 게 있어요."

"뭔데요?"

"지난 2년 동안 내 인생에 어떤 열정이 있었다면 그것은 당신 때문이었다는 것을 오늘 깨달았어요. 하나님 앞에서 당신에게 말하는데, 오늘 아침 다시 열정적인 사람이 되기로 결단했소. 지켜봐 줘요."

그 다음 며칠 동안 나의 추구에 전념했고, 계속해서 떠오른 질문은 "하나님이 내게 30년을 더 살게 하신다면 나는 70-80대에 어떤 사람이 되고 싶은가?"였다.

그때 하나님께 이렇게 말씀드렸던 것이 기억난다. "다시 사역을 하느냐는 중요하지 않습니다. 중요한 것은 그 다음 30년 동안 당신 앞에서 신실하고 열정적으로 제 인생을 사는 것입니다."

거의 같은 시기에 게일과 나는 우연히 오스왈드 챔버스의 글을 만났다. "하나님의 섭리 하에 당신 삶의 외적인 부분들을 빼앗긴다면 그것은 당신이 내면을 기경해야 한다는 의미다." 이 구절을 읽고 나서 우리는 의식적으로 우리 친구들을 위해 기도하기로 결심했다. 오늘도 우리는 아침에 일어나서 거의 예외 없이 우리에게 주신 친구들을 위해 기도한다.

열정을 향한 나의 추구, 신실한 노인이 되겠다는 내 결단, 친구들을 위해 기도하겠다는 우리의 결단, 이것들이 실패에서 빠져나오는 걸음들이 되었다. 이것들이 우리 미래를 위한 선로가 되었다.

아마도 그 암울한 순간들은 최악의 순간조차도 그 안에 해방의 소망이 숨어 있음을 가르쳐 주었던 것 같다. 그리스도 안에서 나는 신앙을 재구성하는, 결혼 생활을 새롭게 하는, 진짜 친구를 찾는 기회를 얻었다.

나는 인생의 암울한 순간들을 모두 연결시켜 보면서, 이 모든 것을 통하여 하나님이 내게 주실 메시지가 있었음을 본다. 이제야 나는 순례자가 강을 건넜을 때 했던 말을 할 수 있다. "나는 바닥을 쳤지만, 그것이 타당합니다."

❖ 더 깊은 묵상을 위하여

1. 당신이 개인적으로 '암울했던 순간들'은 언제였는가? 무엇이 그 순간으로 가게 했고 그것에 대한 당신이 보인 최초의 반응은 어떠했는가?
2. 당신의 암울한 순간들로부터 얻은 핵심적인 교훈을 나눌 수 있겠는가?
3. 하나님이 당신을 어떤 방향으로 인도하셨다고 확신했는데 결국 그 문이 닫혀 있었던 적이 있는가? 그 경험은 당신의 신앙에 어떤 영향을 미쳤는가? 또 당신은 그것을 통해 무엇을 배웠는가?

24
떠나야 할 때

나의 떠날 시각이 가까웠도다.
나는 선한 싸움을 싸우고 나의 달려갈
길을 마치고 믿음을 지켰으니.
디모데후서 4:6-7

1999년 2월, 나는 떠나야 할 때를 결정했다. 그 당시 섬기고 있던 매사추세츠 주 렉싱턴의 그레이스 채플의 성도들에게 5개월 내로 사임하고 다른 사역의 길―강연, 글쓰기, 강의, 상담, 멘토링―을 가려 한다는 의중을 밝혔다.

평소에 60세가 되는 해에는 더 젊은 리더들을 위해 자리에서 물러나는 것이 옳다고 여겼다. 그리고 60세가 되었어도(적어도 이런 말을 할 수 있는 상황이다) 여전히 혁신적이고 모험적인 정신을 가지고 있기 때문에, 은퇴 후 갖는 새로운 프로젝트나 새로운 아이디어나 새로운 관계를 받아들일 수 있겠다고 생각했다.

그날이 오자 교회는 나에게 명예 목사라는 직함을 부여하며 감사의 말과 푸짐한 선물을 안겼다. 멋진 마무리였다. 그리고 나서 교회는 내 후임을 찾기 시작했고 매우 훌륭한 적임자를 구했다. 오늘날 그 교회는 나 없이도 잘 성장하고 있다. 사실 훨씬 더 잘 된다. 이번 장에서 말하고자 하는 것이 바로 사역('기독교' 사역만이 아니라)에서 떠나는 것이다. 그것도 행복하게(만족하면서), 영예롭게(진가를 인정받으며), 적절하게(인수인계에 문제없이) 떠나는 것에 대해서 이야기하고자 한다.

떠나야 할 때를 인식하는 일은 리더가 내려야 할 가장 어려운 결정 중 하나다. 너무 빨리 떠나면 자신의 일을 마치지 못한 중도 포기자처럼 여겨지는 반면, 너무 오랫동안 매달려 있으면 당신의 훌륭한 사역이 흐트러지고 오히려 역효과를 낳을 것이다.

은퇴 전략

목회자의 삶에는 매우 큰 아이러니가 있다. 목회자는 하나님의 부르심에 따라 정해진 삶에 헌신하는 사람이다. 이 부르심은 주교(혹은 교단의 행정부)를 통해서 오기도 하고, 특정 지역에서 정확히 가늠할 수 없는 기간 동안 있어 달라고 청빙하는 교회를 통해서 오기도 한다.

그러고 나서 사역이 마무리 단계에 이르게 될 때 떠나게 된다. 떠나는 것! 그것은 그 지역, 친구들, 모두가 추구하는 인간적인 안정감에서 떠나는 것이다. 때가 되면 이 일이 일어난다(내게도 그랬다). 준비하지 않으면 떠나는 것은 비참할 수 있다.

마치 비행기 조종사처럼 일이 잘못될 때를 대비해 항상 2차 착륙지를 인식한다면, 그는 현명한 목사일 것이다. 나이가 들수록 조직에서의 역할이 끝날 때 당신의 인생, 당신의 태도, 당신의 섬김에 대한 계획을 구체화시켜 가는 것이 점점 더 중요하다. 그것이 없이는 인생의 마지막 세 번째 단계에 들어갈 힘이 없다. 여기서 실패하는 사람들은 자신의 소명에 속았다고 느끼며 분노와 쓰라림으로 삶을 끝맺게 된다.

나이 든 목사들이 섬길 곳이 있는가? 우리는 곧 깨닫게 될 것이다. 점점 더 많은 수의 목회자가 전임 목회 사역을 떠나더라도, 그들에게는 여전히 앞으로 20년의 원기왕성한 시기가 기다리고 있을 것이다. 그들은 이 시기에 무엇을 할 것인가? 골프나 칠 것인가? 나는 그렇게 되기를 원하지 않는다.

의무는 아니지만 하나님의 백성에게 도움이 되도록 계속해서 교회를 섬길 방법을 찾는 것이 더 좋지 않을까?

건강한 은퇴 전략을 위한 9가지 질문

1. 공식적인 목회자의 역할과 무관하게 친구들을 사귀었는가? (아내와 나는 이 사람들이 죽을 때까지 함께할 수 있는 사람들임을 애정을 담아 말한다)

2. 더 이상 목회자로 살지 않을 경우에 결혼 생활의 역동성을 충분히 생각했는가?

3. 공식적인 사역 요구가 몰아붙이지 않을 때에도 영성 생활을 어떻게 해 나갈지에 대해 숙고했는가?

4. 교회에서 급여를 받지 않을 때에도, 어떤 형태의 사역을 계속할 수 있을 만큼 재정적인 계획을 가지고 있는가?

5. 지성과 감성이 무뎌지지 않고 계속 탄력을 가질 수 있게 해줄 장기적인 주제와 학습 기회를 찾았는가?

6. 젊은 리더들을 격려하고 그들의 비전을 지지할 수 있는 다른 섬김의 형태를 고려하고 있는가?

7. 그리스도를 따르는 자로 평범한 삶을 다시 시작할 때, 더 이상 교회의 중심에 있지 않을 삶의 정서적 의미에 대해 충분히 생각했는가?

8. 다른 방식으로 일을 처리하는 후임자에 대해 반발하거나 비난하려는 태도에 빠지지 않도록 훈련을 시작했는가? 사람들이 옆에 두고 싶어 하는 '노인'이 될 수 있을 것인가?

9. 후반기의 삶으로 부드럽고 고상하게 이행하여 지혜와 격려와 기도의 삶을 찾은 이들의 삶을 공부했는가?

타이밍이 중요하다

요나 선지자는 떠날 때를 결정한 적이 있었다. 그는 다시스로 가서는 안 된다는 것을 알았다. 하지만 하나님이 알아채지 못하시기를 바라며 다시스로 가는 배를 탔고, 상황은 악화되었다.

"나를 들어 바다에 던지라." 요나는 결국 이렇게 소리쳤다.

그러나 "그 사람들이 힘써 노를 저어 배를 육지로 돌리고자 하다가 바다가 그들을 향하여 점점 더 흉용하므로 능히 못한지라"(욘 1:13). 잘못된 결정이었다. 선원들이 더 열심히 노를 저어야 했던 그 순간, 떠날 때를 결정하는 일이 필요했다. 그러나 이번에는 요나가 올바르게 이해했다. 그가 배를 떠나자 갑판의 상황은 좋아졌다.

이는 성가신 문제를 제기한다. 리더가 배를 떠나야 할 때는 언제인가? 군대에 있는 친구들의 말에 따르면, 후퇴는 모든 작전 중 가장 위험한 것이라고 한다. 놀랍지 않다. 사역을 만족스럽게 마무리하는 것도 마찬가지로 어렵다(목사에게나 회중에게나). 적절한 순간을 분별하는 일은 간단한 문제가 아니다.

목회 사역의 이상적인 기간에 대해 서술해 놓은 책이 있는지 나는 모른다. 어떤 전통(최근의 감리교도 혹은 구세군 장교)에서는 전통적으로 2년이 이상적으로 여겨졌다. 목사가 목회에 몰입해 다른 것들에 거의 관심을 두지 않는 시기이기 때문이다. 그러나 그렇게 되면 목사가 교회의 조직 속으로 더 깊이 들어가거나 사람들의 총애를 받는 존재가 될 만큼 충분히 오래 있지 못한다. 그러나 이렇게 빨리 바뀌는 체제는 필시 안정된 가정, 장기적인 관계, 혹은 일을 완수했다는 만족감 같은 것을 모르는 성직자 가정으로 만들어 버릴 수 있지 않을까?

다른 한편 나의 영웅인 18세기 찰스 시므온(영국 케임브리지, 홀리 트리니티)은 한 사역지에서 54년 동안이나 있었다. 내가 거주하고 있는 뉴잉글랜드의 많은 목사들도 20년 이상 사역을 계속한다.

나는 그레이스 채플에서 13년 간 섬겼고, 그러고 나서 몇 년 후 돌아와서 7년을 더 섬겼다. 어떤 사람은 이 두 시기를 고든 I기와 고든 II기의 '통치 기간'이라 부른다. 나는 총 세 개의 교회를 섬기면서 38년 동안 다섯 번의 떠날 시기에 대한 결정을 했다. 그때마다 두 가지를 느꼈다. 나의 목회의 목적이 완수되었다는 것과 이 교회의 미래에 있어서 부적절하다는 느낌이 그것이다.

나의 회중 역시 나의 목회 목적이 완수되었음을 감지했다고 느꼈다. 성도들이 나와 내 리더십 스타일에 지루해질 수 있는 지점을 정직하게 볼 수 있었다. 나는 현재의 상황에 저항하고 사람들을 날카로운 질문들로 몰아붙이는 것을 즐겼다. 나의 지성과 감성을 재정비하기 위해 조직 밖으로 나가려 할 때면 비판하는 사람들도 있었다.

각 교회에 갈 때마다 나는 그 순간에 맞는 통찰과 우선순위들의 묶음을 가지고 갔다. 그러나 내가 가지고 갔던 그 '묶음'은 유통기한이 있다는 사실을 피할 수 없었다. 그것이 더 이상 그 교회의 필요와 밀접한 관련이 있지 않을 때가 온다. 그리고 **그때**가 배를 떠나야 할 순간이었다. 다른 누군가가 그 아이디어를 꺼내기 전에 말이다.

떠나야 할 때를 알리는 8가지 신호

목사는 언제 그 결단을 단행해야 하는가? 떠나야 할 시기를 결정해야 하는 최상의 순간을 알려 주는 신호는 어떤 것이 있는가? 여기 여덟 가지 힌트가 있다.

1. 양립 불가
좋은 교회와 좋은 목회자가 있지만, 잘 맞지 않는 경우다. 교회가 현재의 목회자가 가지지 못한 목회 리더십 유형을 필요로 할 때다.

태생적으로 사업가 스타일의 목사를 예로 들어 보자('비전을 중시하는' 혹은 '성장에 대한 열망을 가진' 목사라고도 할 수 있다). 그는 교회 밖의 사람들에 대한 의욕을 가지고 교회 안에 있는 사람들이 추구자들에게 초점을 맞춘 환경을 창조하는 데 에너지의 초점을 맞추기를 갈망한다.

다른 한편 그 회중은 바깥을 바라보는 일을 그만두고자 한다. 그들은 공동체 의식을 세우고 잠시 영적 성장에 집중하기를 원한다(늘 부적절한 결정인 것은 아니다). 목사는 회중의 자기중심주의를 인지하고 참을 수 없어진다. 사람들은 목사의 사업가적 야망을 만족시키는 데 착취당했다거나 이용당했다고 느낀다. 각각이 서로의 의제에 의혹을 품기 시작하고 아무리 서로 심사숙고해도 한 점으로 의견이 수렴되지 않는다.

2. 부동성

회중이 교회의 소용돌이 속으로 갇혀 가는 경우다. 프로그램은 많지만 방향 감각은 거의 없다. 일부 유력한 교회 성도들이 조용히(혹은 그리 조용하지 않게) 미묘한 조정을 하며 목회적인 모든 계획을 방해한다. 새로운 리더십은 기민하게 무효화된다. 교회는 회중의 사회적 욕구를 충족시키는 수단으로 기능하는 닫힌 공동체라는 인식을 피할 수 없다.

뉴잉글랜드에서 나는 이런 교회들을 자주 보았다. 그 교회들은 보통 90명 정도로 구성되어 있다(150명을 넘지 않는다). 그들은 창의적인 리더십과 외부 활동의 기회에 대한 그들의 바람을 이루어 주겠다고 약속하는 목사를 청빙해 온다. 새로 온 목사는 1년쯤 후가 되면 마피아 같은 비공식적 리더십을 발견하고 사역은 점점 마음이 지쳐 가는 정치적 게임으로 축소된다. 요한삼서 9절에 나오는 "으뜸 되기를 좋아하는" 디오드레베에 대한 기이한 구절이 떠오른다. 디오드레베는 아직도 살아 있다!

3. 조직의 변환기

건강한 조직은 불가피하게 새로운 리더십이 필요하게 되는 생장점에 도달한다. 모든 목사가 이 상황에 적응할 수는 없다.

예를 들어, 훌륭한 교회 개척자들은 보통 교회가 150-200명을 넘어서 성장하도록 돕는 데는 '은사가 없다.' 이때는 다른 행정적인 능력이 필요하다. 혼자서 일을 잘 하는 목사는 교회가 사역자 계발과 관리를 필요로 할 때 점점 무능해진다.

어떤 목사들은 견고한 사역 조직을 세울 수 있다. 그러나 일단 세우고 재설계하는 시기가 끝나면, 이 목사는 그 다음 당연히 따라오는 새로운 방향의 사역을 이끄는 데는 부적합할 수 있다. 현명한(그리고 겸손한) 목사는 그가 교회 생활의 어떤 시기에 가장 적합한지를 안다.

4. 침체

때로 어떤 목사들은 현재 상황에서 더 이상 개인적으로 자신의 은사나 리더십 능력을 발전시킬 수 없다고 결론짓는다. 목사의 생각, 긍휼한 마음, 독특한 영적 은사가 그가 사용하는 '도구'들이다. 이 모든 것들은 계속 향상되어야 한다. 회중이 그 목사의 개인적인 성장을 막을 때 그 결과는 모두에게 지루함과 평범함이 될 것이다.

내가 그레이스 채플 회중에게 감사하는 것들 중 하나는, 그들이 자극적인 설교를 좋아한다는 것이다. 실제로 그들의 기대를 알고 나서 그들을 실망시켰다고 느꼈던 때가 있었다. 그래서 그 다음 설교 준비를 할 때는 더 열심히 했다. 나는 성도들이 한 주 동안 품고 있을 적어도 한 가지 좋은 생각을 얻기를 간절히 바라며 성경과 설교 노트를 가지고 예배에 온다는 사실을 알았다.

이는 내게 교회 문을 나가 더 넓은 세상에서 살아가는 그들에게 신선한 통찰과 유용한 적용을 해야 한다는 건강한 압박을 주었다. 그 기대에 미치지 못한다면, 혹은 내가 계속해서 성장할 수 없다면 나는 배를 떠나지 않을 수 없다고 느낄 것이다.

5. 피로감

피로감은 정체와 유사하긴 하지만 중요한 차이도 있다. 이 경우, 사역에 '새롭게 하는' 요소가 없고, 목사는 영적·심리적·육체적으로 계속 방전되고 있다고 판단한다.

나는 이런 상황에 대해 다른 요소들보다 좀더 직접적으로 안다. 돌아보건대 종종 내가 할 수 있는 것보다 더 많은 것을 사람들에게 약속함으로써 문제를 만들었다. 나는 모든 사람에게 열려 있고 언제든 연락해도 된다는 메시지를 성도들에게 전했다. 그러나 사실은 그렇게 되기를 바라기는 했지만 그렇게 할 수 없었다는 것이다. 우리 회중은 너무 컸다. 프로그램들도 너무 많았다. 사역자들은 내가 할 줄 아는 것보다 더 많은 것을 원했다. 나는 모두를 만족시키려 애쓰면서 지쳐 갔고, 어느 누구도 만족시키지 못하는 것처럼 느끼는 경우가 종종 있었다. 이것은 다른 누구의 문제도 아닌 내 문제였다. 그 결과는 탈진과 실망이었다.

간혹 교회의 리더십은 이러한 역학을 분별하지 못하고, 그 목사를 보호하지도 못하며 정기적이고 효율적으로 활기를 회복하는 시기를 정하지도 못한다. 피로감이 만성 단계에 이를 때 떠나는 일은 꼭 필요할 것이다.

6. 가족의 의욕

간혹 배우자나 자녀들이 현 상황에서 도움을 받기보다는 더 피해를 입는다는 사실을 무시할 수 없는 때가 온다.

이유는 다양할 수 있다. 어느 목사도 회중의 비현실적인 기대로 가정을 희생시킬 수는 없다. 끊임없이 계속되는 재정적인 압박은 건강한 것이 아니다. 자녀의 마음을 상하게 하는 상황에서 살아가는 것이나, 가족 앞에서 목사를 계속해서 수치스럽게 하거나 모욕을 주는 교회의 호전적인 모습은 떠나야 할 때임을 알리는 강력한 지표다. 목사가 교회에서는 성공적이지만 가정에서 실패한다면 아무것도 얻지 못한다.

7. 마무리와 시작

이 모든 것 가운데 가장 중요한 것이기를 바라는 이것은, 까다로운 일이며, 사려 깊은 영적 경청과 믿을 만한 조언자들의 조언을 필요로 한다.

어떤 사람은 특정 교회에서의 사역이 마무리 단계에 이르렀음을 직감한다. 다른 교회에서 목사를 찾고 있다는 말이 들린다. 새로운 상황은 그의 부르심과 은사에 들어맞는다. 기이한 양가감정이 있다. 사랑하는 사람들에게 작별을 고해야 하는 슬픔이 있지만, 새로운 도전에 대한 흥분도 있는 것이다. 창의력이 흘러나오기 시작한다. 마음은 새로운 시작에 대한 기대에 사로잡혀 있다. 가슴이 뛴다. 배우자, 주교, 믿을 만한 조언자들도 동의한다. 무엇보다 하나님이 결정하신다고 느낀다.

8. 나이라는 요소

목사가 더 이상 목회가 요구하는 속도에 맞추지 못할 때가 온다. 이는 대개 나이로 인한 것이다. 나이 든 목사는 그 일을 지나치게 오래 붙잡으려는 끔찍한 유혹에 직면한다. 성도들에 대한 그의 사랑과 성도들이 그에 대해 갖고 있는 사랑은 서로에게 활기를 준다. 다른 누군가에게 그 일을 넘기는 것은 상상도 할 수 없다. 그 사람과 그 일을 구별하기 어렵게 되었기 때문이다.

그러나 그 일을 다른 사람에게 넘겨주지 않으면, 그 목사는 의도와 다르게 이전에 했던 많은 훌륭한 사역을 손상시키게 되는 비참한 시기를 초래하게 될 것이 거의 확실하다.

떠나야 할 시기를 결정하기 위해 성경 본문을 찾는다면 많이 있다. 아버지들이 아들을 축복하고 유산을 넘겨주는 장면이 있다. 모세, 사무엘, 다윗, 엘리야가 후임자들을 위해 길을 닦아 놓는 것도 볼 수 있다. 예수님이 제자들에게 자신이 떠나는 것이 '더 유익하다'고 말씀하는 것을 들을 수도 있다. 바울이 디모데와 에베소 교회의 리더들에게 일을 이어받아 밀고 나가라고 격려하는 말도 읽을 수 있다.

목사는 아마도 연 단위로 떠나야 할 시기를 결정함과 고투하는 것이 현명할 것 같다. 스스로를 진단하고, 믿을 만한 조언자들의 통찰을 구하고, 이전에 정한 목표와 뜻에 기초하여 후보자 평가를 하기 위한 며칠의 시간을 가질 수 있다. 이런 훈련을 하다 보면, 떠나야 할 때가 올 때 하나님이 말씀하신다는 확신의 순간에 그 일을 하게 될 것이고, 일을 훌륭하게 마무리하게 될 것이며, 새로운 기회들을 맞이할 것이다.

내가 들은 것 중 가장 멋지게 떠난 사람의 이야기(그리고 이것은 추천에 의한 것이 아니다)는 40여 년 전 휘튼 대학에서 일어난 이야기다.

휘튼의 총장이었던 믿음의 사람 레이먼드 에드먼(V. Raymond Edman)이 어느 금요일 아침 채플 시간에 말씀을 전하고 있었다. 그는 당시 에티오피아의 황제를 포함한 청중을 위해 말씀을 세심하게 전했고, 시간에 대한 그 말씀을 막 마친 상황이었다.

학생들, 예배 시간에 경배에 대한 의식이 사라져 가고 있다고 느껴진 그 학생들을 위한 그의 적용은 단순했다. 만왕의 왕 앞에서 경외하는 마음으로 행할 준비를 항상 하고 있어야 한다는 것이었다.

이렇게 에드먼 박사는 자기 생각을 밝힌 후에 갑자기 바닥에 쓰러져 생을 마감했다. 그 왕의 임재 속으로 들어가는 것에 대해 말한 후에 그는 직접 그렇게 했다. 분명 그는 하나님이 택하신 순간에 떠났다. 우리는 그 하나님이 우리가 떠나야 할 시기를 결정할 때 역시 지켜보신다고 믿는다.

❖ 더 깊은 묵상을 위하여

1. 당신이 이전에 갖고 있었던 리더십에 대해 생각해 보라. 무엇이 당신으로 하여금 떠나는 결정을 하게 했는가? 떠나야 할 때라는 신호들은 어떤 것이 있었는가?
2. 떠나야 할 때를 고민하는 동안, 고통스러운 과정이 있었는가, 아니면 그 과정이 효율적이었는가, 혹은 두 가지가 섞여 있었는가? 다르게 행동해야 할 영역이 있는가?
3. 완전히 지친 상황에 처한 적이 있었는가? 그랬다면, 어떻게 그것을 극복하고 다시 힘을 얻고 돌아올 수 있었는가?

후기

오늘날의 리더들이 오랜 시간 섬기기를 바란다면, 이 책에서 다루었던 내용들을 요약해 주는 네 가지 핵심 원리가 있다. 이 네 가지 원리를 내적으로 품고 외적으로 살아낸다면, 이는 리더의 일생 내내 리더십의 토대를 든든하게 해줄 것이다. 네 가지 원리는 다음과 같다.

1. 매일 회심을 경험하라
날마다 새로운 회심을 경험하라. 매일 아침 경건의 시간 중에 당신의 삶을 예수님께 재헌신하는 시간을 가지라. 매일 다시금 예수님을 영접하는 시간을 누리라.

2. 매일의 훈련으로 당신의 삶을 든든히 하라

성품은 훈련으로 만들어져야 한다. 훈련을 하지 않는다면 그것은 비어 있는 영혼으로 살려고 하는 것과 같다. 삶이 허물어질 때 영성 훈련은 다시 일어서도록 도와줄 수 있다.

3. 소명 의식으로 살라

소명을 아는 것이 당신의 삶에 어떤 중요한 역할을 하는지 인지하라. 당신의 소명은 때에 따라 바뀔 수 있음을 의식하라. 내 경우 하나님께 "60대 남자를 위한 새로운 소명이 있으십니까?" 하고 물었다. 이후의 대화에서 사람들은 내가 아버지같이 함께 있는 것이 그들에게 얼마나 강력한 영향을 미치는지에 대해 이야기하기 시작했다. 통찰의 순간이었다. "아버지같이 말해야 할 때구나." 이것이 나의 새로운 소명이 되었고 매일 이 소명으로부터 어떻게 살 계획을 세울지 자문하기 시작했다.

4. 주위에서 공동체를 만들라

반드시 당신 주위의 친구들로 이루어진 친밀한 공동체가 있어야 한다. 몇 년 전 목사들이 친한 친구들이 없다고, 특히 교회에는 없다고 하는 말을 들은 적이 있다. 하지만 그것이 아주 건강하지 못한 생활방식임을 깨달았다. 오히려 아내와 나는 의도적으로 아주 가까운 친구 모임을 만드는 법을 배웠다. 오랫동안 이들은 우리 삶에 균형과 지혜를 가져다주는, 우리에게 아주 중요한 사람들이 되었다.

리더라면, 반드시 수면 **아래**에 견고한 토대를 쌓으라. 그러고 나서 수면 **위에서**, 당신이 섬기는 사람들의 삶 속에서 만들어질 활기 넘치는 유산 속에서 그 열매를 관찰하라.

옮긴이 김명희는 연세대 영어영문학과를 졸업하고, IVP 편집부에서 일했다. 역서로는 「제자도」, 「너의 죄를 고백하라」, 「영성에의 길」, 「이는 내 사랑하는 자요」, 「아담」, 「영성을 살다」(이상 IVP) 등이 있다.

리더는 무엇으로 사는가

초판 발행 2013년 1월 10일
초판 10쇄 2025년 8월 20일

지은이 고든 맥도날드
옮긴이 김명희
펴낸이 정모세

편집 이성민 이혜영 심혜인 설요한 박예찬
디자인 한현아 서린나 | 마케팅 오인표 | 영업·제작 정성운 이은주 조수영
경영지원 이혜선 이은희 | 물류 박세율 정용탁 김대훈

펴낸곳 한국기독학생회출판부 | 등록번호 제2001-000198호(1978.6.1)
주소 04031 서울시 마포구 동교로 156-10
대표 전화 (02) 337-2257 | 팩스 (02) 337-2258
영업 전화 (02) 338-2282 | 팩스 080-915-1515
홈페이지 http://www.ivp.co.kr | 이메일 ivp@ivp.co.kr
ISBN 978-89-328-1285-4

ⓒ 한국기독학생회출판부 2013

책값은 뒤표지에 있습니다.
무단 전재와 복제를 금합니다.